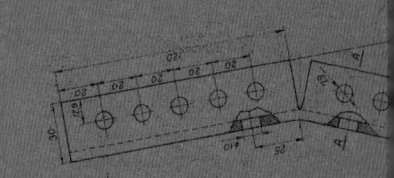

重大技术进步及我国高新技术行业发展研究
（13AZD073）

科创引擎：
重大技术进步与
高科技行业发展

钟春平 等 著

KE
CHUANG
YIN
QING

ZHONGDA
JISHU JINBU
YU
GAO KEJI
HANGYE
FAZHAN

山西出版传媒集团　山西经济出版社

参著人员

张婷婷、张俊、杨夏晖、陈青山、张洪武等

序　言

　　创新，特别是源自重大技术进步的创新，成为经济长期发展的关键。如何有效推动重大技术的创新及相关行业的发展也成为国民经济发展的关键。因而在理论层面，需要厘清重大技术进步的形成过程，并进一步研究重大技术进步如何衍生高新技术行业，从而形成经济长期增长的驱动力。在应用层面，则需要总结分析可能的公共政策及其实际效果，如此才能有针对性地采取可行的公共政策，真正实施创新驱动发展战略。

　　事实上，创新，特别是重大技术的出现具有随机性和很大的偶然性，即便是技术领域专家，也很难真正预测哪一种技术会在什么时候出现，技术的突破难以预料；另外，技术出现后，能否转化为实质性的应用，即形成应用技术，更多地应用到实际生产，进而形成市场，并生成一项行业或者产业，也存在着不确定性。

　　同样，行业或产业的形成不仅需要技术的成熟，也需要相应的市场积累。只有技术可行、市场可靠的技术才能真正成为一项创新，才能从技术进步到产品和市场。通常也只有重大技术进步才能有足够大的市场空间，进而形成一个行业或者产业。需要有效甄别哪些技术有可能成为一项重要技术进步也就显得尤为重要了。因而需要对市场的前景，也就是一项技术的需求做一些前瞻性的考察。

　　从行业层面来看，我们也需要研究产业形成的过程，从而对行业特征进行动态研究。选择特定的技术，研究如何从技术逐渐演化成行业的具体过程，这将有利于揭示行业的发展过程。

　　在具体政策上，由于技术和市场的不确定性特征，公共政策变得极为困难。一方面，创新很有必要，具有社会层面和公共政策层面的价值，众多政策也在实际中被推广应用；另一方面，政策的效果值得进一步研究，实际效果也容易引起争议。从经验证据看，通常的支持政策，如补贴等，未必能够达到政策设定的目标，在效果上，存在着收入效应和替代效应，未必能取得提高创新投入的效果；在理论层面，由于存在着较严重的信息层面不完全和不同对象之间的信息不对称，有效的补贴政策反而有可能会导致逆向选择，或者腐败等问题。因而，我们需要更客观地研究，如何真正有效地实施公共政策。

具体而言，我们分析了补贴政策的效果，也对相应的支持政策进行了思考，比如制度化的建设——知识产权保护。知识产权保护可以在较长一段时期内促进创新，由此带来持续的技术创新。

同时，我们更多地需要跨越一般的技术政策考虑如何推进创新战略。为此，我们对未来的发展态势做了相应的研究。随着信息技术的不断发展，数字经济及网络经济等重要性不断提高。由此，我们跟踪了中国与发达国家在数字经济方面的差距，包括现实差距、政策差距，在此基础上，提出相应的对策建议。

对于未来的创新政策，我们结合"十四五"规划和党的二十大报告对创新驱动战略的论述，客观分析了创新驱动战略面临的现实困难，在此基础上，提出了相应的政策建议。

目 录

序 言 ·· 1

第一编 理论研究：重大技术进步的来源、扩散及行业发展 ···················· 1
  第一章 重大技术进步回顾及未来一段时期内主要技术进步展望 ········ 3
    一、重大技术进步与通用技术 ·· 005
    二、通用技术理论研究 ·· 007
    三、重大技术变迁的趋势与展望：全球层面 ······················ 008
    四、中国的技术创新回顾 ·· 010
    五、技术创新的主要领域 ·· 011
  第二章 重大技术进步的产生与偏向型技术进步理论：理论前沿及展望 ··· 015
    一、引言 ·· 017
    二、偏向型技术进步与技术进步的方向选择 ······················ 018
    三、偏向型技术进步与要素收入差距 ······························ 022
    四、开放经济下的偏向型技术进步 ································· 025
    五、资源、环境压力与不同类型环境技术进步 ··················· 026
    六、实证研究结果及未解决的问题 ································· 029
    七、研究评述与展望 ·· 032
  第三章 技术的扩散过程及行业的发展过程：基于电力、个人计算机、
        因特网的经验分析 ··· 033

一、问题的提出 ……………………………………………… 035
　　二、计量模型 ………………………………………………… 036
　　三、变量描述 ………………………………………………… 038
　　四、样本、数据说明与参数校准 …………………………… 039
　　五、实证结果分析 …………………………………………… 045
　　六、结论 ……………………………………………………… 055

第二编　信息技术及其行业发展研究 …………………………… 057
　第一章　信息技术演变及行业发展：技术到行业 ………… 059
　　一、主要的信息技术变化 …………………………………… 061
　　二、信息技术行业的发展 …………………………………… 063
　　三、信息技术推动行业发展的内在机理 …………………… 065
　第二章　技术竞争替代与行业的发展过程：中国信息产业的经验证据 …… 069
　　一、重大技术变化的经典案例：中国邮电行业 …………… 071
　　二、时间系列数据及经验证据 ……………………………… 072
　　三、城市层面数据与经验证据 ……………………………… 076
　　四、结论 ……………………………………………………… 078
　第三章　典型技术研究：人脸识别技术的意义及重要性 … 079
　　一、背景 ……………………………………………………… 081
　　二、人脸识别技术的实质 …………………………………… 082
　　三、人脸识别技术的应用空间 ……………………………… 083
　　四、人脸识别技术在电子商务中的重要性 ………………… 084
　第四章　人脸识别技术的商业化应用：信息技术与电子商务 … 087
　　一、人脸识别技术在电子商务市场的发展前景 …………… 089
　　二、中国人脸识别技术的关联产业及主要应用领域 ……… 090
　　三、中国人脸识别技术在电子商务中的应用分析 ………… 094
　　四、中国人脸识别电子商务前景 …………………………… 094
　　五、中国人脸识别技术在电子商务中的应用和发展的具体方式 …… 097

六、总结与展望 ·· 99

第三编　典型的重大技术进步和新型行业的发展研究：以新能源技术为例 ······ 103
　第一章　能源技术及行业的发展历程与发展前景 ················· 105
　　一、能源技术与行业发展回顾 ····························· 107
　　二、未来能源需求 ······································· 108
　　三、二氧化碳排放不断增加，对能源结构提出挑战 ········· 109
　　四、清洁能源的潜力巨大 ································· 110
　**第二章　中国光伏行业的发展回顾：快速的规模扩张与
　　　　　　缓慢的技术进步** ··································· 113
　　一、快速扩张特征 ······································· 115
　　二、低效率及存在的问题 ································· 115
　第三章　光伏企业与行业发展存在的问题 ······················· 117
　　一、美国的案例：美国能源部长、政府与 Solyndra 公司 ······ 119
　　二、中国的案例：无锡市政府与尚德公司 ················· 123
　　三、基本判断和初步结论 ································· 126
　第四章　能源及光伏行业发展过程中的问题及症结 ··············· 127
　　一、行业问题 ··· 129
　　二、金融行业在光伏企业中的问题 ······················· 130
　　三、问题的根本原因：企业与地方政府过度结合 ··········· 131

第四编　创新与新兴行业发展的政策效果评价及政策建议 ············· 133
　**第一章　补贴与光伏企业的研发决策：基于太阳能光伏行业上市公司
　　　　　　补贴的实际效应** ································· 135
　　一、引言 ··· 137
　　二、国内外研究综述 ····································· 138
　　三、数据来源与变量选取 ································· 140
　　四、计量模型与实证分析结果 ····························· 142

五、结论与建议 …………………………………………………… 147
第二章　知识产权保护与创新能力建设：制度建设的重要性 ………… 149
　　一、研究背景 ……………………………………………………… 151
　　二、研究综述 ……………………………………………………… 153
　　三、知识产权保护水平指数的构建及演变：立法与执法的差异 …… 157
　　四、变量、数据来源与描述性统计 ……………………………… 161
　　五、计量方法　面板计数模型及其预估 ………………………… 163
　　六、知识产权保护和政府 R&D 补贴促进了技术创新吗：工业行业的经验
　　　　证据 …………………………………………………………… 166
　　七、结论 …………………………………………………………… 169
第三章　促进重大技术进步与高新技术行业发展的对策建议 ………… 171
　　一、推进重大技术创新的政策建议 ……………………………… 173
　　二、健全科技创新的激励机制，推动更多的市场主体参与创新和
　　　　研发活动 ……………………………………………………… 174
　　三、推进高新技术行业发展的建议 ……………………………… 176
　　四、推进全社会创新能力与创新型社会的建设：最优政策组合与
　　　　制度保障 ……………………………………………………… 177

主要参考文献 ……………………………………………………………… 181

附录1　典型新兴信息技术：人脸识别技术内在特性研究 …………… 203
　　一、引言 …………………………………………………………… 205
　　二、人脸图像数据库 ……………………………………………… 206
　　三、人脸数据库及人脸图像预处理技术 ………………………… 207
　　四、相位相关算法 ………………………………………………… 209
　　五、增样法 ………………………………………………………… 210
　　六、实验讨论与分析 ……………………………………………… 213
　　七、结论 …………………………………………………………… 214

附录2　中美比较视角下我国数字经济发展对策建议 …………… 217
　一、我国数字经济发展态势 ………………………………………… 219
　二、中美数字经济发展比较及现实差距 …………………………… 220
　三、美国数字经济发展的经验做法 ………………………………… 222
　四、我国数字经济发展的对策建议 ………………………………… 225
　　主要参考文献 ……………………………………………………… 227

附录3　创新驱动战略与创新型国家建设：现实、政策选择及制度保障 … 229
　一、导言：研究起源及背景 ………………………………………… 231
　二、必要性与理论根源：技术创新是未来经济发展的着力点 …… 232
　三、现状分析：中国已经是创新驱动与创新型国家了吗 ………… 236
　四、创新驱动的决定因素：创新驱动是如何实现的 ……………… 238
　五、创新型国家建设：最优政策组合与制度保障 ………………… 242
　　主要参考文献 ……………………………………………………… 245

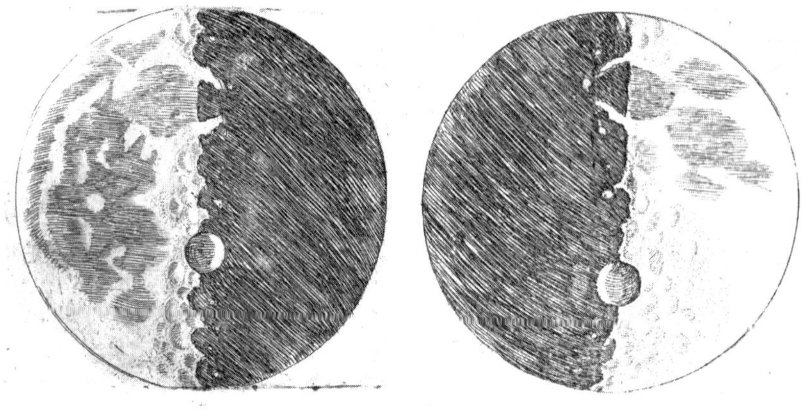

第一编

理论研究：
重大技术进步的来源、扩散及行业发展

技术进步，特别是具有重大影响的重大技术进步，在经济发展中具有重要作用，需要对其产生及其影响做深入研究。本编第一、二章对重大技术进步的特征做了说明，并对重大技术进步的研究进展进行了跟踪研究。本编第三章则对历史上主要的技术进步如何引致行业的发展进行了国别分析，并对技术如何过渡发展到行业的过程进行了分析。

第一章

重大技术进步回顾及
未来一段时期内主要技术进步展望

一、重大技术进步与通用技术

重大技术进步，也表述为通用技术（General Purpose Technology，以下简称GPT）[1]是指对经济发展起着重大影响，可以改变经济中现有的技术基础的重大发明（或者知识）。GPT 的概念最早由 Bresnahan & Trajtenberg 提出，称"纵观整个技术进步与经济增长时代，经济增长是由少数推动的"。其后的有关文献大多沿袭这一定义。

典型的 GPT 产品有蒸汽机、内燃机、发电机、流水生产线、半导体技术、计算机与因特网等，由于 GPT 具有对现有技术"范式"产生突破或改变的特征，在相关研究中人们往往格外关注人类文明历程中 5 次主要的科技革命（其中含 2 次科学革命与 3 次技术革命）中所出现的标志性技术。表 1-1-1 显示了人类历史上 5 次重要的科技革命的发生时期以及出现的重大技术发明。Thomas. S. Kuhn 以"突现"概念解释了科学的发展进程。Kuhn 否定了认为科学的发展是一个因新知识添加而增长的过程的观点，他认为，科学的进程是一个个旧范式被"突现"的新范式破坏并替代的连续的过程。基于科学的"创新性破坏"特征，每一个范式阶段中诞生的典型技术也常常体现出与前一阶段中的技术具有继承但又不可完全重叠的特

---

[1] 重大技术进步与 GPT 大体一致，因而本研究通常对这两种表述不加以区分。创新主要沿用熊彼特的界定，创造和发明主要是技术层面的，创新则表明已经实现市场化的结果。

性，典型就是在每次"突现"的发生阶段涌现出的"新范式"的代表性发明。

表 1-1-1　5次主要科技创新回顾

项目	第1次科学革命	第1次技术革命	第2次技术革命	第2次科学革命	第3次技术革命
时间	1543—1687 年	1733 年至 18 世纪末	1832 年至 19 世纪末	1900—1926 年	20 世纪 40—90 年代
标志性事件	1543 年哥白尼发表《天体运行论》；1609 年伽利略开创了实验研究方法；1661 年波义耳发表《怀疑的化学家》；1687 年牛顿《自然哲学的数学原理》，建立了经典力学体系	1733 年飞梭的发明，纺织业中的机器的发明和应用；1769 年瓦特改进了蒸汽机；1797 年车床的发明等	以发电机为开端的动机械和电器的发展；内燃机的发明和使用；化学工业的兴起	1900 年普朗克提出"量子"概念；1905 年爱因斯坦解释了光电效应；1911 年玻尔把量子论用到原子模型；1923 年德布罗意波的提出；1926 年薛定谔波动力学的提出；1905 年爱因斯坦提出狭义相对论；1915 年爱因斯坦完成广义相对论	1946 年第一台电子计算机诞生；电子技术、计算机、信息网络技术；1941 年开始曼哈顿工程
学科	天文学、物理学、化学	机械	电力电器	物理学	电子学、计算机
主要国家	意大利、英国、法国	英国	德国、美国	德国	美国
扩散	18 世纪的化学革命；1859 年达尔文发表《物种起源》	铁钢冶炼技术的发展；轮船和火车的发明；各种机器作业代替手工劳动	电报、电话、无线电、电视等技术相继问世；材料技术的发展等	1929 年哈勃定律；1953 年 Watson 和 Crick 提出 DNA 的双螺旋分子结构模型	核能技术、航天技术、新材料、生物技术的涌现
影响	引发了 17—19 世纪主要学科的革命性发展，建立了完整的近代科学体系；构建了新的世界观和方法论，科学成为独立的社会建制	形成了全新的技术体系，助力了生产力的飞跃，是工业革命的前奏，使西欧由农业社会进入工业社会	创造了电力与电器、汽车、石油化工等一大批新兴产业，将工业社会带入电气化时代，就业结构和人类生活方式发生了巨大变化，并慢慢向亚洲和拉美地区扩散	深刻揭示了微观粒子、宏观宇宙、生命世界的本质和规律性，引发了世界观和科学活动的根本转变，科学研究的模式也发生了变化，"大科学"的模式日益凸显	以第三产业为代表的新兴产业高速发展，推动人类进入全球化、知识化、信息化、网络化的新时代；发达国家进入后工业化时代

资料来源：何传启.第六次科技革命的战略机遇[M].北京：科学出版社，2011。

二、通用技术理论研究

通用技术理论是 20 世纪 90 年代以来在内生增长领域发展起来的一个分支理论。与传统的经济增长理论不同，通用技术理论关注的是重大技术进步的演变对经济增长的影响。所谓重大的技术变革是指对经济增长有着深远的影响，类似在第一次技术革命中的蒸汽机、第三次技术革命中发明的计算机一样，对经济结构、技术基础产生深刻改变的变革。将这一类重大技术变革纳入经济增长的研究逐渐成为新增长理论的一个重要研究方向，现有的相关文献也已经积累了一些重要的成果。其中，最具代表性的研究成果是发现通用技术的出现与产出水平、TEP 等的增长之间往往存在明显的滞后现象。这一发现更新了人们以往对技术进步促进经济增长的认识，开始关注技术进步与经济增长之间所存在的"时差"问题。

Bresnahan & Trajtenberg 较早地分析了通用技术会导致经济增长的均衡产出水平出现下降的现象，他们指出这是由通用技术具有外部性的特征造成的。Dudley 基于他们的研究模型进行了实证分析，检验了 1700—1850 年间 116 种通用技术的溢出效应，发现早期的通用技术确实会导致均衡产出的下降。

Helpman & Trajtenberg 最早使用动态一般均衡（DGE）模型来解释通用技术的出现导致经济增长缓慢、停滞甚至下降的现象。他们指出，由于新的通用技术需要大量的互补性投入，这影响了生产部门中的资源效率，从而导致生产率增长缓慢甚至下降。

Atkeson & Kehoe 也持有类似的观点，企业采用通用技术时需要匹配专门的资本投资与专门的知识。在此情况下旧知识的更新会延缓经济的增长，特别是在有较高的旧知识存量的情况下；反过来，较低的旧知识存量则能够更快地接纳新知识，促进旧经济向新经济过渡。他们的观点得到了一些对蒸汽机、电力技术的扩散过程进行研究的文献的印证。例如，Crafts 使用了 Kanefsky 中的数据，使用增长核算的方法：

$$\Delta(Y/L)/(Y/L) = s_{K_0}\Delta(K_0/L)/(K_0/L) + s_{K_i}\Delta(K_i/L)/(K_i/L) + \gamma(\Delta A/A)_{ICTM} + \phi(\Delta A/A)_{NICTM}$$

估计了蒸汽机英国经济生产率的影响。瓦特于1769年改良了蒸汽机，直到1830

年蒸汽机仅占用英国总资本存量中的1.5%，其对经济增长的影响几乎可以忽略不计，直到1870年之后，蒸汽机技术才作为生产部门中普遍使用的技术。而对比同一时代的美国而言，1850年左右蒸汽机技术已经在企业生产中较为常见了。

Basu & Fernald 继承了早期的通用技术理论观点，他们对美国的信息和通信技术（简称ICT）产业的资本投资TFP（全要素生产率）之间的关系进行检验，发现以1990年为分界线，1990年之后的加速滞后于ICT资本增长，这一滞后期大约为5—15年，而21世纪初的加速与20世纪90年代的ICT资本的增长正相关。他们对这一发现的解释是，ICT技术的出现及发展潜力要求企业重新组织生产和学习，这会消耗相当的要素资源，使得TFP出现下降。

从20世纪90年代中期通用技术的概念被提出以后，有关通用技术的文献研究越来越多。虽然这一类文献尚未形成完善的研究体系，但其关注的主题都较为集中。此外，很多模型为增强解释力隐含着较强的假设条件，难以与经验分析的结果相互印证。但不可否认，作为具有广泛应用性的技术变革，通用技术在经济增长中所起作用的研究是重要的。

三、重大技术变迁的趋势与展望：全球层面

从表1-1-2的2001—2015年《科学》杂志评选的年度十大科学突破来看，入选的大部分都是基础研究方面的突破，主要集中在以下几个方面：①人类重大疾病的机理与预防治疗的研究，如艾滋病、癌症、疟疾、精神病等。②宇宙与太空探索方面的研究，如发现宇宙大部分是由暗能量组成的新证据、Fermi所探测到的脉冲星，日本"隼鸟"小行星取样返回计划，奇异的"太阳系"、LCROSS月球探测器在月球上发现了水和对Hubble的修复等。③生命科学和生物技术方面的研究，如下一代基因组学、核糖核酸（RNA）重编程、尼安德特人基因组、胚胎视频、鱼迈出的第一步和揭开植物开花之谜等。④新型材料的研究，如新的人工合成沸石产品、石墨烯，新型的神秘材料和纳米技术领域获得多项重大成果等等。从《科学》杂志每年列为首位的科学突破来看，人类重大疾病、宇宙探索、进化和生命科学方面的研究受到了极大的重视。

表1-1-2 《科学》杂志评选的年度十大科学突破（2001—2015）

年份	《科学》杂志评选的年度十大科学突破
2015	1. 被誉为"基因剪刀"的CRISPR基因组编辑技术；2. "新视野"探测器与冥王星"约会"；3. 脑内也有淋巴管；4. 用酵母合成阿片类止痛药；5. 量子纠缠状态获证实；6. 地幔柱存在证据被找到；7. 研制埃博拉疫苗；8. 改善心理学研究；9. 新古人种化石；10. 早期美洲人来自亚洲
2014	1. 人造探测器首次登陆彗星；2. 揭示恐龙如何进化为鸟类；3. 年轻血液为"返老还童"功效；4. 机器人"自主"合作；5. 仿人脑芯片；6. 可治糖尿病的细胞；7. 印尼洞穴艺术；8. 操纵记忆；9. 立方体卫星；10. 生命基因密码"添丁"
2013	1. 利用人体自身免疫系统攻击肿瘤的癌症免疫疗法；2. CRISPR基因编辑技术；3. 钙钛矿型太阳能电池；4. 结构生物学指导疫苗设计；5. CLARITY成像技术；6. 迷你器官；7. 宇宙射线可追溯到超新星的残余物；8. 人类的克隆胚胎；9. 揭示我们为什么要睡觉；10. 揭示以人类身体为家的细菌对人类有多大的影响
2012	1. 上帝粒子；2. "好奇号"火星车着陆系统；3. 最新中微子研究；4. 发现马约拉纳费米子；5. 从干细胞中制造卵细胞；6. "DNA元素百科全书"计划聚焦于人类基因；7. 基因组精密工程；8. 揭晓丹尼索瓦人基因；9. X射线激光揭晓蛋白质结构；10. 精良成熟的大脑——机械接口技术
2011	1. HPTN 052艾滋病病毒（HIV）临床研究；2. 日本"隼鸟"小行星取样返回计划；3. 揭开人类起源之谜——尼安德特人复原图；4. 首次成功获取光合成蛋白质；5. 发现宇宙中最原始的气体云；6. 更好地了解人体肠道微生物群落；7. 开发出新的疟疾疫苗；8. 奇异的"太阳系"；9. 新的人工合成沸石产品；10. 清除身体衰老细胞
2010	1. 量子机械——"量子鼓"；2. 合成生物学；3. 尼安德特人基因组；4. 艾滋病病毒预防；5. 外显子组测序/罕见疾病基因；6. 分子动力学模拟；7. 量子模拟器；8. 下一代基因组学；9. 核糖核酸（RNA）重编程；10. 大鼠的回归
2009	1. 对Ardipithecus ramidus（始祖种地猿）化石进行阐释的研究；2. Fermi所探测到的脉冲星；3. 雷帕霉素；4. 石墨烯；5. 植物的ABA受体；6. 世界首个X射线激光；7. 基因疗法的卷土重来；8. 单极子；9. LCROSS月球探测器在月球上发现了水；10. 对Hubble的修复
2008	1. 细胞程序的重新设定；2. 系外行星——眼见为实；3. 癌症基因名单的扩充；4. 新型的神秘材料；5. 对工作中的蛋白质的观察；6. 有求必应的可再生能源目标；7. 胚胎视频；8. 得以阐明的"好的"脂肪；9. 计算宇宙的重量；10. 更快、更廉价的基因组测序
2007	1. 发现人类基因组个体间差异；2. 用皮肤细胞培育出胚胎干细胞；3. 发现银河系能量最大的宇宙射线；4. 发现人体蛋白受体结构；5. 发现超越硅电子的器件；6. 证实量子霍尔效应；7. 发现T细胞具有分工作战能力；8. 发现高效低成本制药技术；9. 发现人类大脑记忆的关键中心；10. 编制挑战人类智力的电脑游戏
2006	1. 证明庞加莱猜想；2. 从化石中提取DNA（脱氧核糖核酸）；3. 冰原在收缩；4. 鱼迈地的第一步；5. 隐身术的科学；6. 黄斑变性患者的希望；7. 生物多样性是如何发生的；8. 显微学的新前沿；9. 制造记忆；10. 新一类的小RNA（核糖核酸）
2005	1. 进化论在基因层次方面取得重要进展；2. 行星探索；3. 揭开植物开花之谜；4. 首次观察到中子星碰撞；5. 大脑回路与疾病；6. 地球诞生的新线索；7. 细胞钾离子通道图像；8. 全球变暖的新证据；9. 细胞信号研究更上一层楼；10. 首座国际热核实验堆落户法国
2004	1. 火星上发现水；2. 最小的人类；3. 克隆人类；4. 进一步探索量子凝聚态；5. 基因组中"隐藏的宝物"；6. 发现脉冲星对；7. 动植物多样性衰退；8. 水的研究；9. 为世界上的穷人制药；10. 水滴中的基因
2003	1. 发现宇宙大部分是由暗能量组成的新证据；2. 精神病产生机理被揭示；3. 切身感受全球变暖；4. 小核糖核酸分子研究继续升温；5. 单分子研究工作取得进展；6. 天文学家证实，宇宙中恒马种丹尔爆发与超新星之间存在联系；7. 老鼠胚胎干细胞既能发育成精子又能发育成卵子；8. 科学家发现"左手"物质（Left-handed Metamaterials）；9. 人类男性Y染色体中发现成对基因（即排列成镜像的对称物）；10. "饿死肿瘤"研究获新进展
2002	1. "小核糖核酸"分子大显身手；2. 揭开太阳中微子"失踪"之谜；3. 基因测序为人类造福；4. 了解宇宙的"婴儿时期"；5. 用阿秒激光成功观测电子运动；6. 发现对"温度"和"化学物"都敏感的蛋白质；7. 首获完整的细胞三维照片；8. 开发出太空摄影新技术；9. 科学家发现全新感光细胞；10. 有关人类起源的一些最基本看法被动摇
2001	1. 纳米技术领域获得多项重大成果；2. 科学家发现RNA（核糖核酸）重编程；3. 太阳中微子的失踪之谜被揭示；4. "人类基因组计划"和美国塞莱拉公司同时公布进一步完善后的人类基因图，提前完成人类基因测序计划；5. 两项超导发现将超导温度推向更高水平，科学家在实现室温零电阻电流的道路上又迈进一步；6. 科学家在发育中的神经系统里发现了分子信号如何诱导和压制神经轴突的生长，这将有助于科学家找到修复受损成年神经的方法；7. 一种新的抗癌药物、特效"智能炸弹"出现，专门对付致癌的明确生化缺陷；8. 玻色–爱因斯坦理论取得进展；9. 国际气候变化专家调查组首次正式表明，过去50年中的全球变暖现象很可能是由大气中的温室气体聚集造成的，人类活动是全球变暖的原因；10. 确定二氧化碳沉降

资料来源：根据各年度《科学》杂志整理所得。

四、中国的技术创新回顾

从 2001—2011 年中国十大科技进展新闻评选活动来看（表 1-1-3），入选的突破，主要集中在以下几个方面：①航空航天与海洋探索，如天宫一号与神舟八号成功实现交会对接，嫦娥二号成功发射，探月工程二期揭幕，神舟七号发射成功，深海载人潜水器海试首次突破 3700 米水深纪录和"蛟龙"号载人潜水器成功突破 5000 米等。②生命科学、生物技术和制药，如发现大脑神经网络形成新机制，发现人肝癌预后判断和治疗新靶标，水稻基因育种技术获突破性进展，甲型 H1N1 流感疫苗全球首次获批生产，癌症治疗研究获重大进展等。③能源方面的突破，如首座超导变电站建成，首座快堆成功实现并网发电，煤代油制烯烃技术迈向产业化和我国首座国产化商用核电站建成投产等。④计算机和信息技术，如"天河一号"成为全球最快超级计算机，下一代互联网技术获重大成果等。

表1-1-3　中国十大科技进展新闻评选活动（2001—2011）

年份	中国十大科技进展
2011	1.天宫一号与神舟八号成功实现交会对接；2."蛟龙"号载人潜水器成功突破5000米；3.百亩超级杂交稻试验田亩产突破900公斤；4.首座超导变电站建成；5.发现大脑神经网络形成新机制；6.世界最大激光快速制造装备问世；7.发现人肝癌预后判断和治疗新靶标；8.首座快堆成功实现并网发电；9.首座超深水钻井平台在上海交付；10.深部探测专项开启地学新时代
2010	1.嫦娥二号成功发射，探月工程二期揭幕；2."天河一号"成为全球最快超级计算机；3.深海载人潜水器海试首次突破3700米水深纪录；4.京沪高铁全线铺通；5.水稻基因育种技术获突破性进展；6.揭示致癌蛋白作用新机制；7.实验快堆实现首次临界；8.实现16公里自由空间量子态隐形传输；9."大熊猫基因组"发表；10.煤代油制烯烃技术迈向产业化
2009	1.首台千万亿次超级计算机系统"天河一号"研制成功；2.第一个南极内陆科学考察站正式建成；3.上海同步辐射光源建成；4.量子计算研究获重大突破；5.甲型H1N1流感疫苗全球首次获批生产；6.iPS细胞的全能性被首次证明；7.研制出大容量钠硫储能电池；8.发现世界上最早的带羽毛恐龙；9.成功实现太阳能冶炼高纯硅；10.万吨级煤制乙二醇成功实现工业化示范
2008	1.神舟七号发射成功；2.下一代互联网研究与产业化获得重大突破；3.首条国际一流水平的高速铁路在京津两大城市间开通；4.首个中国人基因组序列研究成果发表；5.北京正负电子对撞机重大改造工程建设任务圆满完成；6.曙光5000A跻身世界超级计算机前十；7.光谱获取率最高望远镜落成；8.自主研制的支线飞机首飞成功；9.量子中继器实验被完美实现；10.转基因抗虫棉使北方农作物免受虫害
2007	1.嫦娥一号发射成功，获得清晰月面图像；2.研制成功特深井石油钻机；3.癌症治疗研究获重大进展；4.实现六光子薛定谔猫态；5.发现6.32亿年前动物休眠卵化石；6.首架自主知识产权的支线飞机完成总装下线；7.发现世界上最大的似鸟恐龙化石；8.发现玻恩-奥本海默近似在氟加氘反应中完全失效；9.建成首个野生生物种质资源库；10.大豆新品种创亩产371.8公斤高产纪录
2006	1.下一代互联网技术获重大成果；2.川东地区发现迄今最大整装天然气田；3.首个全超导托卡马克核聚变实验装置建成；4.在量子水平上观察到化学反应共振态；5.第一条"绿色长廊"穿越塔克拉玛干沙漠；6.首次环球大洋科考凯旋；7.治疗性乙肝疫苗研究获重大进展；8.北京正负电子对撞机重大改造工程获关键性突破；9.实现两粒子复合系统量子态的隐形传输；10.遥感卫星一号发射成功
2005	1.中国神舟六号载人航天飞行圆满成功；2.青藏铁路全线铺通；3.我国首款64位高性能通用CPU芯片问世；4.中国科考队首次登上南极冰盖最高点；5.全球记载种类最多的《中国植物志》全部出版；6.我国科学家成功实现首次单分子自旋控制；7.我国测定珠峰新"身高"8844.43米；8.中国大陆科学钻探深入地下5158米；9.能在血管中通行的"药物分子运输车"研制成功；10.最高分辨率"中国数字人男1号"诞生

续表

年份	中国十大科技进展
2004	1. 10万亿次高性能计算机启用并跻身世界十强；2. 我国首座国产化商用核电站建成投产；3. 西气东输工程全线实现商业运营；4. 我国第一个下一代互联网主干网开通；5. "探测二号"发射成功；6. 纳米"超级开关"材料研制成功；7. 高精度水下定位导航系统研制成功；8. 我国科学家破解膜蛋白晶体结构难题；9. 我国量子信息实验领域取得重大突破；10. 我国海域油气资源战略调查获重大突破
2003	1. 中国首次载人航天飞行获得圆满成功；2. 中国科学家揭示水稻高产的分子奥秘和超级杂交稻研究取得重大突破；3. 中国抗击"非典"科研取得阶段性重大成果；4. 我国金属材料表面纳米化技术和全同金属纳米团簇研究取得突破性进展；5. 上海建成世界上第一条商业化运营的磁浮列车示范线并运行成功；6. 三峡水库蓄水成功、永久船闸通航、首批发电机组全部投产；7. 中国科学技术大学在量子通信实验领域取得重大进展；8. 百万亿数据处理超级服务器研制成功；9. 可控热核聚变实验研究获重大突破；10. 中国发现长着四个翅膀的恐龙
2002	1. 我国科学家率先绘制出水稻基因组精细图和水稻第四号染色体精确测序图；2. "神舟三号""神舟四号"飞船发射成功；3. 我国发现首个世界级大气田，探明储量6000多亿立方米；4. 三峡工程导流明渠截流成功；5. 我国第三代移动通信系统研制成功；6. 我国已初步掌握当代CPU关键设计制造技术；7. 浙江农科院培育出世界上含油量最高的油菜新品系；8. "神光二号"巨型激光器研制成功；9. 北大医学部科学家初步揭开人类细胞衰老之谜；10. 联想推出万亿次超级计算机
2001	1. 我国第一艘无人飞船"神舟二号"发射成功；2. 人类基因组"中国卷"率先绘制完成；3. 我国首次独立完成水稻基因组"工作框架图"和数据库；4. 我国建成世界上最大种质资源库；5. 性能最高的超级服务器"曙光3000"研制成功；6. 科学家成功直接观察分子内部结构；7. 我国早期生命研究获重要成果；8. 我国新核素合成研究获突破；9. 全国土地资源"家底"摸清；10. 我国创世界棉花单产"三连冠"

资料来源：对各年度中国科学进展整理所得。

五、技术创新的主要领域

我们从国内外需求和供给层面，对未来的技术创新领域和行业进行分析，对市场需求进行判断，并对技术供给难度进行比较研究。一方面，我们结合了国际层面的高新技术创新领域前瞻性研究，对可能的创新技术进行跟踪评估，比如新能源领域、新材料领域和生物制药等领域；另一方面，结合中国市场，对需求层面进行研究，对有市场前景的创新领域进行评估，分析何种技术具有重要的市场空间，产品研发成功后获得实质性推广的可能性。

从一般层面看，生物与能源技术将是一个重点领域，而信息技术则是热点领域。以生物领域为例，从每年的《科学》杂志年度十大突破来看，每年都有几项生物学研究方面的突破，生物技术已经成为现代科技研究和开发的重点，生命科学和生物技术的全面群体性突破为生物技术产业的大发展提供了坚实的基础。生物产业被我国列为"十二五"国家战略性新兴产业，生物产业的发展主要集中于六个方面：农业与食品、生物医药、生物制造、生物化工、生物环保和生物服务。生物技术的突破性进展会给我们带来巨大的福利提升。首先，生物技术的突破可以产生新的知识产品，表现在近年来生物专利数量的持续增长和依托生物技术的创新性产品的迅速增多；其次，生物技术产业的发展将有助于解决人类面临的健康和环境威胁，生物技术产业最为活跃的领域就是有关人类健康的领域。人类基因图谱的绘制完成，使我们看到了利用生命科学和生物技术从分子层面上揭示各种遗传病、癌症、心血管病、精神病等重大疾病的机理的希望。生物技术的突破改变了农业、医药等产业的生产组织方式，使原有产业的生产能力大幅提升，产品的生产成本迅速下降。最后，更为重要的是生物技术的突破，不仅使生物技术产业自身受益，而且由于较强的产业关联性，使许多其他相关产业得到提升。随着社会总财富增加和人均收入的逐步提高，人们的需求层次越来越高，对健康科技、医疗卫生方面的需求增加，大力发展生物医药产业具有特殊重要的意义。适应多发性疾病和新发传染病防治要求的创新药物制造和应用面广、需求量大的基本医疗器械制造或将成为未来生物医药发展的方向。

从能源领域看，各国一直都在争取在该领域能获得突破，对该领域的支持力度也较大。例如，美国高度重视新能源产业发展，正在加快推进以绿色和低碳技术为标志的能源革命。日本作为一个资源极度短缺的国家，在强调技术创新推动作用的同时，也注重新能源技术开发领域，致力于激发新的市场需求，积极出台有关鼓励政策。欧盟确定以发展低碳经济为主要目标，强调绿色技术的创新与投资，大力推进新能源产业的发展。中国也正在调整能源结构、提高能源资源利用效率，积极发展各种清洁能源，如太阳能、风能等。随着化石燃料的日益枯竭，各国政府都高度重视新能源产业的发展，投入了大量的研发资金，以期在新能源技术方面取得重大突破。

根据科技部的总结及我们自身的理解，在未来一段时间内，国内有可能取得突破的技术及技术创新的发展趋势主要有以下几点：

第一，信息技术仍然具有广阔空间。20世纪90年代开始，随着信息技术不断发展，互联网经济对世界经济产生了深远的影响。随着技术的不断普及及新的突破，有可能会进一步通过"电子化"的形式推动经济的发展，电子商务有可能获得进一步的发展。特别是随着计算机处理能力的提高，能够进一步加快信息处理的速度和效率，从而对各个行业产生深远的影响，可以关注在信息技术各个环节可能的突破及其应用前景。

此外，信息技术对通信技术等领域都将产生进一步的影响。移动技术在信息技术的推动下也将进一步发展，有可能同时推动整个行业的更新换代，也将进一步促进该领域的技术创新和行业的发展。

第二，生物技术有可能获得更大的突破。随着基因技术的推进和应用，有可能对生物制药等行业产生积极的影响，该领域有可能是中国未来一段时间内具有广阔市场空间的领域，特别考虑到在人口老龄化背景下，人们对健康问题的日渐重视，生物制药将会有巨大的市场，中国在引进吸收上有很大的空间。

第三，新材料技术有可能得以开发应用。包括激光和纳米材料有可能进一步突破并得以应用。

第四，先进制造业有可能取得突破。比如人工智能等将会得到更快的发展，并在更多领域被采用。

第五，能源技术领域具有广阔前景。在部分领域有可能获得进一步突破，重点是清洁能源和可再生能源，光伏等有可能成本会相应下降，当然能源技术的突破及更广泛应用存在着种种困难，特别是经济成本的比较优势问题。

第六，资源环境技术领域。主要是石油开采技术，如页岩气等技术，有可能在推广应用中获得一定的突破。

第七，海洋技术领域，主要是海底作业技术。由于海洋资源较为丰富，该类技术获得突破之后，可以获得相应的市场空间。

第八，农业技术领域，主要是新种子相关技术。在种子领域中国具有一定的优势，农作物的生产在中国仍将延续，因而对优良品种的研发也将持续，在该领域的创新活动还将继续。

第九，交通技术主要是高速铁路技术获得了较为广泛的应用。在使用过程中，有可能对其中的核心技术加以进一步研发和改造。混合电力汽车具有一定的研究基础，有可能获得进一步突破的机会，但它的应用仍然有待于配套措施的完善。

第十，地球观测与导航技术。北斗卫星技术有可能获得进一步的突破，逐渐接近乃至超越 GPS。

可以对上述技术演变的趋势、可能突破的概率、市场需求等进行深入研究，以便确定可给予重点支持的技术和领域。

第二章

重大技术进步的产生与偏向型技术进步理论：理论前沿及展望[1]

  我们对当前研究热点和前沿的技术进步研究领域——偏向型技术进步的起源与研究进展进行回顾。理论上，偏向型技术进步理论将技术进步的方向内生化，从微观层面分析技术偏向的决定因素，从而打开了技术进步方向的黑箱，进一步完善了内生技术进步理论；经验上，偏向型技术进步理论能够解释现实生活中许多重要经济现象，如技能溢价、劳动收入占比下降、国家间的收入差距、环境技术变迁等。此外，对偏向型技术进步理论后续的研究方向进行了探讨和说明，主要包括：对要素间替代弹性的估计、技术偏向的决定因素、技术创新的路径依赖以及要素相对供给与技术偏向之间的双向因果问题。

---

1 本部分主要为我们的阶段性成果。张俊，钟春平. 偏向型技术进步理论：研究进展及争议 [J]. 经济评论，2014，(05)：148—160。

一、引言

技术进步对推动人类文明进步及世界经济的发展功不可没。新古典增长理论认为，只有技术进步才会引起人均产出的持续增长，并且新古典增长模型假定资本与劳动的替代弹性为1，从而生产函数为cobb-douglas形式，在这种情况下技术进步是中性的。但是在很多情况下，技术进步不是中性的，它偏向于某一生产要素而演进，从而有利于经济中某些生产要素和个体。技术进步的偏向性不但决定了技术进步过程中的收入分配格局，而且对于深入理解技术进步的内涵及其决定因素也非常重要。

从文献看，偏向型技术进步与早期的"诱导性创新"联系较为密切，诱导性创新思想最早的论述可以追溯到Hicks《工资理论》中的"生产要素相对价格的变化本身就是激发技术发明的动力，及推动特定的技术发明"。根据Hicks的理论，技术创新的目的在于节约在实际生产中逐渐变得昂贵的生产要素。20世纪60年代，诱导性创新理论取得一定进展，Kennedy（1964）从技术供给的角度，引入了"创新可能性边界"，认为创新可能性边界决定了要素收入分配，并且，诱导性创新使得经济实现均衡，均衡状态下要素收入份额保持不变。之后Drandakis和Phelps（1965）、Samuelson（1965）也得出了类似结论。然而，早期的诱导性创新文献存在共同的缺陷——缺乏微观基础，正如Nordhaus（1973）批判的那样："我们不清楚谁会从事 R&D 活动，以及如何为创新融资和定价。"这些缺陷降低了人们研究的兴趣，在之后的 30 年中关于技术进步偏向的研究进展较小。

直到 20 世纪 90 年代，随着 Romer（1990）、Grossman 和 Helpman（1991）、Agion 和 Howitt（1992，1998）等人对内生技术变迁理论的发展，西方学者又重拾偏向型技术进步理论，其中 Acemoglu 在发展和完善偏向型技术进步理论方面做出了巨大贡献，Acemoglu 的研究试图弥补之前偏向型技术进步理论的不足，在具备微观基础的内生技术进步理论基础上，将新技术发展的方向（偏向）内生化，并将这种新偏向型技术进步理论命名为"导向型技术进步"（Directed Technological Change）。

二、偏向型技术进步与技术进步的方向选择

（一）要素增进与要素偏向

在研究技术进步的相关文献中，需要区分两个容易混淆的概念：要素增进的技术进步与要素偏向的技术进步。

考虑一个总量生产函数，$Y(t) = F(L(t), H(t), A(t))$，$L(t)$ 表示劳动，$H(t)$ 表示另外一种生产要素，如技能劳动、资本、土地或者某些中间产品，$A(t)$ 表示技术。

如果技术进步是劳动增进型的，则 $\frac{\partial F(L,H,A)}{\partial A} = \frac{L}{A}\frac{\partial F(L,H,A)}{\partial L}$，这种情况下，总量生产函数可以写成更为特殊的一种形式：$F(L, AH)$，技术进步等同于扩大了劳动的投入。如果 H 表示的是资本，则劳动增进的技术进步也称为 Harrod 中性技术进步，此时，在资本产出比不变的条件下，利润和工资在国民收入中的分配比率不发生变化。如果技术进步为资本增进型的，则 $\frac{\partial F(L,H,A)}{\partial A} = \frac{H}{A}\frac{\partial F(L,H,A)}{\partial H}$，此时，总量生产函数可以写成 $F(L, AH)$，技术进步等同于扩大了资本的投入。资本增进的技术进步也称为索洛中性技术进步。

如果技术进步提高了生产要素 L 相对于 H 的边际产品，则我们称技术进步是 L 偏向的。即 $\frac{\partial (MP_L / MP_H)}{\partial A} \geq 0$。与要素增进的技术进步不同的是，偏向型技术进

步使某一生产要素相对需求曲线发生变化，因此，给定要素比例，这种生产要素的相对边际产品会增加。偏向型技术进步理论就是研究技术偏向及其决定因素。

为说明要素增进的技术进步与要素偏向的技术进步之间的联系，我们将生产函数设定为不变替代弹性函数形式（CES）：

$$Y(t)=[\gamma_L(A_L(t)L(t))^{\frac{\sigma-1}{\sigma}}+\gamma_H(A_H(t)H(t))^{\frac{\sigma-1}{\sigma}}]^{\frac{\sigma}{\sigma-1}} \tag{1}$$

其中 A_L 为 L 增进型技术，A_H 为 H 增进型技术，γ_i 决定生产要素 i 在生产函数中的重要性。通过计算两种生产要素的边际产品，我们可以得到两种要素的相对边际产品：

$$\frac{MP_H}{MP_L}=\frac{\gamma_H}{\gamma_L}(\frac{A_H(t)}{A_L(t)})^{\frac{\sigma-1}{\sigma}}(\frac{H(t)}{L(t)})^{-\frac{1}{\sigma}} \tag{2}$$

当 $\sigma>1$ 时，即两种生产要素为总替代品时，$\frac{\partial(MP_H/MP_L)}{\partial(A_H/A_L)}>0$，此时，$H$ 增进型技术进步对应着 H 偏向型技术进步；相反，$\sigma<1$ 时，即两种生产要素为互补品时，$\frac{\partial(MP_H/MP_L)}{\partial(A_H/A_L)}<0$，此时，$H$ 增进型技术进步对应着 L 偏向型技术进步。一种特例是当 $\sigma=1$ 时，生产函数变成 Cobb-Douglas 形式，此时，无论是 A_H 发生变化还是 A_L 发生变化，技术不会偏向于任何一种生产要素而演进，技术进步是中性的。

（二）技术偏向的类型及偏向的决定

20 世纪 90 年代之后，在内生增长理论基础上，国外学者对技术的偏向的类型及其决定因素展开了大量研究。这些研究基于生产理论，从微观的生产厂商出发，研究要素禀赋对企业研发行为的决定作用，进而使得技术变革偏向于一种生产要素。本节以 Acemoglu（2002）导向型技术进步相关研究为基础，对技术偏向的类型及偏向的决定加以阐述。

在一个两部门经济中，最终产品由两种中间产品联合生产，总产出函数为不变替代弹性函数形式：

$$Y(t)=[\gamma_L Y_L(t)^{\frac{\varepsilon-1}{\varepsilon}}+\gamma_H Y_H(t)^{\frac{\varepsilon-1}{\varepsilon}}]^{\frac{\varepsilon}{\varepsilon-1}} \tag{3}$$

其中，Y_L 和 Y_H 为中间产品的产出，而生产两种中间产品的要素组合不同。假定在一个经济系统有两种不同的生产要素：H 和 L（如资本与劳动，技能工人与非技能工人，清洁投入品与污染投入品等），不同的生产要素与相应的技术协同生产，中间产品的生产函数采取以下形式：

$$Y_L(t) = \frac{1}{1-\beta}(\int_0^{N_L} x_L(v,t)^{1-\beta}dv)L^\beta \tag{4}$$

$$Y_H(t) = \frac{1}{1-\beta}(\int_0^{N_H} x_H(v,t)^{1-\beta}dv)H^\beta \tag{5}$$

$x_L(v,t)$、$x_H(v,t)$ 分别表示不同类型机器设备的数量，两部门所使用的机器设备由垄断企业提供，并且该垄断企业对机器设备拥有永久的专利。

该经济系统技术进步主要由垄断企业的研发活动推动，企业的创新可能性边界类似于实验室设备形式：

$$\dot{N}_L(t) = \eta_L Z_L(t) \tag{6}$$

$$\dot{N}_H(t) = \eta_H Z_H(t) \tag{7}$$

Z_L、Z_H 分别表示企业为开发新的 L 增进型机器设备和 H 增进型机器设备的研发支出。

在内生增长的理论框架下，利润激励企业在不同部门开展研发活动，从而均衡的技术偏向由两部门生产企业利润最大化行为决定。假定机器设备在使用之后完全折旧，因此，企业最大化问题可表示为：

$$\underset{L,[x_L(v,t)]_{v\in[0,N_L(t)]}}{\text{Max}} p_L Y_L(t) - w_L(t)L - \int_0^{N_L} p_L^x x_L(v,t)dv \tag{8}$$

$$\underset{H,[x_H(v,t)]_{v\in[0,N_H(t)]}}{\text{Max}} p_H Y_H(t) - w_H(t)H - \int_0^{N_H} p_H^x x_H(v,t)dv \tag{9}$$

当经济达到均衡增长路径时，我们可以得出技术进步的均衡偏向[1]：

$$\frac{V_H}{V_L} = (\frac{p_H}{p_L})^{\frac{1}{\beta}} \frac{H}{L} \tag{10}$$

其中，V_H、V_L 分别表示两部门创新活动所得利润的净现值。直觉上，企业有更大的动力在获利多的机器设备上开展研发活动，具体而言，当 V_H 比 V_L 大时，企业会将有限的资源投入 H 增进型机器设备的研发上，反之则投入 L 增进型机器设

---

[1] Acemoglu, D., Directed Technical Change. Review of Economic Studies, 2002. 69(4):781-810.

备的研发上。

经济实现均衡时,存在两种效应影响厂商创新活动所得利润的净现值及技术偏向:"价格效应"和"市场规模效应"。"价格效应"鼓励创新偏向于稀缺要素的方向发展,由于 $\frac{\partial(V_H/V_L)}{\partial(p_H/p_L)} > 0$,而由稀缺要素生产的商品相对更加昂贵,此时,稀缺要素增进型的技术能获得更多的利润,因此,新技术偏向于稀缺要素的方向发展。

"市场规模效应"则鼓励技术创新偏向丰富要素的方向开展,由于 $\frac{\partial(V_H/V_L)}{\partial(H/L)} > 0$,如果有更多生产要素与一种技术协同生产,则意味着该技术存在更广阔的消费市场,此时,企业对该技术进行研发变得更有利可图,因此,新技术偏向于丰富要素的方向发展。

由于两种效应导致技术进步的偏向相反,最终技术进步偏向于哪种生产要素或生产部门,取决于两种生产要素替代弹性的大小。当两种生产要素存在很强的替代弹性时($\sigma > 1$),市场规模效应会占支配地位,即技术创新偏向于丰富生产要素;但当两种生产要素为互补品时($\sigma < 1$),价格效应则占支配地位,从而技术创新偏向于稀缺的生产要素。

(三)偏向型技术进步理论的应用

自偏向型技术进步理论被提出以来,国外经济学者尝试用该理论对宏观经济学、发展经济学、劳动经济学及国际贸易领域中的一些现象加以解释。

1. 劳动经济学领域

美国自20世纪70年代以来,技能工人供给增加得非常迅速,然而,面对技能工人供给增加,技能工人的工资在这段时间内不但没有下降,反而有上升的趋势。学术界将这种与传统供给—需求理论相悖的现象称之为"技能溢价之谜"。对"技能溢价之谜"标准的解释是:伴随着技能工人供给的增加,技能偏向型技术进步加快,从而导致对技能工人的需求增加和技能溢价的发生。

2. 发展经济学领域

20世纪70年代,许多欧洲国家经历了失业率增加和劳动收入在国民收入中所占比重下降的过程,20世纪80年代,失业率继续上升,劳动份额急剧下降,这违背了传统的"Kaldor事实"。学术界从两个角度对这一现象进行了解释:工人工资推动的结果和资本偏向的技术进步。

3. 国际贸易领域

随着过去几十年全球化进程的加快，全球化可能会影响到不同国家研发和使用的技术类型。并且，在开放经济下，偏向型技术进步会对南北国家的技术水平和收入差距产生影响。将偏向型技术进步理论与国际贸易理论结合，解释不同国家技术进步的方向和收入差距是另一研究方向。

4. 环境经济学领域

如何对环境友好型技术的发展提供激励成为制定环境政策的中心，新的技术能使资源的利用更加有效，而缺少公共政策，市场便不能为清洁技术的发展提供合适的激励。偏向型技术进步理论为分析不同政策效应提供了重要理论基础，研究不同类型环境技术研发和使用的决定因素，并为评估不同环境政策的效果提供了一个可行的分析框架。

三、偏向型技术进步与要素收入差距

由于劳动者提供的劳动存在异质性，每个劳动者的技术禀赋存在差异，在劳动者队伍中表现为技能工人和非技能工人。劳动者队伍中两种劳动者数量的多寡通过"价格效应"和"市场规模效应"决定技术进步的偏向。反过来，偏向型技术进步会使得两种劳动者的收入差距发生变化。用偏向型技术进步理论解释要素收入差距的文献大体从两个维度展开：一是关注不同技能劳动者的收入差距变化；二是资本与劳动两种生产要素收入占比的变化。

（一）不同技能劳动者收入差距

Acemoglu（1998，2002）通过观察美国的就业数据，发现在过去的60多年中，美国的技术进步是技能偏向的，特别是在经历了20世纪70年代大学毕业生数量大幅增加之后，偏向于技能工人的技术进步速度加快。20世纪70年代大学毕业生供给增加之后，大学毕业生工资溢价经历了大约10年的下降，从而降低了技能工人与非技能工人的工资收入差距。然而，在20世纪80年代之后，虽然大学毕业生数量持续增长，但是大学毕业生工资溢价一直处于上升趋势，并达到了一个前所未有的水平。大学毕业生工资溢价上升带来的一个后果是居民收入差距的扩大。偏向型技术进步理论能够很好地解释美国的技术偏向及工资差距的动态变化过程。随着 20 世纪 70 年代大学毕业生数量的增加，当技能工人与非技能工人之间存在很强的替代弹性时（$\sigma>1$），市场规模效应主导了新技术的走向，此时，技术进步偏向于丰富的生产要素——技能工人，并且，当 $\sigma>2$ 时，强均衡偏向使得大学毕业生工资溢价会随着大学毕业生数量的增加而上升。

Weiss（2008）认为即使工资和价格完全灵活，即劳动供给不能根据劳动需求的变化做出反应，持久技能偏向型技术进步也并不一定会导致工资收入差距持续的上升。生产要素根据其边际价值获得报酬，其中要素边际价值等于边际产品乘以产出价格。而技能偏向型技术进步会对这两项带来相反的作用。一方面，非技能工人的生产力未受到技能偏向型技术进步的影响；另一方面，技能偏向型技术进步会对不同种类的产品价格带来影响，非技能工人能够从产品相对价格变化中得到补偿。特别地，当不同部门的最终产品在消费需求中为互补品时，技术进步使得低技术含量产品的相对价格上升，这会抵消技能偏向型技术进步对非技能工人收入带来的不利影响。

受 Acemoglu（1998）的启发，国内许多学者从偏向型技术进步理论出发，解释了偏向型技术进步对中国工资收入差异的影响。宋冬林等（2010）利用 1978—2007 年间的数据，印证了我国自 1978 年以来技能偏向型技术进步的存在性，以及不同类型技术进步技能偏向型的差异。研究发现，我国生产率提高和技术进步都增加了对技能型劳动的需求，导致劳动力市场收入结构的变化并进而出现技能溢价。徐舒（2010）从微观数据出发，通过建立一个基于技能偏向型技术进步的一般均衡模型，表明教育回报率的变化是引起我国劳动者收入不平等扩大的重要原因。许志成和闫佳（2011）则将教育效率和劳动力市场的技能供求关系纳入到一个内生演化的动态模型中，研究了技能偏向型技术进步对工资不平等的影响，并且证明了技术进步效率的提升在短期会加大工资不平等，但当教育系统的效率处于一定的区间时，技能偏向型技术进步将在较长的一段时间内降低工资不平等。

（二）资本与劳动两种生产要素收入差距

大部分经济增长模型的理论讨论，一般都建立在两个假设之上：技术进步是劳动增进或者生产函数假定为 Cobb-Douglas 形式（即资本与劳动之间替代弹性 $\sigma=1$）。Cobb-Douglas 形式生产函数之所以受到西方学者的青睐，是由于这种形式的生产函数与经济发展过程中的一些程式化的经验事实相一致，即在资本强度（资本/劳动比率）和人均收入稳定增加过程中要素收入份额近似不变。然而，由于"Kaldor 事实"建立在新古典经济学分析框架中，未考虑技术进步的偏向，"Kaldor 事实"无法解释 20 世纪 90 年代以来，德国、法国、意大利和西班牙等欧洲国家的劳动报酬份额下降的现象，20 世纪 80 年代到 90 年代，这些国家资本份额从 0.32 上升到 0.40（Blanchard，1997）。并且，许多经验证据发现资本与劳动之间的替代弹性 $\sigma<1$，从而，Cobb-Douglas 形式生产函数不适于分析技术进步的类型以及要素份额的变化。

Ripatti 和 Vilmunen（2001）认为传统的 Cobb-Douglas 生产函数无法解释芬兰 1975 年以来劳动收入份额的下降，使用芬兰 1975—2000 年的季度数据估计技术替代弹性，发现技术替代弹性小于单位弹性（0.6）。基于估计结果，通过建立含有要素偏向的不变替代弹性生产函数，以对芬兰劳动收入份额下降进行解释。他们发现：芬兰近几十年的技术进步总体上偏向资本，而且偏向资本的技术进步是该国劳动份额下降的原因之一。

Young（2004）将偏向型技术进步引入到实际经济周期模型（RBC），其中偏向型技术进步的一个特征是技术进步直接影响要素弹性，而在某种条件下，要素弹性的变化与要素份额的变化直接对应。在一个动态随机一般均衡模型（DSGE）框架下，探究偏向型技术进步对劳动收入份额变化可能带来的影响。使用美国 1959—2000 年劳动份额季度波动的数据对模型进行模拟，发现美国劳动份额呈现出周期性的特征，并且表现出反周期性。虽然论文首次将偏向型技术进步引入到 RBC 模型，然而该文存在的缺陷是并没有指出含有偏向型技术进步的 RBC 模型对传统 RBC 模型的改进，以及偏向型技术进步能否很好地解释美国劳动收入占比的季节波动。

在 1996 之前，中国的劳动收入占比处于上升趋势，但在那之后，它开始不断下降，到 2006 年已跌至 40% 的水平。相对于劳动力内部的收入差距，要素之间特别是资本和劳动之间的收入差距更为突出。随着偏向型技术进步理论的发展，国内学者尝试用偏向型技术进步理论对中国劳动收入占比下降进行解释。

黄先海和徐圣（2009）将中国制造业划分成劳动密集型与资本密集型，利用1989—2006年数据研究了制造业劳动报酬份额变化的影响因素。他们发现大多数年份两部门的技术进步均是偏向资本的，而且这是导致制造业部门劳动报酬份额下降的主要原因。王永进和盛丹（2010）通过构造包含技能劳动、非技能劳动和物质资本的三要素模型，分析了偏向型技术进步对劳动收入占比的影响。如果机器设备与技能劳动之间呈互补关系，则工资差距扩大和劳动收入占比下降可以由技能偏向型技术进步来解释。这在一定程度上解释了我国20世纪90年代中期以来，劳动收入占比持续下降的现象。戴天仕和徐现祥（2010）从Acemoglu（2002）的定义出发，推导出度量中国技术进步方向的方法，据此得出1978—2005年中国技术进步偏向资本的结论，且样本期内技术进步偏向资本的速度越来越快。此外，资本偏向型技术进步也可以解释中国劳动报酬份额的下降。

总而言之，用偏向型技术进步理论来解释劳动收入占比下降的研究，大多得出了总体上技术进步偏向于资本的结论，当技术进步偏向于资本时，资本报酬在国民收入中所占份额上升，劳动报酬在国民收入中所占份额下降，从而表现出劳动和资本的收入差距拉大。

四、开放经济下的偏向型技术进步

国际贸易的模式可能会影响到贸易参与国技术类型的发展，关于偏向型技术进步理论在国际贸易领域的应用，现有文献大多集中在研究国际贸易对进出口国技术偏向及就业和工资收入差距的影响。

始于20世纪90年代的离岸外包，以其绝对的成本优势受到欧美一些国家和日本等国的青睐，形成新一轮全球产业转移的大趋势。离岸外包不仅会对外包企业带来经济效益，对发包国家与承接国家的技术变革的方向及均衡的工资结构也会带来影响。Acemoglu通过将偏向型技术进步理论引入到李嘉图模型，其中，最终产品由技能密集型与非技能密集型中间产品生产出来，而中间产品可以由技能丰富的国家转移到技能稀缺的国家，利润最大化厂商决定了离岸外包的程度和技术进步的方向。通过对一般均衡的求解，他们发现：离岸外包与技术进步的方向呈倒 U 形的关系，从一个非常低的离岸外包水平开始，外包机会增加会引起西方国家技能偏向型技术进步以及西方国家非技能工人工资下降和全球技能溢价。然而，随着外包继续增加，外包会导致技术进步偏向于非技能劳动。从而外包和技术变革在短期相互替代而在长期为互补关系。

Moore 和 Ranjan（2005）将技能偏向型技术进步与全球化结合起来，尝试对失业率和工资不平等加以解释。他们发现技能偏向型技术进步与全球化都会提高工资不平等，而两者对失业率则会带来不同的影响。如果技能劳动者与非技能劳动者的互补性足够强，则技能偏向型技术进步会降低两类劳动者的失业率；而全球化会降低技能劳动者的失业率，提高非技能劳动者的失业率。Moore 和 Ranjan（2005）的贡献在于将偏向型技术进步与国际贸易理论结合起来，厘清了两者对失业率与工资不平等产生影响的传导机制。

之前的研究都将国际贸易与偏向型技术进步作为解释技能需求和技能溢价的独立因素。Acemoglu 注意到两者之间的内在联系，与技能稀缺的欠发达国家贸易会增加美国对技能劳动的需求，导致技能偏向型技术进步，进而引起技能溢价和工资不平等的增加。即国际贸易增加会引起技能偏向型技术进步，贸易开放会导致美国与欠发达国家工资不平等的增加。此外，Acemoglu 对国际贸易引发技能偏向型技术进步的内在机制进行了阐述，认为国际贸易之所以会引发技能偏向型技术进步，主要在于国际贸易会创造一种趋势，即美国技能密集产品的相对价格上升，而相对价格上升会鼓励技术创新朝该方向发展。

五、资源、环境压力与不同类型环境技术进步

早期关于环境政策的经济分析主要是在技术外生条件下展开的，如 Nordhaus（2000）认为有限度的、渐进的政策干预是必要的，而且最优的环境政策对经济长期增长的减缓影响有限；Stern（2009）的结论则比较悲观，认为对环境更加广泛和及时的干预是必要的，并且这些干预长期存在，从而会减缓经济的长期增长。

由于忽略了技术进步对环境政策的内生性回应，这些研究未能全面地反映环境

技术进步对环境带来的影响，并且夸大了环境规制的成本。与此相关的另一组研究尝试将环境技术内生化，将内生技术进步理论引入到气候变化模型中。该组研究中内生环境技术进步多表现为引致创新，根据处理方法的不同，气候变化模型分为两种形式：Bottom-up 模型和 Top-down 模型。Bottom-up 模型通过干中学框架来处理诱导型技术创新，其中各种技术成本随着经验积累而下降。如 Manne 和 Richels（2004）考察干中学框架对二氧化碳减排成本和时间的影响，发现干中学主要对减排成本带来影响。Top-down 模型则集中研究环境政策与宏观经济表现之间的联系，在这些模型中内生技术进步主要来源于 R&D 部门中的累积的投资。Popp（2004）对气候变化的 DICE 模型进行修改，通过加入能源部门的引致创新，发现如果忽视诱导型技术进步，将夸大最优碳税的福利成本，而限制引致创新的最主要因素是其他部门 R&D 的挤出效应及 R&D 部门的市场失灵。

将内生技术进步理论引入气候变化模型中，克服了环境技术外生给定的缺陷，使环境技术能对环境政策做出内生性的回应。然而之前的研究未建立一个分析环境政策对技术变革方向影响的系统性框架，这些文献都局限于一种环境技术，忽视了现实中存在多种环境技术，并且，不同的环境政策对这些环境技术偏向会产生影响。为此，一些西方经济学者尝试将偏向型技术进步理论纳入到气候变化模型中，以弥补之前研究的不足。

Acemoglu 在环境约束和有限资源条件下将内生的、导向型的技术进步引入到增长模型中，基于不同类型技术（清洁技术和污染技术）对环境政策的内生性回应，对不同环境政策的成本与收益进行分析。在一个两部门的导向型技术进步模型基础上，进行一般均衡分析。当清洁投入品和污染投入品有较强替代性时，只要对污染投入品的生产征收暂时性的碳税（或对清洁部门补贴）就可实现经济的可持续长期增长。因此，两种投入品替代弹性的大小直接影响了政策干预的强度，特别是当两种投入品是替代品时，如果污染型投入品生产过程中使用可耗竭资源，则随着资源价格上升，有助于研发向清洁技术的转变。此时，即使无政策干预环境，环境灾难也是可以避免的。而当两种投入品不具备很强的替代性，则需要长期的政策干预才能避免环境灾难。最差的情形是两部门生产的投入品是互补品，这种情况下要阻止环境灾难的发生必须以牺牲经济长期增长为代价。该研究从需求角度阐述了环境技术偏向的决定因素，即投入品的相对价格与两种投入品的替代弹性。

影响企业创新决策的因素除了来自需求方面的价格与市场规模外，供给方面的创新可能性边界及企业技术创新的历史也发挥着重要作用。Acemoglu 从供给角度，通过建立一个微观内生增长模型，阐释其中清洁技术和污染技术在生产和创新过程中相互竞争。每个企业拥有许多种产品和技术，利润最大化的企业既可以在清洁技术上进行研发也可以在污染技术上进行研发。如果最初污染技术领先于清洁技术，则从污染技术过渡到清洁技术存在困难。这种情况下，为鼓励清洁技术研发和生产，碳税和研发补贴就非常必要，且研发补贴发挥的作用应该大于碳税。

Acemoglu 在研究环境技术偏向时，假定从事 R&D 活动的科学家数量是有限的，这就意味着科学家的研发活动存在挤出效应。而其他企业的研发活动没有溢出效应，市场不完善源于有限期限的技术专利以及中间产品厂商的垄断竞争。Greaker 和 Heggedahk（2012）认为 Acemoglu 假定企业专利只能维持一期使得其研究结论过度强调对清洁技术的研发进行补贴。他们在 Acemoglu 模型基础上，引入长期有效的专利权，发现对清洁技术研发补贴并非 Acemoglu 等人所强调的那样重要，特别是存在跨期溢出效应时，技术的研发不足能够得到很大的缓解。他们的研究重新确立了碳税的作用，而碳税引导创新作用的发挥依赖于跨期溢出效应的程度。

在开放经济下，随着全球化进程的加快，仅仅依靠单个国家很难改善全球环境，要遏制全球环境退化，需要发达国家与发展中国家的共同参与和合作。Hémous（2012）拓展了 Acemoglu 的工作，将导向型技术进步理论引入到两国（南方国家和北方国家）和两部门（污染和非污染）贸易模型。与 Acemoglu 的假定相同，两国的技术创新由利润最大化厂商开展，并且厂商可以雇用科学家在污染部门和非污染部门进行研发。科学家在部门间的分配由两部门产品相对市场份额决定。在自由放任的条件下，一国出口污染品，则该国污染品占有更大的市场份额，从而鼓励污染品的技术创新。而在污染部门内部，创新可以偏向于清洁技术也可以偏向于污染技术，科学家在两种技术间的配置向更加先进的技术一方倾斜，即这里存在技术创新的路径依赖。

六、实证研究结果及未解决的问题

(一) 实证研究

在实证研究上,国内外关于偏向型技术进步的相关文献可以分为两类,第一类文献重在量化测度要素替代弹性,进而对技术偏向加以估计以及对偏向型技术进步理论成立的基础进行验证。David 和 Klundert (1965) 最早对技术进步的方向进行了估计,利用美国 1899—1960 年宏观经济数据,计算了资本劳动替代弹性、资本效率和劳动效率,发现要素替代弹性约为 0.6,且技术进步偏向于资本。随着测度方法的成熟,如标准化供给面系统法、蒙特卡洛模拟等,国外学者对技术进步方向估计得出了更多不同的结论。Klump 等 (2007, 2008) 使用标准化供给面系统法估计了美国 1953—1988 年和欧元区 1970—2005 年的总替代弹性和要素增强型技术进步,发现要素替代弹性均小于 1,技术进步则表现为劳动增强型。Leon 等 (2010) 使用蒙特卡洛模拟比较了偏向型技术进步条件下,各种估计替代弹性和生产函数的不同方法,发现标准化系统方法下的估计结果最为稳健。

与第一类重在对偏向型技术进步理论证实或证伪的文献不同,第二类文献对偏向型技术进步的基础(如要素替代弹性的大小、路径依赖问题等)则不太关心,这类实证文献直接将偏向型技术进步理论用于对现实生活中的经济现象进行解释。例如,用技能偏向型技术进步解释"技能溢价之谜"(Galor and Tsiddon, 1997; Acemoglu, 1998; Galor and Moav, 2000; 宋冬林等, 2010; 徐舒, 2010; 许志成和闫佳, 2011),用资本偏向型技术进步解释国民收入中资本和劳动收入占比的变化(Acemoglu, 2003; Young, 2004; Sato and Morita, 2009; 黄先海和徐圣, 2009; 王永进和盛丹, 2010; 戴天仕和徐现祥, 2010)。

劳动和资本是生产过程中两种最基本的生产要素,并且两种生产要素需要与特定技术协同生产,因此,偏向型技术进步理论早期实证研究也集中于探析两种要素的技术偏向。随着工业生产活动中能源强度的增强及环境压力的增大,偏向型技术进步理论开始将能源投入作为一种生产要素,研究能源偏向型技术进步的存在性。Popp (2002) 使用美国 1970—1994 年节能专利数据,研究能源价格的上升对节能偏向型技术进步的影响，研究发现能源价格上升会促使技术创新更加倾向于提高能源使用效率。Hassler（2012）也针对美国的工业数据发现技术进步是能源节约型的。王班班和齐绍洲（2014）利用中国 36 个工业行业 1999—2010 年的数据进行实证研究，考察了中国的能源偏向型技术进步。研究发现不同来源进步的能源偏向有所不同，此外，不同来源进步对能源强度的影响也不同。

值得注意的是，虽然偏向型技术进步理论为解释各种经济现象提供了独特的视角，但是在实证研究中，将偏向型技术进步作为一种解释经济现象的理论工具需要足够的谨慎。由于偏向型技术进步理论具有很强的理论假设，并且在一定条件下，该理论才能够成立。研究者如果忽视该假定条件，直接用强技能偏向型技术进步解释技能工人工资溢价，则存在对该理论的滥用并且研究结果的可靠性也将受到质疑。此外，根据偏向型技术进步理论，经济实现均衡时，"价格效应"和"市场规模效应"决定技术的偏向。我们在对该结论进行经验验证时，需要对两种效应的确切含义理解清楚，否则容易引起概念的误用。例如，在研究石油价格变化对汽车技术偏向的影响时[1]，就不能使用"价格效应"来解释技术的偏向。因为"价格效应"主要是指其两种技术相对价格的变化对技术偏向的影响。而石油作为汽车的互补品，石油价格的变化并不影响两种汽车技术的相对生产成本。

（二）未解决的问题

虽然，近 20 年来偏向型技术进步理论及其应用取得巨大进展，但该理论还存在许多未解决的问题，这也是未来研究可能的突破方向。

1. 要素之间替代弹性的估计

价格效应和市场规模效应两股相反的力量决定了新技术的偏向，而哪一种效应占主导地位由要素之间替代弹性的大小决定。关于要素之间的替代弹性，现有研究大都仅局限于理论层面分析。在经验研究方面，从可获得的数据，特别是涉及跨国数据时，很难给出总替代弹性的一致估计。20 世纪 60 年代以来，国外学者（如 Bodkin and Klein，1967；Sato，1970；Antras，2003）基于国别数据对总替代弹性和技术进步率进行估计。研究发现，多数情况下资本与劳动为互补品，并且，大多数研究结果显示技术进步的类型为劳动增进型。然而，对于更加细化的生产要素，

---

[1] Aghion et al.（2012）研究了石油价格变化对传统能源汽车及新能源汽车技术创新的影响，并对偏向型技术进步理论进行经验验证。

如技能劳动与非技能劳动,清洁技术与污染技术之间替代弹性的大小还是个未知数,如果现实中要素间的替代弹性不满足理论假设,则偏向型技术进步理论不能用来对现实中的经济现象加以解释。

2. 两种效应的异质混合及技术偏向的其他影响因素

对于影响技术进步偏向的价格效应和市场规模效应,国外研究仅停留于理论分析,并且现有的文献都将决定技术偏向的两种效应分离开来。因此,作为偏向型技术进步理论最为关键的部分,现有研究的缺陷主要体现在:现实中可能这两种效应在企业研发决策时都发挥着作用,只是我们无法直接观测其作用的大小;另外,在理论模型部分,经济达到一般均衡时,两种效应发挥作用完全由两种生产要素(或中间产品)的替代弹性决定。而在现实中,可能存在多种因素决定技术偏向,如税收、补贴等公共政策,忽略掉这些影响因素,可能会影响结论的可信性。

3. 路径依赖问题

企业作为创新主体,其创新行为受到其创新可能性边界和技术创新历史的影响,企业过去的技术选择会影响其未来不同技术创新的成本,即路径依赖可能影响技术的偏向。学术界对路径依赖能否影响技术的偏向尚未达成一致意见,Acemoglu 和 Aghion(2012)分别从理论和经验上证实了路径依赖是决定技术偏向的一个重要因素。而 Hanlon(2011)以英国历史上的纺纱技术演进为例,研究结果表明无论是行业层面还是单个发明者,都没有为路径依赖的存在提供证据。为什么路径依赖在某些行业消失?路径依赖发挥作用的条件是什么?这些都是今后需要细致研究的问题。

4. 双向因果问题

两种生产要素的相对价格和丰裕程度决定了技术创新的偏向,这里要素的价格和数量都是外生变量。然而,忽视了要素相对供给对技术偏向的内生回应,要素的相对价格和供给也可能受到技术偏向的影响,从而偏向型技术进步理论中可能存在双向因果问题。因此,偏向型技术进步理论的进一步发展需要将要素的相对供给内生化。例如,偏向型技术进步理论在解释"技能溢价"时,将技能劳动者和非技能劳动者的相对供给作为外生给定的,而在现实中,个体在对其人力资本投资时会考虑其将来就业机会和劳动报酬。

七、研究评述与展望

理论上,技术进步方向(偏向)的最早研究可追溯到20世纪30年代Hicks(1932)所做的研究,Hicks将技术方向分为三种类型:资本节约型、劳动节约型和中性技术进步型。然而,由于早期关于技术进步偏向的研究缺乏微观基础,直到20世纪90年代,随着Romer(1990)、Grossman和Helpman(1991),Agion和Howitt(1992,1998)等人对内生技术进步理论的发展,具有微观基础的偏向型技术进步理论得到迅速发展。其中,Acemoglu将技术的偏向内生化进步理论命名为"导向性技术进步"。

在对现实的解释方面,偏向型技术进步理论能够解释宏观经济学、发展经济学、劳动经济学以及国际贸易中的许多问题。如技能偏向型技术进步能够解释发达国家与发展中国家的技能溢价;技术进步偏向于资本可以对劳动收入占比下降做出解释;在开放经济下,国际贸易和偏向型技术进步会对南北国家的技术水平和收入差距产生影响;环境技术进步对缓解资源环境压力发挥着重要作用,而偏向型技术进步理论为分析环境政策对环境技术偏向产生的影响提供了理论基础。

通过梳理偏向型技术进步理论国内外相关研究进展,我们对该理论现有研究未解决的问题进行了归纳总结。具体而言,这些问题包括:要素之间替代弹性的大小、"价格效应"和"市场规模效应"的混合作用及技术偏向的其他决定因素、路径依赖问题以及双向因果问题。这些问题同时也是偏向型技术进步理论未来研究的方向。

第三章

技术的扩散过程及行业的发展过程：
基于电力、个人计算机、因特网的经验分析

一、问题的提出

本章将对3种典型GPT技术在23个国家的扩散过程及行业变化进行实证分析。一些关于跨国技术差距的研究指出，发展中国家与发达国家之间逐渐出现了技术收敛的现象。技术收敛现象在近年的一些权威机构的研究报告中也频繁出现。2013年3月联合国开发计划署（UNDP）公布的全球187个国家和地区最新的"人类发展指数（HDI）"报告指出，"所有组别和地区在人类发展指数的所有组成部分均取得明显改善，其中人类发展指数处于中低水平的国家进步更快。在此基础上，世界正变得越来越平等"。2012年7月欧洲工商管理学院（INSEAD）和世界知识产权组织（WIPO）联合发布的"全球创新指数（GII）"报告指出，中国、印度等中等收入国家的创新效率指数有不俗的表现，显示出创新产出方面势头强劲。2011年9月商业软件联盟（BSA）发布的经济学人信息部（EIU）"IT行业竞争力指数"报告指出，中国、印度等国家的排名均处于上升态势。

现有的研究虽然都倾向于支持跨国之间存在技术收敛，但是在研究中却存在统计研究缺乏理论模型，或者模型研究无法获得微观技术数据的窘境。有的是从总量经济层面评价一国对技术的采用问题，有的是从企业层面研究技术的采用。从总量经济层面研究技术采用，有利于使用宏观经济统计数据，以便从实证分析中获得佐证。而从企业层面研究技术采用，则需要从微观技术层面获取技术数据，这样的测度指标的选取较为困难。归根结底还是由于相关的经济理论研究尚不成熟,这一类研究领域中的典型代表为通用技术理论与技术扩散研究理论。

我们选择 3 种典型 GPT 技术在 23 个国家的扩散进行实证分析,提出了计量分析的简化模型形式,并选择国家样本、数据说明与参数校准,同时对参数估计结果进行分析与说明。

我们将对 Comin & Hobijn（2010）的实证方法进行改进,估算 3 种典型 GPT 在 23 个样本国家（以 APEC 成员方为主）中的扩散绩效,并进行跨国比较研究。

二、计量模型

主要讨论单部门模型进行扩展以及计量方程形式的简化等。单部门模型核心方程为:

$$A_n = \left(\frac{\mu-1}{\gamma}\right)^{\mu-1} Z_{\underline{v}} e^{\gamma(t-D_t-\underline{v})} \left[1 - e^{-\frac{\gamma_\tau}{\mu-1}(t-D_t-\underline{v})}\right]^{\mu-1} \tag{1}$$

由该单部门模型扩展为多部门模型：在多部门模型中,假设不同种类的技术前沿具有不同的增长率 γ_τ,且每一项新技术的发明时间 $\underline{v}$ 都不相同。此外,用小写字母表示对该项取对数。以一个嵌套的 CES 聚合,在需求方程

$$Y_\tau = Y(P_\tau)^{-\frac{\mu}{\mu-1}} \tag{2}$$

中,将用表示部门间的需求弹性 $\theta/(\theta-1)$ 替换掉以表示部门内的需求弹性 $\mu/(\mu-1)$,可得到对数线性需求方程

$$y_\tau = y - \frac{\theta}{\theta-1} p_\tau \tag{3}$$

将中间产品价格方程

$$P_\tau = \frac{1}{A_\tau}\left(\frac{Y}{L}\right)^{1-\alpha}\left(\frac{R}{\alpha}\right)^\alpha \tag{4}$$

代入,可以得到 y_τ 的简化方程形式

$$y_\tau = y + \frac{\theta}{\theta-1}[\alpha_\tau - (1-\alpha)(y-l) - \alpha r - \alpha \ln \alpha] \tag{5}$$

类似地，联立对数线性资本需求方程，得到简化的 k_τ 方程

$$k_\tau = \ln \alpha + p_\tau + y_\tau - r \tag{6}$$

在方程与方程中包含企业的垄断收益率 r，由于假设经济接近稳态，且 r 随时间的变化而近似不变，因此，r 可以视为简化估计方程中不变项的一部分。

在 $r_\tau = 0$ 时取方程（2）的线性对数，可以获得近似值

$$\alpha_\tau \approx z_{\underline{v}_\tau} + (\mu-1)\ln(t-T_\tau) - \frac{\gamma_\tau}{2}(t-T_\tau) \tag{7}$$

其中，$T_\tau = \underline{v}_\tau + D_\tau$ 表示一项新技术初次被采用的时间，其为该项技术的发明时间 $\underline{v}_\tau$ 与采用时滞 D_τ 之和。在这个近似值中，技术变化的增长率 γ_τ 仅仅影响了 a_τ 的线性趋势。

显然，在现已被采用的全部技术种类 V_τ 中只包含种类为数不多的生产方法时，$(t-T_\tau)$ 的增长率很大，并且这一增长率通过"种类效应"（variety effect）驱动了 a_τ 的增长。只有在长期中，当 $(t-T_\tau)$ 的增长率逐渐减小，技术变化的增长率 γ_τ 会成为"种类效应"的主要驱动因素。

方程（6）和方程（7）通过简化以后可以获得相似的结构，从而可以合并为同一个方程式，使用 $m_\tau \in \{y_\tau, k_\tau\}$ 表示技术扩散测度指标，使其可以满足条件。联立方程（6）、方程（7）、方程（8）以及方程（2），可得

$$m_\tau = \beta_1 + y + \beta_2 t + \beta_3((\mu-1)\ln(t-T_\tau) - (1-\alpha)(y-l)) + \varepsilon_\tau \tag{8}$$

其中，y_t 表示第 t 年真实 GDP 的对数，即 $y_t = \log(Y_t)$；l_t 表示人口的对数值，即 $l_t = \log(L_t)$，ε_t 为误差项。$\beta_s\ (s=1,2,3)$ 与 T_τ 为待估计的参数，μ 和 α 将被赋值。这里，T_τ 决定了上述非线性曲线的斜率参数，它表示技术 τ 被采用的时间。

三、变量描述

（一）对技术扩散测度指标 $m_{\tau,t}$ 的描述

根据技术扩散路径曲线的"S 形"描述可知，技术扩散曲线具有单调递增且边际增量递减的特性。这表示在技术扩散路径曲线的早期，曲线较为陡峭，而到了中晚期，曲线则渐趋平缓。技术扩散路径曲线的曲率变化趋势如图 1-3-1 所示。

由此可知，技术扩散路径曲线的曲率陡缓程度与该技术已被采用的时间长短有密切的联系。在某时点 t 上，若某一成员方采用某一项新技术的时间 T_τ 较早，即 $(T_\tau - t)$ 值较大，那么其扩散曲线的曲率较为平缓；而若某一成员方采用该技术的时间 T_τ 较晚，即 $(T_\tau - t)$ 值较小，那么其扩散曲线的曲率较为陡峭。

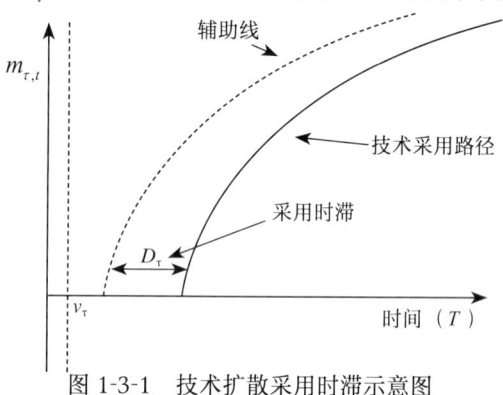

图 1-3-1 技术扩散采用时滞示意图

计量模型中的被解释变量代表某一成员方在 t 时对特定种类的技术 τ 的采用绩效水平，其取值为以该技术作为中间产品的资本物化产出值，方程（9）的变化曲线即为技术 τ 的扩散路径曲线。以下将对待估计的参数 β_s 与 T_τ 的经济含义进行说明。

（二）对参数 β_s 的描述

非线性方程（9）右边的国家（地区）-技术固定效应 β_1 代表以下 4 项内容：①技术测度的单位；②不同国家（地区）有不同的全要素生产率（TFP）水平；③技术采用时滞的差异；④投资产品的相关价格的水平。此外，不同国家（地区）的 β_1 估计值并不相同，而 β_1 会受 TFP 的水平和资本的相关价格影响。需要注意的是，技术扩散的集约边际可以通过 β_1 测度出来。趋势参数 β_2 依赖于资本的产出弹性 α

和技术变化的趋势。β_3 取决于技术参数 θ。

标记技术种类 τ 发明的时间为 $\underline{v}_\tau$，技术的采用时间为 T_τ，用 D_τ 表示采用技术 τ 的延迟时间，即发明技术到采用技术的时间差 [D_τ 反映了一国（地区）采用新技术 τ 的速度]。T_τ 和 D_τ 的换算公式为：

$$D_\tau = T_\tau - \underline{v}_\tau \tag{9}$$

其中，每一项新技术 τ 的发明时间 $\underline{v}_\tau$ 将在数据说明中进行说明。

给定不同国家（地区）的 β_s 参数约束，在反映种类效应的方程中的非线性趋势部分，D_τ 是在控制了观察变量（如人均收入）的效应之后还可以影响 m_τ 曲率的唯一一项，因此，它可以通过测度技术扩散曲线的曲率而被识别出来。对所估计出的各个样本国家（地区）的新技术 τ 的数值的比较，可以从直观上获知：在给定的时点 t 上，如果可以观察到 m_τ 的斜度在一个国家比另一个国家减少得更快，那么，这意味着前一个国家（地区）已经更早地使用了这一项新技术。

四、样本、数据说明与参数校准

本节将对技术种类、国家（地区）样本、计量模型（9）中的解释变量 y 和 l 的数据来源及处理方法、参数 μ 和 α 的取值等信息进行说明。

（一）国家样本说明

以 21 个 APEC 成员方与 2 个"金砖国家"作为样本，对电力、个人计算机、因特网这 3 种典型的重大技术（GPT）在这些国家的扩散绩效进行比较分析。

选择这 23 个国家（地区）作为技术扩散的跨国比较研究的样本是因为，地缘和历史上的特别使得这些国家（地区）从人均 GDP 水平角度来看具有明显的"分级"现象，有利于进行分组的组别间对比研究。这样，23 个样本国家（地区）可以划分为 4 个组别。第一组是以美国、日本等为代表的发达国家（G4），它们也是五国集团（G5）和经济合作与发展组织（OECD）的成员国。第二组是以东亚新兴工业化经济体（EATS）为代表的小型经济体，这些国家在 1960—1990 年期间经历了较快的经济增长。第三组是发展中国家，主要是"金砖国家"（BRICS），如中国、印度等，在 1990 年之后，金砖国家都经历了明显的经济发展，并具有较大的人力成本优势。第四组是其他一些亚太经合组织（APEC）国家，以东亚、南亚国家为主，它们在未来具有巨大的经济发展潜力。例如，在"人口红利"逐渐消失的过程中，中国制造业的人力成本将不断上升，一些低端的劳动密集型产业已经将生产基地转移到了人力成本低廉的国家，比如东盟一些国家，相关数据见表 1-3-1。

有关 23 个样本国家和地区的分组情况、可得变量数据的时间跨度以及资本份额 α 的取值等见表 1-3-1。有关变量指标的说明以及参数校准等见下文说明。

表 1-3-1　23个国家样本的相关数据说明

国家（地区）	组别	数据时间跨度					资本份额（α）
		电力	计算机	因特网	人口	真实 GDP	
美国	G4	1902—2011	1981—2006	1990—2010	1790—2010	1820—2011	0.30
澳大利亚		1960—2011	1988—2003	1990—2010	1990—2010	1951—2010	0.30
加拿大		1919—2011	1980—2006	1990—2010	1820—2010	1820—2010	0.30
日本		1907—2011	1985—2003	1990—2010	1820—2010	1820—2010	0.35
香港（中国）	EATS	1947—2010	1988—2008	1991—2010	1920—2010	1950—2010	0.45
韩国		1945—2011	1988—2007	1990—2010	1900—2010	1900—2010	0.45
新加坡		1948—2010	1988—2007	1991—2010	1920—2010	1950—2010	0.45
台湾（中国）		1948—1993	—	—	1900—2010	1900—2010	0.45
巴西	BRICS	1928—2010	1988—2005	1991—2010	1820—2010	1820—2010	0.50
俄罗斯		1913—2010	1988—2006	1992—2010	1820—2010	1820—2010	0.50
印度		1939—2010	1988—2007	1992—2010	1820—2010	1820—2010	0.50
中国		1912—2010	1988—2006	1993—2010	1820—2010	1820—2010	0.60
文莱	其他 APEC	1971—2010	1992—2005	1995—2010	1951—2010	—	0.50
智利		1923—2011	1988—2005	1992—2010	1820—2010	1900—2010	0.50
印度尼西亚		1928—2010	1988—2006	1994—2010	1820—2010	1820—2010	0.50
马来西亚		1948—2010	1988—2006	1992—2010	1950—2010	1950—2010	0.50
墨西哥		1926—2011	1988—2006	1991—2010	1820—2010	1820—2010	0.50
新西兰		1926—2011	1991—2006	1992—2010	1840—2010	1870—2010	0.30
巴布亚新几内亚		1950—1995	1998—2005	1996—2010	1996—2010	1950—2010	0.60
秘鲁		1931—2010	1995—2005	1994—2010	1820—2010	1900—2010	0.65
菲律宾		1925—2010	1988—2005	1994—2010	1820—2010	1900—2010	0.65
泰国		1938—2010	1988—2005	1991—2010	1820—2010	1870—2010	0.70
越南		1946—2010	1992—2006	1996—2010	1950—2010	1950—2010	0.40

说明 1：G4 代表了 APEC 组织中的发达国家；东亚新兴工业经济体（简称 EATS）代表了 1960—1990 年期间经济快速发展的发展中国家（地区）；金砖 4 国（Brazil、Russia、India、China，简称 BRICS）是 1990 年以来代表发展中国家新兴工业化大国。除了 21 个 APEC 国家以外，增加了印度与巴西。

说明 2：α 表示对每一个样本国家的资本占收入份额的赋值，数据来源为 Guerriero, Marta. The labour share of income around the world: evidence from a panel dataset. Institute for Development Policy and Management, 2012, Working Paper No. 32/2012

取 $\tilde{m}_{\tau,it}$ 为在时间 t 时，技术 τ 在国家 i 扩散绩效的取值，且设数值取值为百分数（比值）形式。$\tilde{m}_{\tau,it}$ 表示采用技术 τ 的中间产品的人均产出水平的对数，则

$$\tilde{m}_{\tau,it} = m_\tau - l \tag{10}$$

本节试图考察人均 GDP 水平对技术扩散绩效的影响，选取计量模型为

$$\tilde{m}_{\tau,it} = d_{\tau,t} + \beta\left(y_{\tau,it} - l_{\tau,it}\right) + \varepsilon_{\tau,it} \tag{11}$$

其中，$d_{\tau,t}$ 是时间虚拟变量，$\left(y_{\tau,it} - l_{\tau,it}\right)$ 是人均 GDP 的对数，$\varepsilon_{\tau,it}$ 是误差项。$\left(\tilde{m}_{\tau,it} - d_{\tau,t}\right)$ 反映了一个国家的技术采用与各国平均技术采用之间的差距。参数估计结果如表 1-3-2 所示，人均 GDP 水平对于电力、个人计算机、因特网这 3 种重大技术的技术扩散绩效均具有显著的影响。

表 1-3-2　混合回归参数估计结果

(1) $\tilde{m}_{\tau,it} = d_{\tau,t} + \beta\left(y_{\tau,it} - l_{\tau,it}\right) + \varepsilon_{\tau,it}$，$t$ 取全部年份；

	电力	个人计算机	因特网
常数项	9.383	-1.435	-6.774
	(0.926)	(0.866)	(0.609)
$\left(y_{\tau,it} - l_{\tau,it}\right)$	1.540	1.474	1.508
	(0.024)	(0.045)	(0.065)
样本量	1685	381	384
R^2	0.8309	0.8272	0.8462

(2) $\tilde{m}^5_{\tau,it} = d_{\tau,t} + \beta\left(y_{\tau,it} - l_{\tau,it}\right) + \varepsilon_{\tau,it}$，$\tilde{m}^5_{\tau,it}$ 取 5 年均值，t 取全部年份；

	电力	个人计算机	因特网
常数项	9.380	-3.555	-5.074
	(0.912)	(0.836)	(0.501)
$\left(y_{\tau,it} - l_{\tau,it}\right)$	1.536	1.461	1.383
	(0.024)	(0.049)	(0.058)
样本量	1605	301	304
R^2	0.8286	0.8096	0.8398

(3) $\tilde{m}^5_{\tau,it} = d_{\tau,t} + \beta\left(y_{\tau,it} - l_{\tau,it}\right) + \varepsilon_{\tau,it}$，$\tilde{m}^5_{\tau,it}$ 取 5 年均值，t 取部分年份。

	电力	个人计算机	因特网
常数项	9.746	-2.197	-4.375
	(0.646)	(0.683)	(0.676)
$\left(y_{\tau,it} - l_{\tau,it}\right)$	1.528	1.439	1.232
	(0.054)	(0.112)	(0.119)
样本量	325	60	64
R^2	0.8289	0.7977	0.8338

说明 1：全部年份是指，样本中的所有年份都包含在内；五年平均是指，取变量的五年平均值，以消除经济周期的影响；五年平均加部分年份是指，取变量的五年平均值，但样本五年取一次，例如，1990、1991、1992、1993、1994 这 5 年取均值后，得到一个以 1992 年为中心的五年平均值，然后仅将这个值包含在最后的回归方程式中。

说明 2：上表均略去了时间虚拟变量的估计值。以上结果精确到小数点后 3 位；括号中数字为标准差；上述估计结果均在 5% 显著性水平下显著。

对23个样本依据人均GDP水平分为4组,并从4组中分别选出代表性国家(美国、韩国、中国、泰国),比较这4个国家的人均GDP水平。美国在1901—2010年期间的任何一个年份的人均GDP水平都居首位,因此以美国的人均GDP水平作为基准,考察其他3个国家的人均GDP水平的变化。根据图1-3-2所示,可知韩国的人均GDP水平仅次于美国,自1965年到1995年其人均GDP增速很快,而1995年以后增速趋于平缓。而中国也在1980年开始了显著的增长,2005年以后增速更为明显。对于韩国与中国而言,较快的经济增长速度为改善该国技术采用水平提供了良好的契机。本文将在下文的计量分析中考察按照人均GDP水平分组的组别技术扩散绩效的差异。

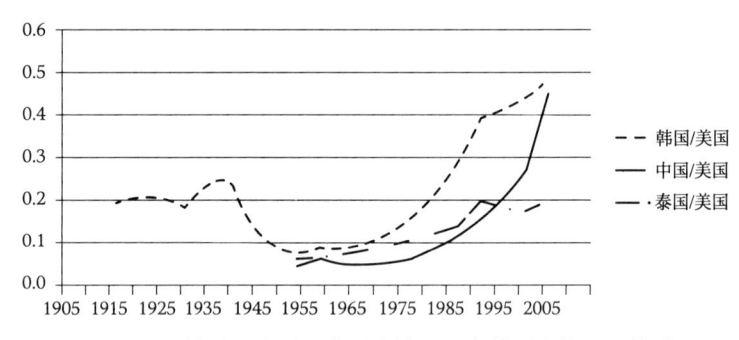

图 1-3-2　韩国、中国、泰国人均GDP占美国人均GDP比重

说明:分别将美国、韩国、中国与泰国1901—2010年人均GDP按每5年分为一组,取每组的算术平均值。以美国的人均GDP算术平均值为1,分别计算韩国、中国与泰国占美国的比重。

(二) 数据说明

1. 被解释变量 $m_{\tau,t}$ 的数据说明

本文选择了电力、个人计算机、因特网这3种典型的重大技术作为进行跨国比较的样本,相关定义请参见表1-3-3。

表 1-3-3　GPT技术扩散绩效测度指标说明

技术名称	发明年份	变量定义	单位
电力	1882	电力的总产出(包括发电站消耗的电)	千瓦时
PC	1973	PC的拥有数量	台
因特网	1983	使用因特网的网民人数	人

数据来源:各国的电力技术数据来源为World Bank(2012);个人计算机数量、因特网使用人数的数据均来源于联合国的教育统计数据库(Education Statistics - All Indicators)。

在第二次技术革命中,以发电机的发明作为开端引发了以电力为动力来源的电器产品的大量出现。最早的商业发明出现在美国,此后代表电力技术的重大发明不断通过各种渠道扩散到全世界,而这一时期最主要的新科技发明国也由第一次技术革命时期的英国转变为德国与美国了。以商业发电量作为电力技术的量化指标,需要指出的是,电力是一种特殊的产品,很难大量储存。在电厂投产之初,预期发电量即已大致确定。在生产中,电厂也会根据用户的消耗进行实时调整,以维持发电量与用户消耗电量的平衡,因此,发电量与用电量数据可视为一致。

个人计算机与因特网都属于第三次技术革命的重要发明,有的学者甚至以网络的首次应用时间将本次技术革命划分为两个阶段,那么,个人计算机与因特网分别作为前后两个阶段的技术代表就更具有典型性了。有意思的是,电力、个人计算机与因特网都以前者的广泛传播为自身扩散的前提。本文以某一国国内实际进入消费领域的个人计算机的数量作为评价其扩散的绩效指标,显然这是从扩展维度来测度技术扩散的。而以使用因特网的网民人数代表这一项新技术的实际传播广度,因此,因特网技术扩散的测度指标单位为"人"。

2. 解释变量 y 与 l 的数据说明

本节采用的真实 GDP 以 Y_t 表示,即按购买力平价(PPP)调整后的真实 GDP 水平,单位为百万美元,购买力平价系按照 Geary-Khamis 方法计算。数据来源有两个,其一为 Maddison(2007)与 Mitchell;其二为 PWT(2012),单位为"百万(以美元计)"。

人口 L_t 中,1950 年之前的数据取自"跨国历史技术采用数据集"(Cross-country Historical Adoption of Technology,以下简称 CHAT)(Comin & Hobijn,2009),1950 年之后的数据取自佩恩表(PWT)(7.1 版,2012),单位为"千人"。

有关各国的真实 GDP 与人口的数据说明及来源见表 1-3-4 所示。

表 1-3-4 真实 GDP 与人口数据说明

变量名称	变量定义	单位
L_t	人口	千人
Y_t	按购买力平价(PPP)调整后的真实 GDP 水平;其中,购买力平价系按照 Geary-Khamis 方法计算	百万(以美元计)

数据来源:Maddison(2007),Mitchell(1998a,1998b),Penn World Table(2012)。

需要说明的是，虽然表格中的人口与真实 GDP 数据也来自 Maddison（2007）、Mitchell（1998a，1998b）、PWT（2007），但是表中 1950 年之后的人口数据精度较差，而且与 PWT（6.1 版）和 PWT（6.2 版）中相同年份的数据均不能直接对应。并且，PWT（7.1 版，2012）中大部分国家的数据自 1950 年开始，数据样本时间跨度太短。为此，本文将 PWT（2012）中 1950 年之后的 Y_t 数据与表中所含的 1950 年之前的数据进行重新整合，具体调整方法如下：

以 i 表示第 个国家（地区），则国家（地区）i 的调整因子为

$$I_{i,gdp} = \frac{Y_{i,t^*}^{CHAT}}{Y_{i,t^*}^{PWT}} \tag{12}$$

其中，t^* 是对于每一个国家（地区）而言表 1-3-4 与 PWT 中均有数据的首个年份。随后，按照上述调整因子，计算调整后的真实 GDP 为

$$Y_{i,t} = \begin{cases} Y_{i,t}^{CHAT} & t \leqslant t^* \\ Y_{i,t}^{PWT} \cdot I_{i,gdp} & t > t^* \end{cases} \tag{13}$$

3. 估计方法

方程式（9）中的待估参数为 $\beta_1, \beta_2, \beta_3$ 和 T_τ，估计方法使用非线性最小二乘法。根据 Comin & Hobijn（2010）理论模型中的假设认为，对于同一种技术 τ 每个国家的 β_2 与 β_3 值都是相等的。由于认为美国的样本时间跨度比较长，且美国的市场最完善，数据更加可信，他们首先用美国的数据估计出 $\beta_1, \beta_2, \beta_3$ 和 T_τ，再将 β_2 与 β_3 代入计量方程式，接着估计其他国家的 β_1 和 T_τ。但是，这种限制性估计法忽略了各个样本国家与美国的结构参数差异。为了解决这一问题，本文在更新了数据集的基础上，进行了可赋值参数校准，并采用各个国家的数据分别对它们的结构参数进行了单独估计，因此本文的估计结果不同于 Comin & Hobijn（2010）的结论。

4. 参数校准

Chow（1993）、Chow & Li（2002）估计了中国的生产函数，函数形式为 Cobb-Douglas 型。因此，鉴于 Comin & Hobijn（2010）对最终产品生产函数形式的设定，Chow 等人的估计结果也适用于他们的计量方程。为了避免"维度诅咒"问题，即因为样本较小导致的估计方差较大的问题，本文根据研究劳动报酬占收入

比例的文献，对赋值参数做了一些设定。

Chow & Li（2002）发现，1978年中国的改革开放并未导致生产函数的参数发生结构性变化，劳动报酬占收入份额的比例设定为0.4。类似地，白重恩等（2008）也采用了0.4的设定。而一些研究，对于日本则通常取值为0.65。基于这一系列的研究文献，本文对于各个样本国家的资本份额参数 α 分别赋值，取值情况见表1-3-1。

此外，μ 表示价格加成比，按照通行的方法取值固定为1.3。

五、实证结果分析

（一）参数估计结果

本节用非线性最小二乘法估计了23个样本国家及地区，参数的估计结果见表1-3-5。样本中仅有文莱、巴布亚新几内亚这两国无法获得有效的参数估计值，在结果报告中去掉；此外，中国台湾地区因不能得到个人计算机（PC）、因特网技术的相关数据，也不能获得相应的参数估计值。

表1-3-5 21个样本国家（地区）的参数估计结果

技术种类	国家（地区）名称	β_1	β_2	β_3	T_τ	N	R^2-adj
电力	美国	-77.140	0.046	1.906	1899	109	0.989
		(4.695)	(0.002)	(0.082)	(1.202)		
	澳大利亚	-78.858	0.047	1.869	1918	92	0.975
		(7.814)	(0.004)	(0.103)	(0.712)		
	加拿大	-32.456	0.024	1.430	1918	92	0.987
		(5.638)	(0.003)	(0.091)	(0.734)		
	日本	-93.401	0.054	1.723	1907	104	0.979
		(5.068)	(0.003)	(0.079)	(0.140)		
	香港（中国）	4.738	0.004	0.933	1950	61	0.982
		(12.986)	(0.007)	(0.173)	(0.223)		
	韩国	-116.579	0.065	1.286	1943	66	0.994
		(14.562)	(0.007)	(0.154)	(1.256)		
	新加坡	-33.531	0.023	1.156	1949	61	0.991
		(10.971)	(0.006)	(0.136)	(0.623)		
	台湾（中国）	-84.976	0.049	1.505	1941	46	0.995
		(35.751)	(0.018)	(0.283)	(5.706)		

续表一

技术种类	国家（地区）名称	β_1	β_2	β_3	T_τ	N	R^2-adj
电力	巴西	-29.339	0.020	1.293	1926	83	0.996
		(5.276)	(0.003)	(0.103)	(1.029)		
	俄罗斯	-89.902	0.052	0.609	1913	98	0.873
		(9.288)	(0.005)	(0.471)	(0.639)		
	印度	-104.913	0.058	2.265	1922	72	0.995
		(26.530)	(0.013)	(0.351)	(15.812)		
	中国	-133.179	0.072	2.463	1911	99	0.992
		(3.638)	(0.002)	(0.081)	(0.608)		
	智利	-10.239	0.011	1.446	1922	88	0.994
		(2.700)	(0.001)	(0.070)	(0.488)		
	印度尼西亚	-94.178	0.052	1.554	1405	83	0.959
		(182.554)	(0.073)	(0.211)	(46012.734)		
	马来西亚	-65.983	0.039	1.470	1911	61	0.997
		(10.944)	(0.005)	(0.105)	(27.026)		
	墨西哥	-8.932	0.010	0.872	1918	85	0.998
		(4.941)	(0.002)	(0.090)	(3.830)		
	新西兰	-65.260	0.040	1.907	1922	85	0.986
		(11.258)	(0.006)	(0.189)	(1.936)		
	秘鲁	-40.574	0.025	3.391	1927	80	0.986
		(8.759)	(0.004)	(0.381)	(1.289)		
	菲律宾	-74.732	0.042	3.087	1911	86	0.975
		(21.168)	(0.010)	(0.559)	(14.123)		
	泰国	-158.175	0.084	3.253	1929	73	0.981
		(34.395)	(0.017)	(0.733)	(8.864)		
	越南	-40.969	0.026	0.762	1950	61	0.981
		(6.671)	(0.003)	(0.124)	(0.256)		
PC	美国	-145.492	0.078	3.374	1981	26	0.993
		(9.156)	(0.005)	(0.603)	(0.170)		
	澳大利亚	-246.878	0.126	1.707	1984	18	0.995
		(25.270)	(0.014)	(1.214)	(2.960)		
	加拿大	-263.165	0.136	3.043	1979	27	0.994
		(10.690)	(0.006)	(0.537)	(0.292)		
	日本	-216.970	0.113	3.695	1982	19	0.990
		(29.853)	(0.014)	(1.474)	(0.544)		
	香港（中国）	-186.529	0.098	4.441	1986	21	0.996
		(10.345)	(0.005)	(0.459)	(0.368)		
	韩国	-261.206	0.136	5.578	1986	20	0.985
		(30.337)	(0.016)	(1.627)	(0.529)		
	新加坡	-212.025	0.110	3.657	1986	20	0.983
		(27.495)	(0.014)	(0.880)	(0.785)		
	台湾（中国）	—	—	—	—	0	—
		—	—	—	—		

续表二

技术种类	国家（地区）名称	β_1	β_2	β_3	T_τ	N	R^2-adj
PC	巴西	-399.117	0.200	1.442	1987	18	0.997
		(25.231)	(0.012)	(1.228)	(2.116)		
	俄罗斯	-381.496	0.192	3.270	1981	19	0.995
		(46.752)	(0.023)	(0.399)	(5.474)		
	印度	-418.994	0.209	0.151	1985	20	0.998
		(21.873)	(0.011)	(0.585)	(18.531)		
	中国	-782.490	0.393	7.261	1978	19	0.994
		(123.150)	(0.062)	(1.846)	(3.543)		
	智利	-264.899	0.135	4.289	1986	18	0.997
		(17.297)	(0.009)	(0.676)	(0.421)		
	印度尼西亚	-243.947	0.121	-0.021	1577	19	0.956
		(909.800)	(0.376)	(0.528)	(10590589.0)		
	马来西亚	-281.207	0.143	4.195	1986	19	0.995
		(15.626)	(0.008)	(0.779)	(0.355)		
	墨西哥	-229.709	0.116	1.826	1986	19	0.996
		(11.522)	(0.006)	(0.591)	(0.858)		
	新西兰	-90.455	0.049	2.156	1989	16	0.997
		(10.288)	(0.006)	(0.397)	(0.555)		
	秘鲁	-213.559	0.107	1.127	1993	11	0.997
		(22.085)	(0.011)	(0.632)	(1.633)		
	菲律宾	-267.181	0.134	0.426	1987	19	0.997
		(15.653)	(0.008)	(0.403)	(1.225)		
	泰国	-220.689	0.110	1.184	1987	18	0.998
		(16.725)	(0.008)	(0.401)	(0.385)		
	越南	-611.486	0.306	1.272	1992	15	0.977
		(46.362)	(0.023)	(1.429)	(0.475)		
因特网	美国	-265.252	0.145	8.075	1988	21	0.940
		(83.865)	(0.049)	(5.942)	(1.906)		
	澳大利亚	-502.126	0.271	12.765	1987	21	0.969
		(136.010)	(0.075)	(4.999)	(1.925)		
	加拿大	-481.055	0.253	9.089	1987	21	0.940
		(207.275)	(0.110)	(5.690)	(3.055)		
	日本	-216.227	0.130	18.455	1987	21	0.982
		(52.033)	(0.026)	(3.498)	(0.744)		
	香港（中国）	-216.168	0.116	7.059	1990	20	0.990
		(22.193)	(0.011)	(0.863)	(0.249)		
	韩国	-791.268	0.415	24.261	1987	21	0.968
		(130.301)	(0.069)	(5.541)	(0.726)		
	新加坡	-358.339	0.187	8.561	1990	20	0.972
		(49.007)	(0.025)	(1.639)	(0.451)		
	台湾（中国）	—	—	—	—	0	—
		—	—	—	—		

续表三

技术种类	国家（地区）名称	β_1	β_2	β_3	T_τ	N	R^2-adj
因特网	巴西	-571.699	0.293	12.853	1989	20	0.991
		(47.031)	(0.024)	(2.256)	(0.776)		
	俄罗斯	-679.429	0.341	4.401	1992	19	0.994
		(24.529)	(0.012)	(0.516)	(0.088)		
	印度	-912.449	0.460	13.851	1991	19	0.978
		(134.679)	(0.068)	(3.397)	(0.768)		
	中国	-1599.143	0.807	21.026	1990	18	0.995
		(164.261)	(0.083)	(2.537)	(0.639)		
	智利	-682.167	0.349	12.068	1990	19	0.976
		(96.502)	(0.049)	(2.251)	(0.802)		
	印度尼西亚	-351.663	0.178	5.688	1994	17	0.994
		(36.644)	(0.018)	(0.649)	(0.067)		
	马来西亚	-399.509	0.210	14.476	1991	19	0.988
		(44.382)	(0.022)	(1.659)	(0.168)		
	墨西哥	-543.645	0.278	10.738	1989	20	0.963
		(88.575)	(0.045)	(6.038)	(2.251)		
	新西兰	-287.336	0.160	12.701	1990	19	0.989
		(43.462)	(0.023)	(1.809)	(0.386)		
	秘鲁	-333.303	0.169	9.928	1993	17	0.995
		(28.887)	(0.014)	(0.984)	(0.247)		
	菲律宾	-562.537	0.284	47.041	1984	17	0.981
		(486.089)	(0.241)	(16.142)	(5.665)		
	泰国	-137.711	0.072	16.871	1990	20	0.991
		(67.118)	(0.033)	(1.902)	(0.213)		
	越南	-1388.435	0.699	15.602	1995	15	0.992
		(159.167)	(0.080)	(2.994)	(0.416)		

说明：以上结果精确到小数点后3位；括号中数字为标准差；上述估计均在1%的显著性水平下显著，时滞参数T_τ采用四舍五入法保留到整数。

对样本的3种特定种类的技术的扩散绩效进行比较研究后发现，同一种技术在不同国家（地区）的扩散绩效存在差异，在某一国内不同技术的扩散绩效也存在差异。根据所估计的体现3种重大技术在各国（地区）的扩散绩效的参数T_τ值，以及T_τ与D_τ之间的换算公式，可以计算各组别的D_τ平均值，并进行组别间的比较研究，对比结果如图1-3-3所示。

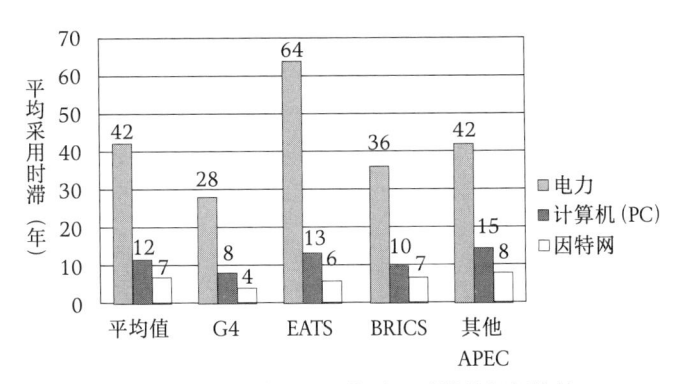

图1-3-3　3种GPT平均采用时滞的组间比较

说明：平均采用时滞的计算方法为 $\left(\sum_{i=1}^{n}T_{i,\tau}\right)/n$，其中 i 表示第 i 个国家。

比较各样本的技术采用时滞可以发现，每种技术采用时滞的长短与该国初次采用此项技术时的人均GDP水平有明显的正向关系，相对人均收入水平较高的国家（地区）其采用技术时滞也相对较短。有关人均GDP水平对技术扩散绩效的影响分析可见前文中表1-3-2。

从图1-3-3可以看出，G4国家的电力、个人计算机、因特网的采用时滞都要小于其他3个级别。本文所选择的3种典型重大技术的发明距今有较大的时间跨度，可以证明的是，在这一段时期G4国家的人均收入水平也始终居于领先地位。特别地，某一国若是提升了其人均收入水平，其采用新技术的时滞也会相应缩短。EATS国家（地区）在采用电力技术时存在较长的采用时滞，在所有样本组的相对水平中居于最末，而其PC与因特网技术的扩散绩效则得到了显著改善。

除了进行国别的比较发现的结论以外，本文还发现就技术种类之间的比较来看，不同技术种类的特性也会使得扩散的绩效发生显著的改变。需要指出的是，信息与通信技术（ICT）因其特殊的技术特性比早期发明的技术更易于扩散，在信息时代，明显缩短的技术采用时滞使得ICT在各国的扩散绩效水平变得较为接近。在某种程度上，这可以视为欠发达国家正在发生技术收敛的佐证之一。

（二）方差分解

本部分进一步对估计结果进行方差分解，以 $D_{i,\tau}$ 表示第 i 个国家（地区）第 τ

种技术的采用时滞，$g(i)$ 表示第 i 个样本所属的组别［这里共有 4 组，分别为 G4、EATS、BRICS 或其他 APEC 国家（地区）］。下面依据 6 种情形对采用时滞进行方差分解，详情见表 1-3-6：

（1）只有国家（地区）效应：$D_{i,\tau} = D_i + \varepsilon_{i,\tau}$；

（2）只有技术效应：$D_{i,\tau} = D_\tau + \varepsilon_{i,\tau}$；

（3）国家（地区）效应和技术效应：$D_{i,\tau} = D_i + D_\tau + \varepsilon_{i,\tau}$；

（4）只有组别效应：$D_{i,\tau} = D_{g(i)} + \varepsilon_{i,\tau}$；

（5）组别效应和技术效应：$D_{i,\tau} = D_{g(i)} + D_\tau + \varepsilon_{i,\tau}$；

（6）组别效应、国家（地区）效应和技术效应：$D_{i,\tau} = D_i + D_{g(i)} + D_\tau + \varepsilon_{i,\tau}$。

表1-3-6　方差分解

平方和	模型	国家（地区）	技术	组别	残差
（1）仅国家（地区）	3654.24	3654.24	—	—	15704.00
解释比例	18.88%	18.90%	—	—	81.12%
p 值	0.97	0.97	—	—	—
（2）仅技术	14629.38	—	14629.38	—	4728.86
解释比例	75.57%	—	75.57%	—	24.43%
p 值	0.00	—	0.00	—	—
（3）国家（地区）、技术	17013.22	2383.84	13358.98	—	2345.02
解释比例	87.89%	12.31%	69.01%	—	12.11%
p 值	0.00	0.06	0.00	—	—
（4）仅组别	1788.14	—	—	1788.14	17570.10
解释比例	9.24%	—	—	9.24%	90.76%
p 值	0.15	—	—	0.15	—
（5）组别、技术	16020.83	—	14232.69	1391.45	3337.41
解释比例	82.76%	—	73.52%	7.19%	17.24%
p 值	0.00	—	0.00	0.00	—
（6）组别、国家（地区）、技术	17013.22	992.40	13358.98	1222.13	2345.02
解释比例	87.89%	5.13%	69.01%	6.31%	—
p 值	0.00	0.58	0.00	0.00	—
样本量		59		总平方和	19358.24

说明：解释百分比、方差、p 值均保留 2 位小数有效数字。

由表 1-3-6 可以看出，国别（地区）因素对于技术采用时滞差异的解释力非常弱：在设定（1）、（3）、（6）中，国家（地区）因素的 p 值均高于 0.05，说明在 5% 的显著性水平下，并不能显著解释采用时滞；同时，对总差异的解释比例均在 20% 以下。

组别因素的解释力略强于国家（地区）因素，在仅包含组别因素的设定（4）中，组别仅能解释技术采用时滞变异的 10%。

由设定（2）可见，仅技术因素就能解释 75% 左右的技术采用时滞变异。而由设定（5）、（6）的结果可见，即使考虑了国家（地区）因素、组别因素，技术的解释作用仍然达到了 70% 左右。这说明，就本节所选取的 3 种技术而言，技术本身的特性是解释技术采用时滞的关键因素。

（三）拟合曲线说明

对 G4、EATS 与 BRICS 国家（地区）的 3 种重大技术的采用路径的拟合曲线进行比较分析。

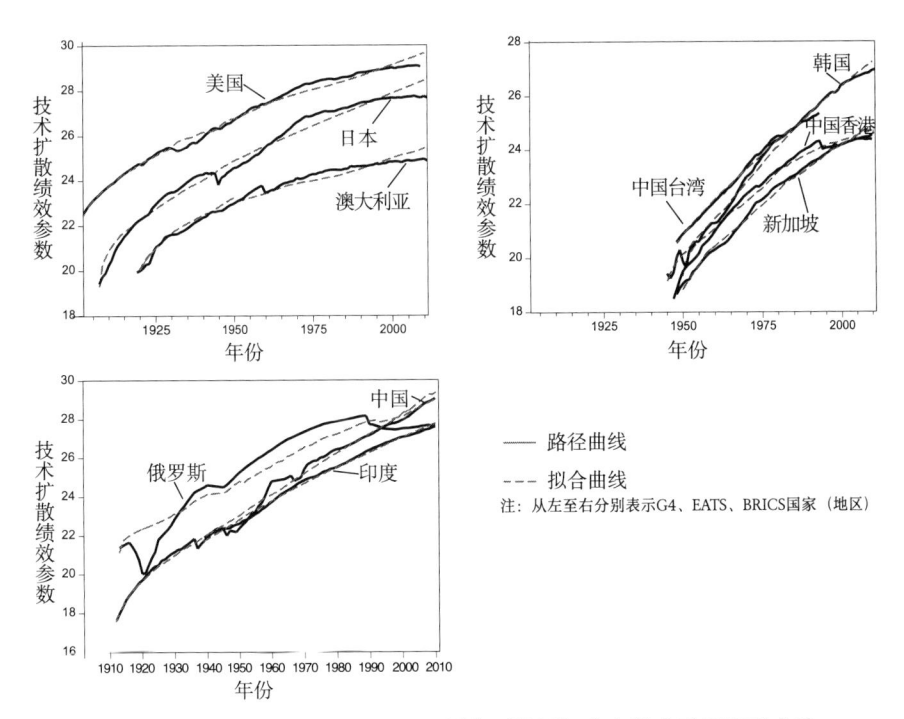

图 1-3-4　G4、EATS、BRICS国家（地区）电力技术采用路径曲线

图 1-3-4 分别表示 G4、EATS、BRICS 国家（地区）的电力技术的采用路径曲线，

可以看出这些国家（地区）的电力技术采用路径曲线都符合单调递增长的特征，同组别内的国家（地区）的曲线曲率较为相似，但是不同组别的国家（地区）的曲线曲率具有明显的差异。G4 国家的电力技术采用路径曲线比 EATS、BRICS 国家（地区）都要平缓，而 EATS 国家（地区）的曲线曲率显然最为陡峭。

图 1-3-5 分别表示 G4、EATS、BRICS 国家（地区）的个人计算机技术的采用路径曲线，这些国家的个人计算机技术采用路径曲线具有与电力技术采用路径曲线类似的变化规律。只是，不同组别间国家的曲率的对比关系发生了变化，G4 国家的个人计算机技术采用路径曲线比 EATS、BRICS 国家（地区）都要平缓，而 BRICS 国家的曲线曲率明显比 EATS 国家（地区）要陡峭。

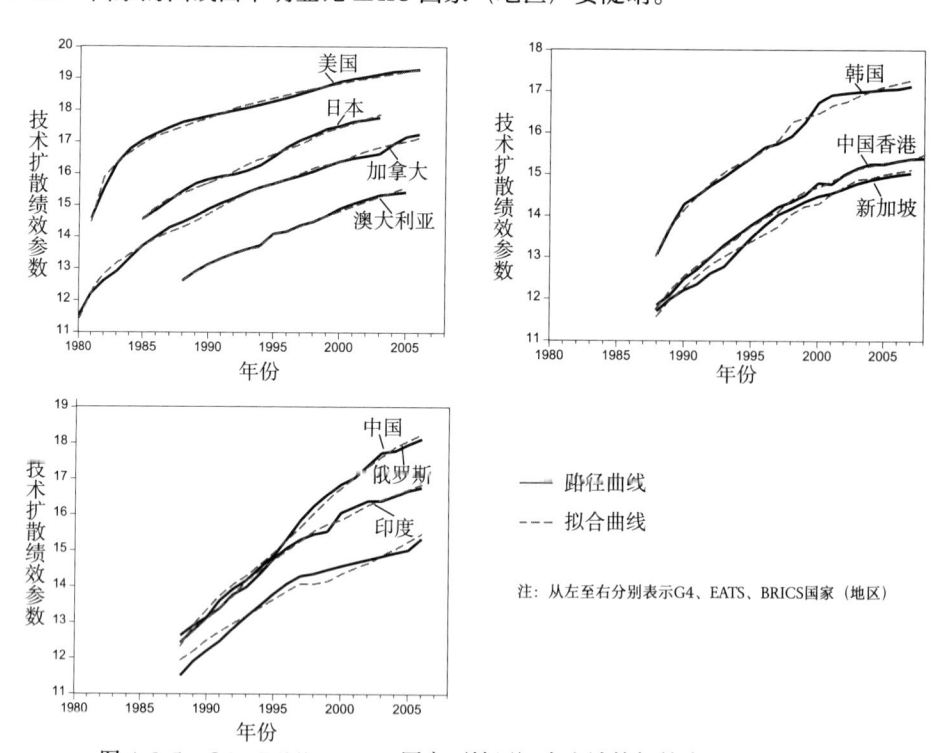

图 1-3-5　G4、EATS、BRICS国家（地区）个人计算机技术采用路径曲线

图 1-3-6 分别表示 G4、EATS、BRICS 国家（地区）的因特网技术的采用路径曲线，类似于电力、个人计算机技术，组别内的国家（地区）的 GPT 采用路径曲

线的曲率较为相似。前文国家（地区）样本分组说明中曾指出，分组的标准以人均 GDP 水平进行分类。可以清楚地发现，同一组别内的国家（地区）采用曲线的曲率较为接近，而不同组别间的国家（地区）采用曲线的曲率明显不一样。因此，有理由怀疑人均 GDP 水平相似的国家其技术采用路径曲线的曲率变化也较为相似。前文中对样本各国（地区）人均 GDP 水平与技术扩散测度指标的数量关系研究证实，人均 GDP 水平是影响跨国技术采用差异的一个重要因素。

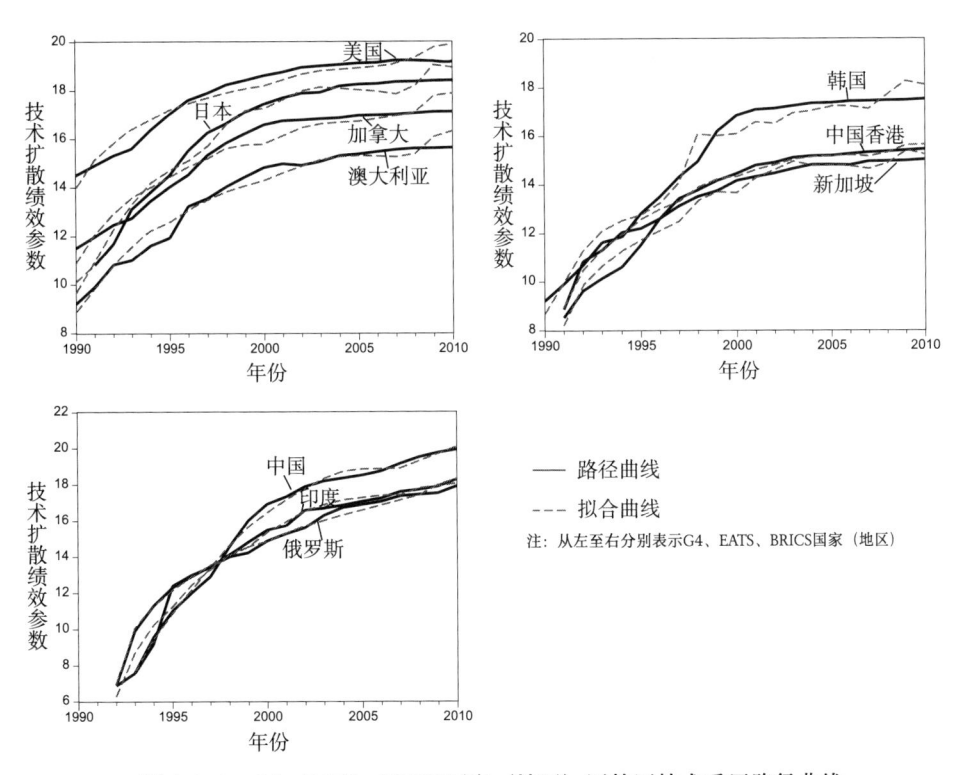

图 1-3-6　G4、EATS、BRICS国家（地区）因特网技术采用路径曲线

组别内为什么一些国家（地区）的 GPT 采用路径曲线的垂直位置要高于另一些国家（地区）？根据 Comin & Hobijn（2010）理论模型的设定，不同国家（地区）技术采用路径曲线的水平位置差异可以用技术的采用水平差异来解释，而垂直位置的差异则可以用非技术因素来解释。就 $m_{\tau,t}$ 的含义而言，这表示不同的国家（地区）的 τ 技术的物化产出水平存在差异。我们讨论了 GPT 技术的特性，显然，就 GPT

技术的特性而言，电力、PC 与因特网技术的物化产出水平显然与一国（地区）的经济实力具有正向的关系。从图 1-3-4 至图 1-3-7 也可以看出，人均 GDP 水平较高的国家（地区）其技术采用路径曲线在垂直水平上的位置也比较高。

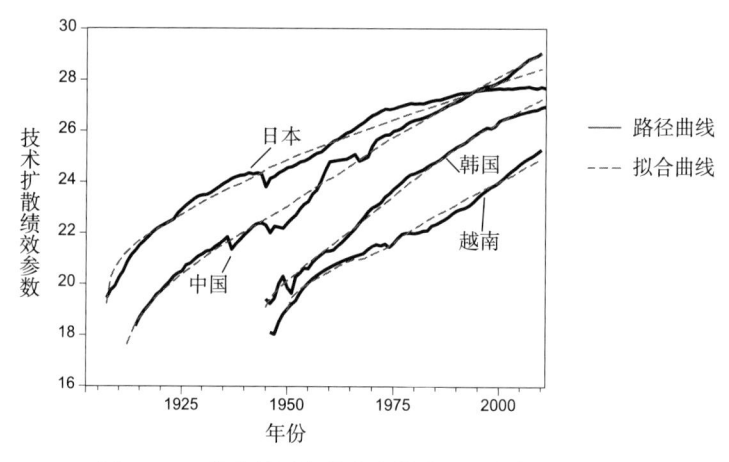

图 1-3-7　代表性国家的电力技术采用路径曲线比较

值得注意的是，图 1-3-4 中的日本、图 1-3-5 中的韩国、图 1-3-5 和图 1-3-6 中的中国都发生了改变其与组别内其他国家的相对垂直位置的现象。EATS 国家（地区）的电力技术采用路径曲线要比 BRICS 国家陡峭，而其 PC 技术的采用路径曲线则比 BRICS 国家平缓，这意味着 EATS 国家（地区）采用电力技术的时间可能晚于 BRICS 国家，而其采用 PC 的时间则要早于 BRICS 国家。而从与它们的 $m_{\tau,t}$ 快速增长的现象对应的时间来看，这些国家在这一时期都发生了明显有别于其他国家的快速经济增长，这些国家的 GPT 技术的采用路径变化可以间接地体现出该国经济增长速度的变化。我们认为，这一现象说明 EATS 国家（地区）可能在采用电力、PC 与因特网这 3 种典型的 GPT 技术期间，发生了显著改善其技术采用能力的变化。

（四）结论说明

从上述结果报告可以看出，就组别间的采用时滞比较而言，G4 国家无论是采用电力与 PC 技术还是采用因特网技术的时间都要比其他组别早，而 EATS 国家（地区）采用电力技术的时间要晚于 BRICS 国家，但是其采用 PC 与因特网技术的时间要早于 BRICS 国家。可能的原因是，EATS 国家（地区）在 1965—1990 年期间经历了快速的经济增长，人均 GDP 水平获得了明显的提升，并且在这一期间它们降低了企业采用新技术的成本，从而有效地改善了技术扩散的绩效。

此外，就各国（地区）采用电力技术的平均时滞与采用 PC 技术的平均时滞的比较来看，后者的采用时滞明显缩短了，这可能与全球化、信息化带来的各国之间更快捷的信息交流有关。我们讨论了国际技术扩散的渠道，主要的渠道有国际贸易、外商直接投资、信息交流等，全球化与信息化带来的冲击使得技术落后国家通过各种渠道获取先进技术越来越便捷。

我们讨论了企业的技术吸收能力对技术采用成本的影响，以及影响技术吸收能力的因素。技术扩散带来的溢出效应有利于技术采用国家的技术进步，而一国的技术吸收能力则直接决定了本国是否能够获取技术溢出。完善的市场体制可以进行有效率的资源配置，有效的市场价格机制可以实现鼓励企业从事创新活动—新技术扩散—企业积极采用新技术的良性循环。在存在竞争的市场中，只有技术上处于优势的企业才可以获得额外的利润。此外，人力资本水平也影响着一国对先进技术的吸收水平。研发投入的不足也会阻碍欠发达国家对国外新技术的模仿、引进，必要的研发投入有利于保证 R&D 活动的正常运转，也有利于从事 R&D 活动的人力资本的积累。扩大的技术差距使得技术吸收国家能够引进的技术与前沿技术之间的距离也会扩大。

六、结论

对技术扩散绩效的跨国进行比较研究，研究的特定技术种类为电力、个人计算机、因特网这 3 种典型的通用技术（GPT），进行比较的国家样本以 APEC 国家（地区）为主，此外还包括两个 BRICS 国家。

我们比较分析了量化研究分析国际技术扩散的测度指标之后，选择以直接指标从扩展边际来量化分析技术扩散的绩效。以扩展边际视角测度的技术扩散路径曲线具有"S 型"特征，这表明一项技术在一国扩散的早期在潜在技术采用者之间扩散迅速，而当该技术在生产中被大规模地使用以后，扩散会逐渐慢下来。依据技术扩散曲线路径的曲率变化，通过考察一项技术现阶段在一国所处的扩散阶段可推知该技术在本国的采用"滞后"时间的长短。由技术"锁定"现象对新技术在一国发生采用"滞后"的影响可知，有差异的技术"锁定"会使得一项新技术可能在各国处于不同的扩散阶段，借此本章以特定种类的技术采用时滞的长短作为评价跨国技术扩散绩效的指标。

对样本国家的3种特定种类的技术的扩散绩效进行比较研究后发现，同一种技术在不同国家的扩散绩效存在差异，在某一国内不同种技术的扩散绩效也存在差异。具体而言，电力、个人计算机、因特网技术在发达国家的扩散绩效较好，这些国家具有较短的技术采用滞后期；而在欠发达国家，这3种技术的采用时滞则较长。仔细考察各国的技术采用时滞发现，每种技术在某一国的采用时滞的长短与该国初次采用此项技术时的人均GDP水平有明显的正向关系，相对人均收入水平较高的国家其采用技术时滞也相对较短。特别地，某一国若是提升了其人均收入水平，其采用新技术的时滞也会相应缩短。除了进行国别的比较发现的结论以外，研究还发现就技术种类之间的比较来看，不同技术种类的特性也会使得扩散的绩效发生显著的改变。需要指出的是，信息与通信技术（ICT）因其特殊的技术特性比早期发明的技术更易于扩散，在信息时代，明显缩短的技术采用时滞使得ICT在各国的扩散绩效水平变得较为接近。在某种程度上，这可以视为欠发达国家正在发生技术收敛的佐证之一。

众所周知，APEC国家（地区）自1990年以来经历了经济快速发展。APEC国家（地区）为GPT的选择（表现为GPT的时滞）提供了非常良好的地缘样本。原因是，APEC国家（地区）既涵盖了美国、日本等发达资本主义国家，也包含了以EATS国家（地区）为代表的新兴经济体，也有从农业国向工业国转型的东南亚诸国。此外，从国家规模上看，既包含了人口在1亿以上的大国——中国、印度、日本，也包含了小规模的东南亚国家和地区。研究目标是，证明APEC国家（地区）经济增长的原因是TFP水平提升，具体的表现是，技术采用的平均延迟时间缩短，并向主要的发达国家的水平靠近。并且，不同部门的技术采用在时间上存在着不平衡。因此，本章选择了不同的技术测度以及结构参数，并从两个方面入手，修正Comin & Hobijn的结果。希望通过使用相同的数据集，调整其不合理的理论，以提出可以解释新兴发展中国家事实的理论和方法。

第二编

信息技术及其行业发展研究

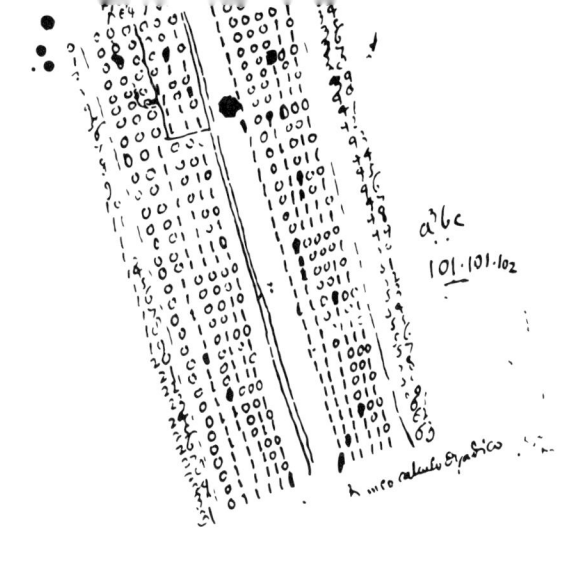

信息技术作为一项重大的技术进步,我们需要对其技术变化过程进行回顾,并探讨技术变化如何演变为产品并促进行业发展。我们回顾了主要的信息技术及行业发展,并进一步地从产品更替角度探讨了通信设备的更替及行业的变化。结合未来的发展技术,我们选择了人脸识别技术说明技术的细节,并尝试说明,如何才能将此技术加以产业化应用。

第一章

信息技术演变及行业发展：
技术到行业

信息（及通信）技术在近50年间取得了突飞猛进的发展，各项技术得到了广泛应用，形成了规模庞大的产业，并对个人、企业及整体社会产生了显著影响。我们试图对技术的发展过程做一回顾，并探讨技术如何发展成相关产业，推动着整体经济的发展。从发展历程看，也有着多种表达方式，在1995年前后，更多地用"信息高速公路"描述这种技术变化；而在2000年前后，由于互联网的普及和互联网公司的发展，衍生出"知识经济"的概念，用以探讨信息技术的影响；2010年前后，由于信息经济的非排他性，衍生出分享经济的概念；在2015年，由于信息经济呈现数字化的特性，更多地用"数字经济"来概括。可以推测的是，信息技术仍然会继续发展，由于信息技术涵盖范围广、新的特性不断呈现，而原先的表述难以涵盖新的特点，还会进一步有新的描述和概括，仍不能完全涵盖这些特征。

从过程上看，技术创新和发展大体遵循技术研发投入—发明一项技术或者产品—加以应用并逐步扩大生产—形成产业并规模化生产和销售—国际上更多的贸易和扩散应用这一路径。

一、主要的信息技术变化

信息技术涵盖的范围很广，并且仍然在不断更新，未来也将有更多新的技术及形式产生。从以往的发展过程及当前的发展状况看，信息技术大体可以简单划分为三类：硬件、软件及信息服务。而物联网、云计算等都是正在拓展的技术形式，人工智能则在 2015 年前后引起了更多的关注和讨论。

从技术的研发重点可以看到信息技术大体上的变迁经历了从早期的硬件到现在的计算和服务。信息技术在研发层面，也是重点投入领域，很多经济体中，信息技术相关的研发投入在全社会的研发支出中占据相当重要的地位。各主要经济体都力图在该领域发力，占据技术创新竞争的领先地位。

当前主要的信息技术领域有：通信设备技术、图像和音像技术、高速网络技术、大容量信息分析技术、移动通信技术、人机互动交流技术等。大体上，从硬件逐渐过渡到软件，当然，这种区分不是十分严格的。软件建立在硬件基础之上，而计算和服务则同时需要硬件和软件支撑。在技术进步过程中，多种技术相互促进，共同作用带动了信息技术的进步。

随着中国整体实力的提高，在信息技术专利申请方面有着较大的增加，而在全社会技术创新中，信息技术也是重点领域（见表 2-1-1）。通信设备制造技术比重为 13.6%，表明制造依旧是中国信息技术的重点领域。高速网络技术占据 10.1%，比重较大。

表2-1-1　主要经济体的信息技术专利申请（2012—2015） 单位：%

	通信设备制造技术	图像和音像技术	高速网络技术	大容量信息分析技术	移动通信技术	人机互动交流技术	其他信息技术相关专利	信息技术相关专利
中国	13.6	8.0	10.1	3.6	7.7	5.6	11.6	43.8
金砖五国	12.0	7.4	9.7	4.1	7.2	5.2	12.1	35.7
韩国	18.6	9.4	5.4	2.7	4.4	8.0	11.0	62.8
中国台湾	20.0	7.4	4.8	2.0	2.3	7.3	11.0	53.3
印度	1.9	4.3	9.4	9.5	5.6	3.0	16.2	22.2
马来西亚	17.8	3.0	3.8	1.5	2.6	5.2	10.7	44.2
以色列	3.6	5.1	7.9	4.6	4.7	2.0	16.5	36.0
俄罗斯	4.2	5.7	5.9	5.0	2.0	2.2	18.6	26.9
芬兰	2.3	5.6	8.0	3.0	13.1	3.6	7.6	52.5
瑞典	2.2	5.7	9.2	2.1	15.5	2.5	5.5	26.6
爱尔兰	4.9	3.3	9.9	4.6	3.0	1.4	11.8	34.2
日本	12.1	7.5	3.1	2.0	1.4	2.3	7.9	42.4

续表

	通信设备制造技术	图像和音像技术	高速网络技术	大容量信息分析技术	移动通信技术	人机互动交流技术	其他信息技术相关专利	信息技术相关专利
新加坡	13.0	3.5	3.6	2.7	1.6	1.8	9.5	57.6
美国	6.3	3.7	5.1	4.1	2.9	2.0	9.9	33.4
经合组织	9.0	5.4	4.1	2.6	2.4	2.3	8.0	34.5
中国香港	9.3	3.9	4.3	2.5	1.9	3.3	8.0	27.9
英国	3.9	3.6	5.5	3.4	3.6	1.6	10.2	29.0
加拿大	2.2	3.8	6.1	4.5	3.8	2.9	8.0	30.4
澳大利亚	2.0	4.1	3.2	5.4	1.4	1.5	8.7	20.7
荷兰	6.5	3.5	3.4	2.3	1.3	0.9	6.2	43.3
法国	4.6	3.2	3.9	2.3	1.5	1.1	6.4	24.0
挪威	1.1	4.7	3.7	3.0	0.6	2.4	6.8	17.6
希腊	2.7	2.2	4.7	4.6	3.3	0.3	4.1	17.9
波兰	2.3	3.9	3.7	2.2	1.7	2.2	5.5	21.2
欧盟	4.2	2.6	3.7	1.9	2.2	1.0	5.4	22.0
德国	4.1	1.7	2.5	1.4	0.8	0.8	4.1	17.2
西班牙	1.7	1.4	4.1	2.2	1.9	0.3	3.6	11.9
意大利	2.3	1.1	2.2	1.2	0.5	0.4	3.0	12.5
全球	9.8	5.6	4.6	2.7	2.8	2.9	8.6	35.2

资料来源：OECD digital outlook, http://www.oecd.org/sti/ieconomy/oecdkeyictindicators.htm

当然各国在发展水平上有差距，技术创新能力也有着较大的差异，体现在信息技术层面上，也有着不同的技术创新着力点，从全球平均水平看，制造业相关技术仍然是重要的组成部门，占据 9.8%，当然，其他相关领域也在不断突破，体现在相关的信息技术专利上，占据了 35.2% 的比重。

二、信息技术行业的发展

由于信息技术涉及的范围较广，行业也自然涵盖较多。简单地看，整个行业有几个组成部分：第一为制造业，特别是计算机的硬件和通信类的设备制造，早期的计算机硬件占据较大的比重，当前个人移动手机等占据更多的市场，由于通信设备一直在持续改进，所以该方面的市场一直较大；第二为软件服务，包括原先的系统开发和当前较为广泛使用的手机应用等；第三为云计算等增值服务，主要偏向企业用户，部分为一般个人用户，随着计算能力变得更为重要，云计算等增值服务有可能会有更多的市场发展空间，逐渐成为信息技术行业的主要组成部分。

从表 2-1-2 中可以看到不同经济体信息技术行业详细的组成。韩国信息行业在整个韩国经济中占比很高，而这种高比重主要跟信息制造有关，可能是跟三星等企业制造能力较强有关，但其他方面较弱，这可能意味着在信息技术行业的发展后劲上有待进一步提高。瑞典和芬兰在信息服务层面，占比较高，意味着信息服务能力相对较强，未来发展后劲较足，在产业规模上能保持进一步扩大的能力。

表2-1-2 主要国家（组织）信息技术行业的产业比重

单位：%

主要国家（组织）	信息技术	软件	电信	信息服务
韩国	7.18	—	1.26	1.91
瑞典	2.44	0.44	1.24	3.19
芬兰	2.22	0.15	1.18	3.35
美国	1.59	0.66	1.68	2.11
日本	1.74	—	1.82	2.41
经合组织	1.38	0.33	1.55	2.15
英国	0.52	0.08	1.81	2.95
爱尔兰	1.65	—	0.80	2.91
德国	1.32	0.10	0.99	2.64
荷兰	0.64	0.00	1.22	2.79
法国	0.58	0.34	1.24	2.47
丹麦	0.91	0.24	0.95	2.13
加拿大	0.34	0.31	1.8	1.58
西班牙	0.32	0.05	1.7	1.74
意大利	0.57	0.01	1.18	1.81
波兰	0.45	0.07	1.28	1.75
挪威	0.43	0.39	0.95	1.78
葡萄牙	0.27	0.07	1.61	1.23
希腊	0.17	0.09	2.39	0.45
墨西哥	0.90	—	1.75	0.11

资料来源：OECD digital outlook,http://www.oecd.org/sti/ieconomy/oecdkeyictindicators.htm

三、信息技术推动行业发展的内在机理

信息技术行业本身的发展是通过技术创新，形成新的产品，并进一步形成市场及产业。技术研发出来之后，如果有足够的吸引力，并且消费者能承受，通常就能够获得市场认可。技术本身不断形成新的产品，由此形成了相应的市场，最后产生了对应的产业。比较明显的推动作用是，随着技术的升级，市场需求跟随变化，进一步推动技术的创新，又拉动市场的扩大。比如计算机的硬件，随着处理器的速度在不断加快，消费者也随之对计算机进行更新换代。同样，个人移动通信设备也随着网络和处理器速度的提升，不断更新移动设备。在技术升级的同时，新产品不断出现。新产品不仅会随着技术进步不断涌现，还会通过竞争替代的形式，推动更大范围的技术进步。在新产品形成的基础上，会有着更大的市场空间，由此相应的产业不断形成并壮大。

由于技术和产品能在其他行业得到应用，因而能够产生更多的外溢效应。在信息技术方面，特别是互联网的发展，对其他行业产生了影响。比如，信息技术行业在金融行业得到了很广泛的应用。在工具上，原先的算盘逐步退出，电子计算器得到了应用，随着计算机的普及，电子计算机又进一步替代了计算器，当前在绝大部分银行等金融机构都推广了电子计算机及相应的信息技术设备，如自动提款机，部分网点还有自助柜台，能够替代人工完成绝大部分金融业务。金融行业对信息技术和相关产品的应用和购买，提高了对信息技术的需求，由此带来了更大的市场和空间。

信息技术更便捷和更宽泛的应用，改变了信息传输的方式，对社会经济产生了重大影响。人跟人之间的信息传输变得更加迅速，信息工具对交流的方式产生了影响，时空边界变得越来越小，时间上的延迟几乎消失。这不仅仅影响了个体的生活，也对生产方式和消费模式产生了深远的影响。比如，信息化对生产过程产生了影响，更多的计算机替代了人工。在金融层面，互联网的普及改变了金融信息的传输，使得全球一体化的特征变得更为显著，银行地理位置层面的限制逐渐被打破，可全天候在全球范围内完成相关的金融业务。

推动了信息制造类产品的国际分工和竞争。以进出口指标为例。在信息技术的

推动下，信息技术产品跨国流动变得更加普遍。信息技术产品在供应国内市场的同时，也面向国际市场。由表 2-1-3 可知，在产品的国际化程度上看，哥斯达黎加在信息产品制造及出口层面指标突出，在国内市场占比高达 13.14%，出口到北美自贸区也有 5.45%。新加坡、韩国和日本在制造业的渗透上整体较高，而中国制造的产品在本国市场占比 6.28%，在东亚和东南亚周边市场出口占比 3.19%，显现出了较高的渗透能力。

表2-1-3　信息制造类产品的出口（流向）

单位：%

	国内	北美自贸区	欧盟	东亚和东南亚	全球其他地方
哥斯达黎加	13.14	5.45	0.31	1.06	0.40
新加坡	11.10	0.34	0.19	0.99	0.11
韩国	8.68	0.56	0.27	1.59	0.11
日本	10.22	0.24	0.11	0.55	0.06
中国	6.28	0.64	0.43	3.19	0.20
以色列	9.36	0.36	0.34	0.30	0.07
瑞士	8.57	0.15	0.54	0.19	0.03
美国	8.36	0.07	0.15	0.64	0.07
墨西哥	2.62	1.44	0.32	2.53	0.16
爱尔兰	5.09	0.50	0.70	0.38	0.08
瑞典	4.55	0.18	0.70	0.25	0.13
英国	4.45	0.25	0.42	0.39	0.09
德国	3.97	0.13	0.21	0.33	0.08
印度尼西亚	3.43	0.05	0.05	0.30	0.02
丹麦	3.09	0.08	0.33	0.11	0.04
加拿大	2.05	0.49	0.11	0.44	0.05
法国	1.96	0.20	0.39	0.42	0.15
意大利	2.41	0.07	0.30	0.18	0.06
芬兰	2.05	0.11	0.54	0.22	0.10
波兰	1.71	0.13	0.44	0.62	0.09
挪威	2.27	0.11	0.27	0.22	0.04
印度	1.43	0.09	0.09	0.27	0.04
西班牙	1.15	0.07	0.26	0.17	0.05
巴西	0.66	0.07	0.05	0.14	0.02

资料来源：OECD digital outlook, http://www.oecd.org/sti/ieconomy/oecdkeyictindicators.htm

可以看到，技术的不断创新，带动着产品和行业的不断发展。信息技术能够带来如此大的变化，主要在于信息在社会中的作用日渐突显。而后续的信息计算能力，则进一步改变了时间的间隔，带来更快的节奏和更高的效率。因而信息技术在很长时间内，都可以称为重大技术进步。

在未来，信息技术仍然会继续发挥重大的影响，仍然会作为一项重大技术进步继续带来产业的进一步发展。展望未来，如何恰当地把握未来技术发展方向，并在恰当的时机加以产业化是问题的关键。

技术并不是简单地为了创新而存在，需要考虑现实性。在很多时候，很多创新在技术层面是很有价值的，也在技术层面做了很大的拓展，但如果市场不大，成本高，也未必能够成为真正的创新。比如自动驾驶技术，从技术层面看很有价值，也具有庞大的市场空间，但如果技术不成熟，可能产业化就需要一定的时间。

行业的发展通常是在技术和实际需求之间寻找一个恰当的结合点，通过技术解决现实的困难，并且能够找到足够大的市场支撑，这样才能使得产品和行业取得真正的发展。只有足够大的市场需求，才能支撑起重大的技术进步，也才能引导行业的发展。

第二章

技术竞争替代与行业的发展过程：
中国信息产业的经验证据

从技术到产业的发展存在着一个过程，技术本身是科学的延伸，是将科学原理付诸应用，当具体应用得到更大程度的发展之后，方才成为行业。在此过程中，竞争及竞争替代成为主要的推动方式。在竞争中，整个技术得到了更广泛的应用，同时，在竞争替代中，更好的技术得到了更多应用，整个行业也在竞争替代中得到了更进一步的壮大和发展。

一、重大技术变化的经典案例：中国邮电行业

近几十年来，信息技术主导了全球技术创新，信息技术的创新和破坏效应都相当明显，技术和产品的更替速度很快。我们选择了邮电行业作为分析案例，主要由于邮电行业蕴含了很多存在创造性破坏的产品和技术，是个很有意义的案例。比如在邮电业务上，电信无疑挤占了邮政的业务；在电信业务上，移动电话所占的业务比重逐步加重，相对应的，固定电话业务有所"破坏"，最独特的是，一度风行的无线呼机（BP）先前充当了创新产品的角色，但随着移动通信业务的更快发展，寻呼机被"破坏"了，当前市场上寻呼机几乎绝迹。互联网的进一步发展会挤压原先业务的生存空间，存在着"创造性破坏"效应，更便捷和低成本的互联网进一步减少了原先邮政业务中的邮件业务，同样进一步降低了电话等业务的价格和相对使用量。邮电行业内存在着产品、业务和不同质量产品之间的动态竞争和创造

性破坏效应。

通常很难直接衡量创造性破坏的程度，比如 Rasmus Lentz 和 Dale T. Mortensen（2008）所作的经验分析更多地采用了企业的产值和劳动力数量的变更来衡量创造性破坏和资源再配置，但也只是部分衡量了创造性破坏的内涵，因而用一些特殊的例子（案例）来印证增长过程中的创造性破坏特征和机制，而且用产品的更替衡量创造性破坏可能更为直接。

二、时间序列数据及经验证据

数据源于《中国统计年鉴》，时间区间为 1978—2005 年，图 2-2-1 大体描述了各种业务的变动状况，少数变量的数据不完整。其中，邮电业务、邮政业务和电信业务为价值变量，而其他变量均为实物变量。值得注意的是，价值变量存在着物价变动因素，2000 年及以前是按照 1990 年不变价格衡量，而此后按照 2000 年可比价格衡量，因而在时间层面比较上要特别注意，相对而言，实物变量衡量的变量可以较好地进行比较。

1. 邮政与电信之间的创造性破坏效应

首先是邮电行业的业务收入总量。除了在 2001 年出现负增长外（如果考虑物价变动，这种负增长的幅度可能更大），其他年份邮电业务收入是增加的，整个过程增长的幅度较高。相对而言，邮政业务变动幅度相对较小，不过值得注意的是，在 2000 年邮政业务呈现了大幅度增长，估计是和价格有关，由于邮政业务并不是市场定价，可能业务量下降，但是业务价格被人为提高了。而电信业务增长的幅度较明显，大体维持在 30% 以上的增长。在这个增加的过程中，电信充当了"创造性"角色，而邮政部分地充当了被"破坏"的角色，尽管邮政的收入在绝对数量上在增长，但两者之间的差距在扩大。从 3 个变量的变化速度看，邮电总业务增速和电信业务增速相关系数很高，Pearson 相关系数高达 0.995，而邮电业务增速和邮政业务增速 Pearson 相关系数为 -0.319。其中主要的原因在于，邮政业务在电信业务冲击和破坏下，其地位已经越来越次要了。比如在初始时期（1978）邮政业务占据邮电行业业务比重为 44%，而在 2006 年已不足 5%。电信在快速增长的过程中，确实存在着理论中描述的价格下降过程。

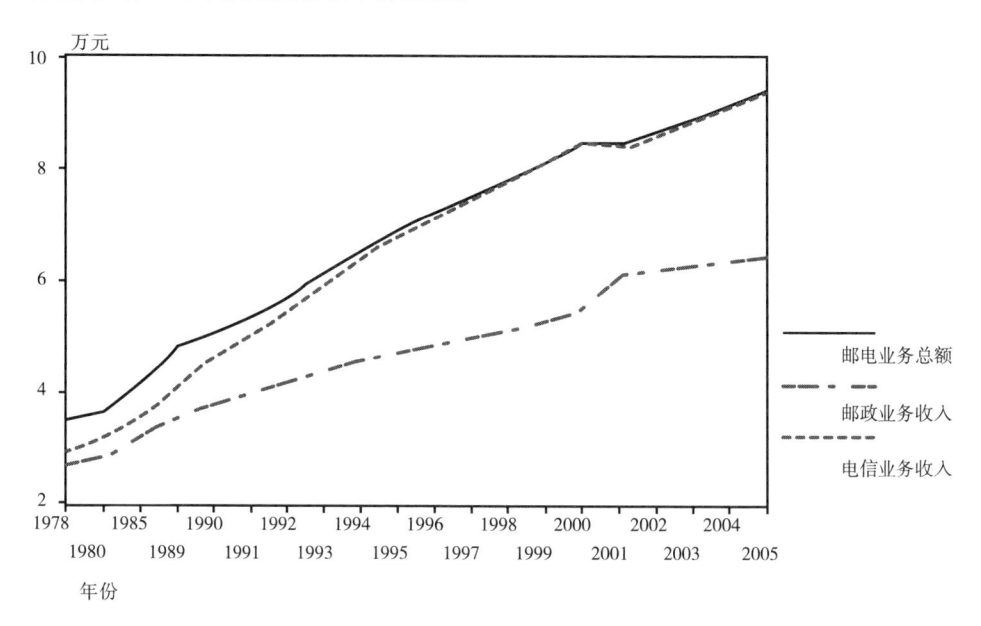

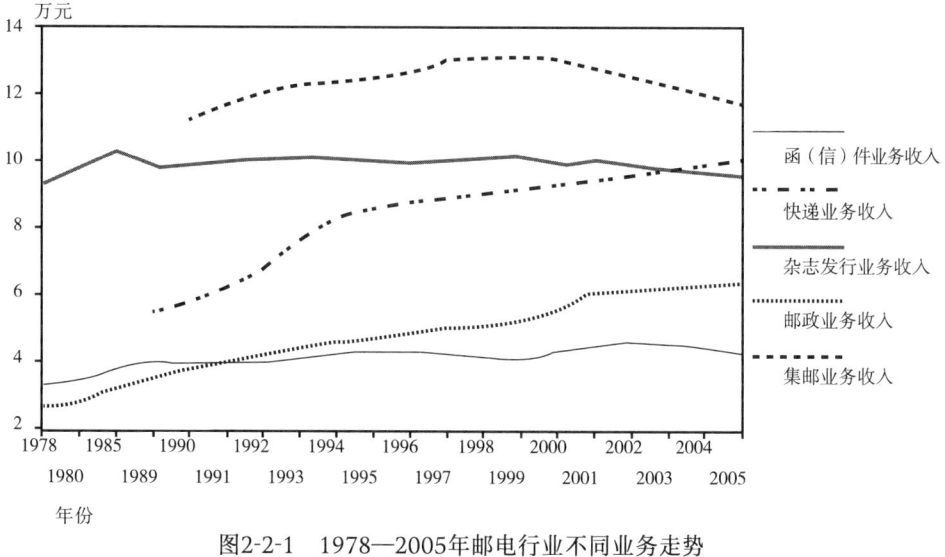

图2-2-1 1978—2005年邮电行业不同业务走势

图：图中函（信）件业务收入单位为亿，所有数据经过自然对数处理。

邮政业务在2000年以前增速不低，在2000年受价格调整影响大幅度增加，此后增长速度平缓。从整个变化看，邮政业务增速慢于电信业务，和电信业务的差距越来越大。邮政业务充当着"被破坏"角色，原因就在于电信业务和产品在很大程度上替代了邮政业务。若不是邮政业务拓展了快递（EMS）业务，并且不断提高邮政的相关业务的费用，估计邮政业务价值量下降得会更加明显，不过在现实生活中邮政所占据的地位越来越低也成为事实。在邮政业务中，平常的信件、杂志发行和集邮业务量近几年都下降了。信件业务在 2002 年达到最高量之后，2003 年小幅度下降，而在此后两年内则是大幅度下降；杂志发行量在 1999 年达到高点之后不断下降；而集邮业务在 1999 年到达最高点之后，业务量急剧下降，在 2005 年业务量不足最高值的 25%。应该说，信息沟通是不断加强的，但更快更低成本的通信业务取代了时间周期更长、成本更高的邮政业务，电信业务充当着"破坏"者角色。

大体上，整个变化过程符合理论模型中的交替上升过程：初始阶段，邮政还部分占据主导，而电信业务的发展可视为种类扩大的创造性破坏过程；此后，电信业务不断地通过数量增加和市场扩张，以降低业务成本，并逐渐占据邮电行业的主导地位。而邮政业务也部分地进行了有限度的种类扩张，较少质量提升与创新。

2. 电信内部业务之间的创造性破坏效应：一个"灭绝"的案例

电信业务的快速增长带动了整个邮电行业的快速增长，但具体业务并不一定充当创造者角色，部分产品和业务也被"破坏"了。电信业务主要包括固定电话（包括本地电话、长途电话和公共电话）、无线寻呼（BP）、移动通信和在 20 世纪 90 年代之后不断普及的互联网业务。当然，事实上，在电信业务上，还包括电报业务，电报在历史上曾经是重要的业务，实现了跨越区域的信息迅速传导，但当前它无疑被后续的技术和产品"破坏"了，它的生存空间几乎可以忽略，以至于没有相应的数据提供。同样不断被破坏的业务是无线寻呼，它一度是新兴业务，但使用的数量越来越少，以后也不再有数据提供。在电信业务中比较平稳的是固定电话业务，可能的原因是使用的家庭在增加，更可能的原因是，很多新兴业务通常依托在固定电话上。而充当"创造者"角色的应该是移动通信和互联网业务。

由于独特地存在着被"灭绝"的案例，因而我们要重点分析一下已经被破坏，甚至处于边缘的业务——无线寻呼，及其与充当重要"破坏者"角色的快速发展业务——移动通信之间的替代关系。在 1989 年，寻呼市场开始形成，而移动通信数量很少；两者的增长速度都很快，但无线寻呼还是占据主导地位；在20世纪90年代末，无线寻呼扩张速度逐步放缓，而移动通信保持了高速增长，2000年移动通信在数量上超越无线寻呼，此时无线寻呼业务也达到了其历史最高水平，此后，业务快速下滑，市场越来越小，而移动通信业务依然保持高速增长，最终该类业务主要为移动通信占据，而无线寻呼业务退出市场。整个过程也就是一个创造性破坏的过程，移动业务在竞争中获得了更多的份额。

我们重点分析两者之间的关系。特别注意的是，BP业务最终趋向于生态学上的"灭绝"，而移动通信取而代之获得了更大的市场和生存空间。这种关系可做如下解释：在初始时期，两者之间的替代效应并不明显，相反，它们之间还存在着共同创造市场需求，共同充当了破坏先前业务（邮政）的角色。而到了后期，它们之间的竞争更为激烈，彼此之间存在着直接的"创造性破坏"效应。尽管无线寻呼业务价格不断下降，但终究无法和更好的移动通信相竞争。

从中可以看到，质量提升的创新最终将决定产品的市场，由于BP业务质量提升空间有限，而移动通信质量提升可能性较大，随着移动业务的不断创新，对原先产品种类也存在着创造性破坏效应，最终质量提升的产品占据市场的主导地位。可以认为，质量提升的业务具有直接的长期增长效应。

3. 创造性破坏与行业的扩张

考察行业内产品的创新及其创造性破坏对整个行业扩张的影响。如果行业内有一种或者多种新产品或者质量更高的产品推出，那么可以预料的是，随着市场对该产品的不断熟知，它所占的份额会越来越大。

在技术进步最为迅速时，行业增长最快，而到了只是产品之间替代的时候，增长速度相对放缓，此时我们认为更多的可能是质量不断提升的自我破坏过程。当然值得注意的是，这种增长通常是价值衡量，意味着忽略了产品和服务价格的下调。

在整个动态变化过程中，我们可以看到，信息技术行业的增长是在创造和破坏过程中进行的。邮电类别中，邮政业务被破坏了，但带来了整个行业的快速增长。在信息技术行业中，无线寻呼业务一度充当了破坏邮政业务的角色，但最终被移动业务破坏并完全取代，而当前更加便捷的移动业务也在破坏着此前质量相对较低的移动业务。互联网业务也在一定程度上破坏了移动业务。在整个变化过程中，更多类型的产品和更高质量的产品在不断更替出现,而这也进一步加快了系统的变动过程。

三、城市层面数据与经验证据

1. 数据

数据来源于《中国城市统计年鉴》,选取了 2002 年到 2008 年的数据。具体指标包括:邮政所数目、邮政收入、电信收入及详细的电信业务量指标包括电话数目、移动通信用户、互联网用户数量等。

从表 2-2-1 看,电信业务逐渐挤占了邮政的业务空间,在业务收入方面,从电信业务收入对邮政业务收入的比重指标看,平均为 35.92,最高的比重则高达 28000,所以整体上的创造性破坏程度较大。

而在具体业务方面,移动电话户数有逐步替代固定电话户数的趋势。由于原始数据提供的移动电话数单位为户,而固定电话为万户,所以两者的真实比重平均为 0.81。但整体分布较为分散,反映了各城市在电信业务上的差异:最小值非常小,而最大值高达 24.20,说明发展的差异悬殊。

比较独特的是互联网用户与移动用户的比重。由于互联网业务正在发展之中,因而比重平均而言较低,均值为 0.16。

可以看到,电信业务越来越替代邮政业务。在电信业务中,移动通信业务以更快的速度替代固定电话业务,进一步的,互联网业务发展势头很快,具有创造性效应。

表 2-2-1　城市邮电业务的描述性统计指标

变量	变量的含义	样本	平均值	标准差	最小值	最大值
totalincome	邮政与电信总收入(万元)	2158	589123.3	3867249	3966	9.19E+07
postoff	年末邮政局(所)数(处)	2155	629.7095	3896.832	0	82679
postoff_c	市辖区年末邮政局(所)数(处)	2148	219.243	1407.649	0	25741
postincome	邮政业务收入(万元)	2162	52015.19	328852.4	1	7137798
postincome_c	市辖区邮政业务收入(万元)	1767	30095.03	190473.6	0	3370235
telincome	电信业务收入(万元)	2158	537058.1	3543994	0	8.47E+07

续表

变量	变量的含义	样本	平均值	标准差	最小值	最大值
telincome_c	市辖区电信业务收入（万元）	1756	336133.2	2178302	0	4.54E+07
tel	本地电话年末用户数（万户）	2163	261.0585	1645.891	0	34267.49
tel_c	市辖区本地电话年末用户数（万户）	2153	136.043	880.8036	0	18283.11
mobile	移动电话年末用户数（户）	2162	2245518	1.73E+07	2.48	4.97E+08
mobile_c	市辖区移动电话年末用户数（户）	2144	1345914	1.06E+07	0	2.96E+08
internet	国际互联网用户数（户）	2153	546043.9	3680669	0	8.74E+07
internet_c	市辖区国际互联网用户数（户）	1823	412910.5	2821045	0	6.49E+07
r_income	电信对邮政收入比	2158	35.92	851.93	0.00	28000.00
r_mob_tel	移动电话对固定电话比（调整）	2161	1.18	0.96	0.01	24.20
r_inter_mo-e	互联网用户与移动电话比	2153	0.16	0.10	0.00	0.84

资料来源：城市统计年鉴，2002—2008 年，及笔者计算。

2. 简单的经验证据

简单的回归表明，以各种指标衡量的创造性破坏程度都对总收入有着正向解释能力，平方项同样显著，但符号为负，表明大体上存在着可能的倒 U 形关系。由于更主要的是电信对邮政的竞争替代，因而用该指标衡量的创造性破坏程度所得到的拟合系数最高，为 0.176。而用电信业务衡量的创造性破坏程度所得到的拟合程度分别为 0.041 和 0.063。大体上可以认为，电信业务虽然存在着竞争替代关系，但整体上替代程度不是最主要的，而存在着一定的互补性，特别是对邮政的替代方面，电信的各项业务都是一致的互补关系，详见表 2-2-2。

表 2-2-2　中国主要城市的创造性破坏效应与邮电行业的收入水平

total_income_ln（被解释变量）	r_income 系数	标准差	r_mob_tel 系数	标准差	r_mob_tel 系数	标准差
创造性破坏指标	0.092	0.004	0.543	0.056	6.861	0.677
创造性破坏指标的 2 次方	-3.29E-06	1.53E-07	-0.026	0.003	-8.526	1.240
常数项	10.980	0.050	11.316	0.066	11.125	0.073
观察样本	2158	—	2156	—	2148	—
Adj R-squared	0.176		0.041		0.063	

注：被解释变量都是总收入的增长率，而解释变量分别为电信与邮政收入比、移动电话对固定电话比、互联网用户数对移动电话数比，2 次方指的是所选取的创造性破坏指标的平方。所有变量都在 1% 以上水平显著。

尝试用一些动态模型分析，结果显示，三种创造性破坏指标都具有相应的解释能力，特别是邮政对电信业务的替代程度指标、互联网对移动业务的替代程度指标，移动通信对固定电话指标显著性水平在 10.5%。收入比是正向效应，而互联网对移动通信的替代关系为负，可能表明互联网业务在全国各城市水平看来，尚处于开始发展阶段，详见表 2-2-3。

表2-2-3　创造性破坏的动态效应检验

total_income_ln（被解释变量）	系数	方差	z	P>z
L1.（被解释变量的滞后项）	0.359	0.024	14.75	0
r_income	0.071	0.002	37.02	0
r_mob_tel	0.015	0.009	1.62	0.106
r_internet-e	-0.258	0.119	-2.17	0.03
_cons	7.005	0.284	24.69	0
观察样本	1820	Wald chi2（4）	2539.41	—
组数	312	Prob > chi2	0.0000	—
工具数量	24	—	—	—

注：其中差分方程的工具变量为，GMM-type: L（2/.）.total_income_ln，GMM-type: L（2/.）.total_income_ln。

四、结论

我们对技术的扩散和行业的发展进行了经验性的初步分析，揭示了系统动态变化过程中存在着竞争替代及扩散特征：不同的信息技术产品在不断更替，并以此推动了行业的发展。

在时间系列层面，我们看到了邮电行业的快速发展与电信对邮政的破坏有关，同样的，在电信各种业务中，也存在着不同程度的替代效应，特别的，我们发现了"灭绝"的案例——BP 业务。

在城市的混合数据中，同样证实了这种替代过程。替代关系包括邮政对电信业务收入的替代、移动手机业务对固定电话业务的替代、互联网用户对移动手机用户的替代。替代程度越大，邮电行业的整体发展水平也相应较高。

可以简单地推测，技术的更广泛应用将会推动行业的更快发展。同样，为了获得经济快速增长，就需要加大竞争和更替程度，技术的应用将会促进经济快速增长。

第三章

典型技术研究：
人脸识别技术的意义及重要性

随着计算机、互联网和生物识别技术的日益成熟，全球经济、贸易、生活各方面都发生了巨大的变化。在金融方面，随着互联网的发展，电子商务已发生了很大变化。身份认证技术是保证电子商务安全的一道重要屏障。人脸识别技术利用计算机对人脸图像进行分析，进而识别身份。与传统的识别算法相比、基于人脸识别技术的身份具有友好、快捷和安全的优点。使用人脸特征进行身份验证以确保身份的真实性，成为信息安全和网络安全技术的一个热门选择，这也是信息安全技术和电子商务时代的一个重要研究领域。

传统的身份认证方式主要是利用密码技术，即用户 ID 和密码来确认用户的身份。这种方法有明显的缺陷：难以记忆和难以抵抗字典攻击。而人脸识别技术，具有唯一性和准确性，结合生物本身特有的密码机制，更好地为用户提供方便、安全的身份认证方法，具有良好的应用前景和应用价值。因此，电子商务和金融行业与人脸识别技术的结合正成为一种重要的互联网电商创新模式。

一、背景

随着科学技术的迅猛发展和计算机产业的飞速崛起与扩展，与网络相结合的一切应用已经对人们的生活、学习和工作等产生了深远和巨大的影响，它已经渗透到医疗、教育、娱乐等多个行业。同时，随着不少与网络相关的产业活动和电子商务活动的发展，一系列变革及大规模行为习惯改变了新时代网络商业活动。因此，作为稳定安全有保障地维持和继续这一良好势头的前提，计算机技术和信息安全技术自然成了关注的焦点，特别是在电子商务网络安全中它们发挥着至关重要的作用。其中，身份认证是网络安全措施的保证之一，是保障信息安全的第一道屏障。

传统的身份认证主要是通过：用户名（登录名）、密码、密钥、证书和密卡等来进行的。这些标识的拥有者如果丢失或忘记，很容易被他人窃取密码或冒充身份。尤其在网络黑客和网络犯罪频发的时代，网络诈骗和网络攻击无处不在，安全性已经成为刻不容缓需要解决的问题之一。针对这种情况，需要提高身份认证的安全性。传统的认证方式已经不能满足当今的要求，新的身份认证技术需要快速发展，人脸、指纹、声音等认证技术都因其独特性，成为可靠的认证方法。

人脸识别技术在各个领域已经得到了广泛的应用。很多机场、停车场和公共场所等都采用了人脸识别技术。随着国际活动越来越多，更多的潜在安全问题需要借助这项技术来提高其安全性。当然，基于电子商务的人脸识别技术也在跟着迅速发展。例如，对外贸易和跨国公司的往来因涉及的业务越来越多，也就越来越重视身份认证的可靠性和安全性。安全便捷的身份认证技术是必要的，因此很多企业和国家投入了大量的资金用于研究人脸识别技术，大力发展身份认证技术。

人脸识别技术涉及计算机科学、统计学、认知科学、人工智能、数学和模式识别等学科领域；现在的人脸识别应用技术研究已经发展到一定阶段，更完善更成熟的人脸识别技术能够帮助人们解决身份安全性问题，同时也可以对类似身份安全认证的相关问题的解决有所帮助，让其可以为更多研究领域提供重要的数据、灵感和线索支撑。因此，人脸识别技术在电子商务研究中具有特殊的意义，有重要的理论价值和实用价值，会在很大程度上推动相关学科的发展。

二、人脸识别技术的实质

互联网促进了电子商务的发展，但同时也使电子商务系统有了更多的安全隐患。一个和谐的电子商务环境必须具备严格有效合法的身份控制机制，并严格遵守信任信息的传递通道。电子商务活动需要借助网络，因此网络平台中的交易安全和信息保密尤为重要。如果一些高科技电子犯罪者使用客户端身份冒充迫使失败交易或入侵数据库窃取机密信息，通过电子商务环境中程序操纵进行破坏将会对电子商务活动带来致命的打击，不仅严重干扰正常的交易，而且还会导致企业破产和声誉的损害。

电子商务安全问题关系到人们的日常活动，一个合法有效的身份认证是决定电子商务成功与否的前提要素。因此，电子商务系统的安全问题就变成了亟待解决的问题。电子商务系统的安全问题涉及网络攻击、计算机病毒、恶意入侵、假冒身份等，这些都可能对电子商务交易环境构成严重威胁，需要有针对性地解决和对损坏的安全问题进行改正修复。

身份是客户的隐私信息，需要更多的安全性。如果因管理不当或被一些商业间谍攻击或破坏而导致数据信息丢失，就会导致客户身份的真实性和准确性受到影响。此外，这些信息的泄露会让客户对平台机构的安全环境产生不信任，甚至发生身份被盗用、交易被篡改等不堪设想的后果。同时，太多的代码机制和密码可能会造成很多不必要的记忆麻烦，内存和密码难度也会相应增加，这给人们带来了很多不便。

三、人脸识别技术的应用空间

人脸识别技术是一种人工智能生物识别技术，是近年来研究的热点之一。该技术的应用始于帮助公安部门解决刑事案件的一种手段，随着科学技术的进步，人脸识别技术变得更加广泛和有效，并在海关、工商等领域有了新的应用。

第一，应用于刑事调查。公安部门通过对犯罪嫌疑人图像的综合性处理，然后经与原图像数据库的比对，进一步锁定犯罪嫌疑人的身份。这样可以快速、有效地提供线索，为破解案件赢得更多的时间。特别是通过摄像头画面中的人脸捕捉，更进一步满足了办案需求。

第二，应用于海关安全管理。现今，在机场、港口和海关等出入境通道也使用了人脸识别技术，在控制室通过摄像头可以清楚看到人脸，对进出人流有了一定的控制，一旦发现恐怖分子或身份不明之人就可以立即采取行动，以确保安全。

第三，应用于证书标识。对于许多可以表明身份的证件，如居民身份证、驾驶证、护照等，通过自动人脸识别系统对人脸图片进行比对校验，可以快速完成检查工作，提高工作效率，也避免了人工检查带来的一些错误。

第四，应用于视频监控。根据特殊的需要，许多公共场所、交通通道、银行、小区、街道、商场、酒店等都配备了视频监控系统。在特殊情况中，采用图像分析发现异常情况，进行人脸识别、跟踪识别、图像处理等技术的研究，可以快速锁定目标人物，定位其行动轨迹。

此外，人脸识别技术还在医学、金融、心理学等都有着广阔的发展空间。实现人机交互和自动识别是目前研究应用的重点，人脸识别涉及的学术研究也将对其他部门、行业、学科有很大的应用开发前景和发展潜力。人脸识别技术涉及计算机视觉技术、神经网络技术、人工智能、模式识别等相关领域的研究，一旦兴起可以建立起一个巨大完善的数据库系统在全世界共用。人脸识别理论的研究和学术价值，是一个具有现实意义的方向，甚至可以说它是对人类生活领域产生深远影响的一项研究。

由于三维模型技术的日趋成熟，人脸识别算法的研究有了更多的新进展。图像受到光线、旋转和扭曲等因素的影响逐步消除，在很大程度上，促进了生物特征应用领域的发展，也为身份认证奠定了新的里程碑。

由于人脸识别涉及的各项技术经验都日益成熟，相关领域技术发展进步也对人脸识别技术的发展起到了很好的促进作用。这一研究方向将为电子商务和其他相关产业带来更大的发展空间，同样也会是其他行业一个转型的好机会，为人类社会识别身份增加了一个很好的技术应用模式与理论。现在的人脸识别技术主要结合网络技术，把该技术的生物学特性应用于计算机领域，在网络安全机制下建立坚实的数据堡垒。此项技术还将为电子商务环境提供安全防护屏障，从而体验更快速、便捷、安全的网络环境。

四、人脸识别技术在电子商务中的重要性

人脸识别技术应用于电子商务活动，将发挥保护网络安全和信息安全的重要作用。对于一个好的金融环境来说，身份识别的要求相对较高，如果人脸识别技术可

以成功地应用于电子商务领域，将大大扩展原有的应用领域。从发展前景来看，它也将为其他行业提供更安全可靠的安全识别方法，对金融行业和边境管理领域的人物追查甄别有更好的辅助作用，从而促进相关理论的完善和相关产业技术的推广。

相较于其他生物技术手段的身份识别可能需要面对面接触，人脸识别没有这样的要求，从而避免了很多麻烦环节，这将是一个强大的竞争优势，面对市场规模效益的认可会逐渐显现。相较于传统密码存在被盗风险的缺陷，如果能够利用生物学特性的认证方法，它将可建立一个稳定的电子商务系统，为用户提供可靠和安全的使用环境。

第四章

人脸识别技术的商业化应用：
信息技术与电子商务

为了保证商务活动和双方交易的安全性与有效性，身份认证作为网络信息安全的首要前提成为相关领域研究的热点。随着电子商务不断发展和完善，庞大的用户数据和交易金额不断增长已经无法回避用户与微机之间身份认证安全性问题。人们将目光转向利用人体生物特征的唯一性进行身份识别，人脸特征因其独有的优势而被认为是可用于身份认证最佳的生物特征之一。

一、人脸识别技术在电子商务市场的发展前景

互联网给电子商务带来了难以估量的利益，网络身份和信息安全的重要性也日益凸显。在互联网中由于身份盗用事件或个人信息泄露带来了难以弥补的金钱损失和个人信誉伤害。据中国互联网络信息中心调查，仅2012年上半年，有59.2%的网民在使用互联网过程中遇到过病毒攻击；有30.9%的网民账号密码曾被盗取，网络信息安全隐患严重。网络信息安全技术的身份识别和密码技术成为当下一个需要解决的问题和研究的热点。

从2015年开始，人脸识别技术应用于电子商务的相关政策在金融、信息安全等领域出台，配合行业发展、虚拟交易应用的丰富，对于双行业共振驱动的企业，可很好地通过人脸识别技术作为身份识别手段。信息消费是我国经济转型、消费升级的必由之路，从长期来看将不可逆地发展。随着数据量供给和需求的不断增加以

及互联网产业持续带动并加速发展，信息消费市场空间不可估量。同时，人脸识别处于技术领先硬件的情形，未来有望通过硬件配套加速落地。

人脸识别电子商务的市值估价正在迅速上升。人脸识别服务商 Face++ 旷视科技等一些企业正寻求新一轮融资，最高估值 20 亿美元，是旷视科技在 2015 年 5 月融资时估值的 10 倍。无论是国内的腾讯、百度还是国外 Facebook、Google 都在使用生物识别技术和人工智能来增强安全性，提升电子商务交易体验。

人脸识别是互联网金融产业链的基础。对于包括腾讯微众银行在内的互联网银行以及互联网证券和保险行业，由于没有网点，开户环节需要远程来进行，基于人脸识别技术的远程开户将是必备的模式。根据市场判断，金融行业最先应用人脸识别技术的两个场景将是自助终端发卡和远程开户，随后支付、大额转账、在线理财等其他应用场景也将逐步开始使用。

从技术提供商到服务提供商的演变。由于金融行业对人脸识别技术要求的高门槛，可以参与到金融行业产品内测的公司不多，只有云从公司、Face++，以及百度、腾讯等企业自己的团队，由于以上公司的团队仅为自己内部服务，因而有能力面向其他金融机构服务的人脸识别公司屈指可数。由于人脸识别改变了身份认证和信用体系，所以此类公司有望在产业格局中成为服务提供商，也将带来比语音识别更大的产业爆发力。

二、中国人脸识别技术的关联产业及主要应用领域

根据统计，2007 年至 2013 年这六年期间，在生物识别技术全球市场规模中人脸识别技术年均增速达到 21.7%，在全球大部分的行业增长率不到 5% 的对比下，人脸识别技术的增速实属罕见。2015 年生物识别技术全球市场规模达到 130 亿美元，2020 年达到 250 亿美元，5 年内年均增长速度约为 14%。自 2015 年到 2020 年，各细分生物识别的相关行业市场规模增幅分别为：指纹（73.3%）、语音（100%）、人脸（166.6%）、虹膜（100%）、其他（140%）。从上述的数据中可看出在众多的生物识别技术中，人脸识别在增幅上居于首位，到 2020 年人脸识别技术市场规模上升至 24 亿美元。在智能终端渗透脸部识别的情况下，市场规模可能大超预期。

2015年德国汉诺威消费电子展上演示刷脸支付的奇妙功能之后，人脸识别技术与电子商务的结合已经成为时下最热门的生物识别技术，并推动了相关产业的发展。生物识别可以从指纹、虹膜、人脸、体态姿势，以及声音、动作识别、图像识别等领域延伸到人工智能顶尖研究热点领域，在公共场合、金融消费、电子支付等多个领域都能有所突破。由于我国的人口基数庞大，互联网普及程度高，网络交易量大，人脸识别应用在身份登录中的便捷性、支付"刷脸"中的快速性都受到人们的喜爱，成为市场导向的焦点。同时，其他相关产业如指纹采集管理、视频图像监控系统、大数据分析等领域也有望实现智能升级，未来潜在的市场规模将不可估量。

自从人脸识别应用于远程开户、电子支付等业务以来，除必须用于面对面交流的业务，如转账、挂失等外，大部分业务已经不再需要去网点了。这是人脸识别技术对金融产业产生的革命性影响。生物识别可以应用在摄像头、指纹识别器、声音识别设备、虹膜识别装置等各类感知终端。随着各类感知终端的不断升级和生物识别行业的规模不断扩大，据估计未来我国生物识别市场规模将超过200亿元。

（一）电子政务

信息化技术的建设可以实现政府职能管理优化。职能网络化服务也将更加方便、有序、高效。近些年，电子政务顺应时代的发展需求在各行业中起到了良好的作用，也引起了学术界关注。中国政府的政务电子化打破了时间和空间的限制，更好地为社会公众提供全面、规范、优质的管理服务，是政府部门运作的有力模式。对于政府而言，通过网络化管理可以实现资源信息的广泛获取和分配便捷，实现政务信息的公开化和统一管理制度化。

中国的电子政务比西方国家电子政务的发展要晚，水平相对滞后，信息化水平偏低，地区发展不平衡。加速网上工程的建设，通过专网、主页向社会公开政务信息，提供在线服务和网络答疑等重大突破性功能的实现，对政府部门而言，更有利于履行市场监督和社会管理的职能，同时对经济调节和公共服务智能化也有很大的帮助。

当前我国各地区的电子政务还存在发展不平衡的问题，主要是由于各个地区之间的经济发展水平不同，一般而言，中央、省级和地市级政府部门的电子政务发展速度相对较快，而县级以下区域的电子政务发展速度相对较慢，所以实现平衡发展的目标还需要付出很多努力。在电子政务发展的规划上，核心在于基础战略规划和核心事务数据，要不断强化基础建设中的薄弱环节。虽然我国互联网技术及产业发展迅速，但是在电子政务应用方面还有很大的提升空间。要对不合理分配的信息孤岛进行统一规划，对使用的设备、操作系统和数据库类型，进行统一的规定，形成网络共享和资源共用的良好态势。

建立健全的电子政务管理体系要求各级政府部门严格按照标准化进行具体实施，各部门协调工作，一起维护电子政务管理体系的建设。同时加大软件研发与建设投入力度并选择合适的标准硬件设施，充分利用网络资源发挥政府决策的职能，借助云服务实现数据库共享。此外，为了电子政务行业的可持续稳定发展，人才的引进也是非常重要的环节。要最大限度使用社会资源，促进电子商务健康稳步地发展下去。

（二）中国互联网金融

互联网与金融相结合是当前信息科技发展模式的必然结果，移动互联网、电子支付、云计算和大数据分析都是火热的业务模式。它们在很大程度上解决了市场信息不对称问题，充分实现了跨时间跨地区的资源分享和交易便捷。交易的双方可在最低成本、最小风险、最高效率的金融环境里完成满意的交易过程。大幅度减少了面对面交易成本和交易时间，交易模式发生了质的改变。传统行业与互联网金融相结合也是锦上添花，重构了移动端的使用模式。

但是由于互联网的快速发展，缺乏有效的管理经验积累，平台商务运作模式还不够成熟，同时网络借贷的门槛低和监督力度不够等原因使得一些借贷平台出现爆雷，对社会经济发展起到了负面作用。由于信用体系建设的不完善，网络技术的安全性还存在密钥管理漏洞和协议安全性差的问题，制约了互联网金融的健康发展和稳定生存。

针对这样的问题，我国制定了相关监督政策并建立了统一的技术标准和安全标准，整合资源建立共享的互联网信用体系和金融数据库，并采用国际化标准水平建设行业标准。重组网络金融建设和增强商业征信系统建设，同时建立相关制度和行业监督主体以促进互联网金融业务的持续性和稳定性，发展健康、创新的金融模式。

(三) 中国电子商务

近年来，中国电子商务市场发展势头迅猛，电子商务经济增长率远高于我国国民生产总值增长率和人均国民收入增长率，一直保持在 30% 以上。2013 年，中国电子商务交易额同比增长了 57.2%，达到 10.7 万亿元，其中网络零售交易额达 1.85 万亿元，相当于社会消费品零售总额的 7.8%，已超过美国成为全球最大的网络零售市场。2010 至 2013 年末，中国电子商务投资总额达 48 亿美元，远超日本、韩国等国家，占亚洲电子商务投资总额的 70%，年复合增长率达到 56%。同时，2011 年政府工作报告指出，要推动产业转型升级，加快培育发展战略性新兴产业。《电子商务"十二五"发展规划》将电子商务列入了战略性新兴产业。2013 年，国家发改委等十三个部委联合发布《关于进一步促进电子商务健康快速发展有关工作的通知》，协同推动电子商务发展，我国电子商务已经进入全新的发展阶段。

各地方政府先后出台扶持政策，大力支持电子商务的发展，倡导电子商务与实体经济加速深度融合，其中云计算、物流信息化、移动电子商务等技术创新大大促进了电子商务服务模式和商业模式创新。云计算作为电子商务基础设施的重要一环，2013 年市场规模达到 47.5 亿美元，网购用户对云计算的认知水平和应用程度均比 2012 年有明显提高，所占市场份额也持续上升。移动互联网技术加速提高电子商务物流配送效率，其中快递行业连续 5 年实现 27% 的增长，中国跨境网络零售交易额也远高于传统外贸增速。

随着我国电子商务的快速发展和各地各部门组织的大力推进，电子商务的发展对其他行业，尤其是快递等上下游行业都产生了很强的带动和促进作用，它所衍生出来的相关行业和带来的就业大幅增加，为与之相关的客服、物流、技术、维护等行业提供了许多就业岗位。中国电子商务市场中的移动购物市场发展迅速，在线行业越来越多，结合 O2O 的模式在未来将成为电子商务市场快速发展的主要推动力。

电子移动购物与移动互联网的普及和 PC 端向手机移动端转移的趋势、移动支付平台的体统完善和各电商企业间移动端独立平台的协作发展是分不开的。多种创新模式的出现和新产业链的发展，推动了中国移动商务市场和移动支付业务的快速发展，而且有望未来几年仍会保持较快的增长速度。同时，我国各地基于生活服务线上到线下市场的发展也相当快速，一些行业已经有了相当的规模。相信随着今后物联网的发展推动的实物类电子商务用户群体网络消费经济的不断增加以及移动互联网的飞速发展都将推动本地生活服务从线下到线上的快速发展。

三、中国人脸识别技术在电子商务中的应用分析

中国的电子商务相对于西方国家发展起步较晚，但发展速度却异常惊人，基于人脸识别技术的电子商务渐渐在日常生活中得到普及。在产生了"刷脸"支付模式之后，人脸识别技术用于电子商务的模式成为当今最热门的应用模式。

（一）人脸识别在电子商务应用发展历程分析

电子商务平台采取人脸识别毫无疑问促进了电子商务及消费的转型，并将会促使更多的人习惯这种便捷快速和安全的网购模式。承载着电子商务模式的创新，人脸识别的应用给电子商务带来了惊喜。但也应看到在实现人脸支付的过程中，还存在识别率不够高、识别速度不够快、安全认证标准不统一的问题。

（二）人脸识别在电子商务应用市场应用分析

中国的人脸识别技术起步晚，在 20 世纪 90 年代后期得到了国家和政府的大力支持，同时依托中科院自动化所、中科院计算所、清华大学等人脸技术研发团队，人脸识别技术被用于公安海关等领域，其水平已经达到国际先进水平。一般来说，便捷性和安全性是冲突的，想要两者都提高，需要顶尖的算法和统一标准方案，如果没做好，两者都会降低。

人脸识别技术相对于数字密码本身就是一个天然的特征密码。相对于指纹识别、虹膜识别技术来说，更加容易推广，因为只需要打开手机或电脑自带的摄像头就可以零成本参与电子商务活动。人脸识别技术的应用使电子商务活动成为一个便捷快速的过程，当然还有一些缺陷会影响人脸识别效果，所以还需要继续研究，找出更为先进的算法和改善的方案。

四、中国人脸识别电子商务前景

互联网的快速发展、电商的普及、移动客户端的增长、生物识别技术的日益成

熟都给人脸识别电子商务的发展创造了良好的基础设施条件和应用前景。对于传统的电子商务，人脸识别作为身份识别的一种认证手段，具有更安全、保密性更强、隐蔽性更好、便捷性更高的特点，其快速便捷的应用方式、用户使用的接受程度、认证模式的安全性受到越来越多的关注，并在很多领域的应用中取得了不错的效果。

（一）内部特征及其优势

第一，计算机技术的发展、互联网的普及、生物特征识别技术的突破和电子商务的便捷性给这种新模式的发展提供了有利的条件、良好的应用背景和发展空间。人脸识别不需要用户随身携带其他设备，只要采用手机摄像头就可以随时随地在电子商务平台进行身份认证，实现交易的畅通便捷。

第二，人脸识别在电子商务中的使用模式容易被用户接受。非接触式采集的人机互动更符合人类的习惯。相对于指纹识别、掌纹识别、虹膜识别来说，一些特殊人群，如手部残疾、盲人、手部受伤患者等，都无法使用这些生物识别方式。因而，有更多的客户群会选择人脸识别电子商务的身份认证方式，扩大了应用对象。

第三，人脸识别技术一直在发展，积累了大量的研究成果，也应用在很多领域并取得了不错的效果。人脸识别的核心技术已经取得了突破，高安全性、高识别率的技术结合电子商务应用起来得心应手，同时大数据的采集和分析积累了大量的资源，结合电商平台对用户身份特征的挖掘来推荐相应的产品和活动，成功率更高。

第四，低成本和便捷性也是人脸识别电子商务在应用中考虑的问题。作为一种在不增加其他设备的情况下就可以使用的技术，零成本使用且无负担是用户首选的因素之一。个性化的支付模式带来更丰富的使用体验，带动更多的相关产品一同发展。

（二）当前发展的制约因素和劣势

第一，人脸识别率受多种因素的影响，必须通过用户的配合才能使人脸在采集条件理想的状态下取得清晰的图像，在用户不配合、采集条件不理想的情况下，系统的识别率将下降。而电子商务活动涉及的个人银行账户、资金支付、电子转账等一些资金交易，对安全性和个人权益保护有严格要求。在这方面还存在诸多挑战和问题，需要更完善的技术和方案。

第二，电子商务的交易与金钱相关联，有可能存在一些不法分子采取非法手段进行犯罪行为，人脸识别系统需要具备分辨真实人脸和图片人脸的能力，同时对于双胞胎等相似特征太多的人脸的识别与分辨可能出现的问题需要花更多的时间和数据进行改良。因为一旦身份认证出现问题就会给用户带来经济损失，甚至阻碍电子商务的发展，带来不良的影响。

第三，关于人脸识别电子商务的法律制度还不是很健全，针对网上交易的不规范，人脸验证的标准等问题，还需要更多的法律支持和相关制度的约束。所以，用户对于人脸识别电子商务安全性的信任也还处在试探阶段，消除这样的顾虑还需要作出很大的努力。

（三）外部环境和可能的机会

第一，人脸识别电子商务作为一种新模式，其带来商业的创意吸引了更多的投资关注，可实现低成本融资和快速扩张，解决企业进一步发展的资金瓶颈，最大限度减少因硬件投入问题带来的企业损失。即使人脸电子商务模式推广失败，也不会造成不可承受的经济负担。

第二，人脸识别电子商务正好赶上了电子商务快速发展的风口，政府的支持政策和平台系统的对接都对其发展有很好的支撑作用。更多的人选择了可以节省大量时间的网上购物，也使很多企业都把关注放在了电商上，电商与其他行业的结合带来了更多的经济效益，这一系列因素都推动了人脸识别电子商务的发展应用。

第三，国际资源丰富，推广速度快。已经有很多国家对人脸识别电子商务的应用看好，投入了大量的资金用于研究和人才培养。同时结合电子商务特点推出了相关法律法规监督并规范行业行为，良好的交易环境和保障是人脸识别电子商务持续健康发展的关键推动力。

（四）现实难度

第一，专业人才的严重缺乏限制了人脸识别电子商务的应用。人脸识别电子商务作为一个比较新的行业模式，专业人才少之又少，安全的体系需要专业人才维护，缺乏人才的电子商务就失去了持续健康发展的动力，将造成不可预估的损失。

第二，行业竞争不当和产业结构不合理会让人脸识别技术产生资源分配不合理的现象。电子商务可以带来巨大的社会经济效益，而企业、行业间的技术差异使拥有核心技术的企业占据龙头老大的地位，技术不够尖端的一些企业则有可能处于竞争弱势。特别是外资企业起步快，很容易拉拢更多的用户。

第三，信用体系建设的不完善是人脸识别技术实现进一步发展的巨大阻碍。对于网络的不信任和国家政策规范的监督力度不够是网络消费的发展瓶颈。电子商务交易产生的负面影响一时不能为人们所接受，是人脸识别技术应用于电子商务的一大障碍。

五、中国人脸识别技术在电子商务中的应用和发展的具体方式

支付宝"Smiletopay"人脸识别技术和支付认证技术由蚂蚁金服与Face++合作研发，Face++人脸识别技术的准确率可以达到99.5%，高于人眼97.52%的准确率，甚至可以分辨双胞胎。人脸识别所需的相关结构、五官以及肌肉等方面的数据处理分析，由阿里云计算提供。在各种生物特征识别技术中，人脸识别的市场空间已经位居语音识别等其他生物特征识别技术之上，仅次于指纹识别。

近年来，生物识别技术在金融和互联网领域的应用受到前所未有的关注，尤其是人脸识别正在被电子商务、金融和互联网巨头纷纷加码，刷脸取现、刷脸开户正在积极推进。随着技术的日渐成熟和人们对私密信息和安全的要求越来越高，人脸识别技术广泛普及于电子商务领域，人脸识别电子商务应用进入爆发期。

从技术上看，计算机人脸识别的精准度已经超过人眼，同时大规模普及的软硬件基础条件也已具备，在金融与电商领域需求迫切，并成为互联网巨头争相抢夺的风口。据预测，未来我国人脸识别产业的年销售额有望过百亿元，将实现爆发性增长，产业化进程也将大幅提速。

（一）正视国内市场容量和消费增长潜力

在互联网时代，人脸识别技术的入口价值不可低估，随着电子商务模式的不断创新，全球潜在的市场规模超过万亿元。中国由于人口基数大，互联网普及程度高，人脸识别技术全球领先，将成为人脸识别领域的"主战场"，未来潜在的市场规模将超过千亿元。电子商务业务通过"远程人脸识别+身份证件核实"的方式进行身份验证，可有效解决面签难题，人脸识别技术有望成为电子商务和金融行业的标配。

此外，人脸识别可以显著提高工作效率，降低治安管理成本，应用前景极佳。

在国内，政府部门和金融行业对人脸识别在电子商务中的应用都大力支持，对电子商务交易环境的安全防护要求高，也推动了人脸识别电子商务市场的快速发展，用户也逐渐开始接受和使用相关产品。在新兴的信息安全应用领域，人脸识别技术能提供更为安全可靠易用的身份鉴别手段，从而提升整个电商网络信息系统的安全性能，有效地遏止各类网络违法犯罪活动。人脸识别技术与原有技术实现紧密的结合，大大提升原有系统的智能化程度、安全性及易用性，拓展了原有系统的应用领域，从而促进了电商产业的技术升级。从市场发展前景来看，人脸识别技术在电子商务中的发展空间是不可小觑的。

（二）监管不断规范化

只有有效的实名认证才能使电子商务平台满足政策上的合规性要求，故需要在监管上下大力气。首先，政府和相关部门已经出台了相关的监管制度，一方面可以避免交易活动的不合法性，并进行有效追责，另一方面能够在业务流程前对不良行为进行预防，避免出现重大隐患；其次，采用人脸识别实名认证相当于树立起了一道高而密的防盗墙，本身就是对有不良企图人员的一种威慑；最后人脸识别能够成为电商风控中的一个重要指标，完善风控体系和征信体系，帮助企业提高业务质量。

央行等十部委下发的《关于促进互联网金融健康发展的指导意见》和央行发布的《非银行支付机构网络支付业务管理办法（征求意见稿）》明确了银行、支付机构及银联三大机构的分工，在整体监管思路上既是对过去监管层面屡次下发的监管意见的承接，同时又是伴随金融创新、支付行业衍生出的新特色，有针对性地进行了监管定位。全国信息安全标准化为人脸识别电商打开了新天地，对电商和标准规范同时提出要求，会使体系运行更加安全有序。

（三）积极的市场驱动因素

对于网络平台来说，尤其是电子商务平台，都希望保持良好的电商交易记录和优质用户。但总有钻制度空子、窃取和盗用重要数据的不法分子设法从中赚取非法利润。从系统平台的角度来说只能看到用户提交过来的信息并验证该用户提交的字段和信息的准确性，但这些信息和提交人是否一致，并不能得到有效核实。

人脸识别的应用为线上平台的用户身份审核、管理提供了一套行之有效的解决方案，同时也能够为传统电子商务解决用户身份核实、反欺诈、远程开户业务等难题，相比其他生物验证手段具有更高的安全性，且对于用户来说方便快捷，对于平台来说成本可控。

年轻、时尚、个性化的电子商务消费者对未来充满了好奇心是当下中国电商结合人脸识别最好的市场驱动力，他们对于新鲜事物的接受能力很快，也敢于体验新科技带来的便捷生活。阿里巴巴、腾讯等巨头在起跑线摆出了"火拼"的架势，带头企业的劲头正足，正是发展人脸识别电子商务的良好时机。巨头的带动使未来人工智能电商变革的趋势有了强大的后盾支撑和明确的推动指引，预计爆发式电商模式将真正开启全新的时代。

（四）良好的市场规模前景

据了解，阿里巴巴公司对人脸识别在电子商务中的应用极为重视。在内容方面，阿里已全面将该技术应用到支付宝、淘宝等平台，并将协同旗下的其他业务板块等，培养人脸识别的应用场景。结合电子商务的发展，带动人脸识别技术的完善，互利互惠，共同发展。就电子商务而言，短短几年的成果是有目共睹的。一直扩展的空间，带来了新经济革命时代的新一波浪潮，承载电商发展的识别技术也将涌动新的势头。

腾讯优图团队隶属于腾讯社交网络事业群，基于整个腾讯的社交网络平台，为QQ空间、腾讯地图、腾讯游戏等 50 多款产品提供图像技术支持。QQ空间每天有 2 亿上传图片的活跃用户，团队单日最多处理照片达 6 亿张，累计已经分析处理了超过 300 亿张照片。强大的数据支撑和强有力的企业巨头护航，使人脸识别技术成为当下投资界的热点。在生物模式万变不离其宗的情况下，国内在人脸识别技术和电子商务的结合做了充足的准备，出现了多元化的消费产业链。

六、总结与展望

当前人脸识别技术的应用还没有做到理想中的普及，但是它已经慢慢引导和影响着公众的生活。经济增长迅速，高要求和新模式对技术的需求也越来越迫切。人脸识别与电子商务结合的发展前景将十分美好，这也是众多企业纷纷加码人脸识别电商产业的原因所在。一个行业的开始、发展都可能会遇到一些问题，但是这些问题阻挡不了主流的趋势，当然这些问题也会在发展的过程中慢慢改善并得到更好的解决方案。

对于通过人脸识别来实现支付，其原理与传统密码是相通的，就是增加一层保密的东西。但"刷脸"支付时只需面对手机或电脑摄像头，系统便会自动将消费者面部信息与个人账户相关联，交易过程十分便捷安全。当下人脸识别与电商进一步结合之路还处于一个发展阶段，但是各家企业都已经重兵布局，相信不久的将来，我们出门就能够凭借一张脸完成所有的事情。高新技术的产业发展离不开资本市场的支持，大批企业通过资本助力实现了规范经营和跨越式发展。

人脸识别至少还需要研究三方面的问题：如何权衡客户体验和辨识度之间的关系；如何进一步提高运行效率；如何在人脸识别基础上进行活体检测，而最后一项至关重要。研究方法是运用人脸识别，将照片通过云服务进行数据解析，根据大数据对比识别出照片中人的性别、年龄、微笑程度等，同时结合活体实验特定动作和表情等。如果具体应用到远程开户等金融场景中，就需要结合眼纹或面部构造。

针对此前人脸识别精准率太低，低于人眼识别精准率，客户体验不好的情况，2014 年，香港中文大学教授汤晓鸥领导的计算机视觉研究组开发了一个名为 DeepID 的深度学习模型，该模型能达到 99.15% 的识别率。这成为一个分水岭，机器的人脸识别率开始超过人眼。研发团队按照其现成的算法，输入大量数据进行优化，能取得很高的识别率，再加上活体检测的方法，如用户需要对着摄像机镜头读出一串随机出现的数字，或用户按照指令做出诸如摇头、张口、点头等动作。为了达到一个公众都接受的安全性，人脸识别与其他生物特征识别技术相结合更为可靠。

如今，随着互联网技术的深度渗透，人脸识别的市场空间将越加广阔，未来几年内，我国人脸识别产业的年销售额有望过百亿元，未来十年内有望形成年销售额过千亿元的市场规模。对于提供人脸识别技术的科技公司，未来百亿元销售规模可期。而与人脸识别有关的行业也将被带动起来，如光照预处理、图像处理方法、表达预处理（表情分类和应用中的表达）、数据采集和数据处理、人脸识别特征模型和互联网电子商务身份识别机构等都将发展起来。

通过结构模型的建立，结合行业数据和结果分析发挥互联网云计算技术的优势，收集尽量多的重要数据，采用数值计算的方法，从微观上建立经济模型，对人脸识别技术对互联网电子商务带来的经济影响进行函数模拟；从宏观上预测人脸识别技术未来在电子商务的发展趋势；同时提倡开展思维科学研究，以信息观、系统观、机制观建立更多数据库互联共享核心机制，形成对人脸识别与互联网电子商务的新发展和新趋势的更准确预测。创新永远在路上，人脸识别技术应用于未来的电商也还在路上，相关产业的发展也将更进一步发展。

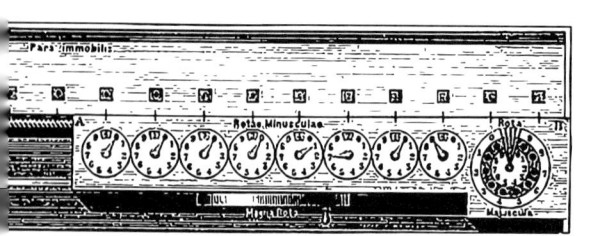

第三编

典型的重大技术进步和新型行业的发展研究：
以新能源技术为例

能源由于具有基础作用，因而能源技术一直是技术创新的重点领域，需要对该领域的前景及发展现状作跟踪研究。其中，光伏是新能源的一种，因而光伏行业及光伏企业目前成为一个关注的焦点，光伏行业的政策也引起了全球广泛关注：光伏行业的支持政策在美国引起诸多争议，并在国际层面引发贸易纠纷。而在我国，如何应对困难重重的光伏行业也成为决策层面的重大难题，少数地方政府在光伏行业介入过深，导致进退两难。同时，值得注意的是，包括国开行在内，不少金融企业在光伏企业中有着相当数额的投入，因此如何应对此次光伏行业的危机也成为银行的难题。需要对该问题进行深入的跟踪研究，总结其中的教训，并尽可能地提出一些决策参考。

光伏行业的基本判断：在能源需求巨大的背景下，可再生能源具有广阔的空间，但从现实看，短期内具有相当的困难。

第一章

能源技术及行业的发展历程与
发展前景

能源由于具有基础作用，因而能源技术一直是技术创新的重点领域，需要对该领域的前景及发展现状作跟踪研究。其中，光伏是新能源的一种，因而光伏行业及光伏企业目前成为一个关注的焦点，光伏行业的政策也引起了全球广泛关注：光伏行业的支持政策在美国引起诸多争议，同时在国际层面也引发贸易纠纷。而在我国，如何应对困难重重的光伏行业也成为决策层面的重大难题，少数地方政府在光伏行业介入过深，导致进退两难。同时，值得注意的是，包括国开行在内，不少金融企业在光伏企业中有着相当数额的投入，因而如何应对此次光伏行业的危机也成为银行的难题。需要对该问题进行深入的跟踪研究，总结其中的教训，并尽可能地提出一些决策参考。对于光伏行业，我们对光伏行业的基本判断是在能源需求巨大的背景下，可再生能源具有广阔的空间，但从现实看，短期内具有相当的困难。

一、能源技术与行业发展回顾

　　能源在经济中具有重要作用，能源提供了重要的动力，是经济活动中不可或缺的要素。在宏观经济学中，短期看，石油的价格会对经济发展构成冲击。石油价格变动，特别是石油价格提高，比如1970年和1980年前后，两次石油价格的涨价，都导致了较为严重的经济危机，在宏观经济学中也用石油冲击及总供给冲击刻画这种影响。而从长期看，能源的变化，通常表现为技术进步，如果是大的突破，那就可以是重大技术进步，将带来长足的增长驱动力。

石油开采与加工技术带来了庞大的石油产业，在不少经济体中，石油是其重要的支柱产业，石油收入占据国民收入很大的比重，无论是就业还是税收都离不开石油产业。从历史、现实和未来相当长时间看，石油行业技术虽然具有一定的进步，但更多的是技术的一定程度的改进，而其他能源技术还没有产生突破性进展，因而石油行业仍然会在能源领域占据主导地位。

通过在重大技术进步的扩散中分析电力的扩散和影响，可以看到，由于电力具有更广泛的应用和更强的推动力，所以带来了长远的影响，形成了相当大的产业，也在根本上带动了人类社会的发展，构成了较为普遍接受的"第二次工业革命"。

从全球近三十年的能源生产和供给看，能源仍然以石油、煤炭占据最大的比重。天然气保持较为快速的增长，而生物燃料等能源在总量上有所增加，但相比石油等主要能源而言，比重没有明显的变化。核电、地热等具有清洁能源特性的能源虽然在速度上呈现出快速发展态势，发展速度快的地热等能源在 2015 年相比 2010 年将近翻了一番，但在整体能源中所占比重并不高。换句话说，从能源的整体结构而言，能源层面的技术进步仍然有限。

页岩气一度被认为有可能是颠覆性的产品。本质上，页岩气是一种较为新型的天然气，具有低污染等特性，具有清洁能源的特征。但其开采成本仍然居高不下。而一旦技术上取得突破性进展后，有可能得到更广泛的使用。不过，由于能源本身已经占据着相当重要的地位，因而短期内很难成为重要的主导型技术进步。

二、未来能源需求

随着社会经济的快速发展，对能源的需求也在持续增加。OECD 国家的能源需求在过去的几十年呈现平稳增长态势，这种态势也将持续下去。而发展中国家的能源需求在不断快速增长，这种增长势头仍将维持相当长时间。在这种能源需求增长中，亚洲的非经合组织国家的增长势头强劲，年增长率高达 2.9%，远高于全球平均水平，也高于其他非经合组织国家的水平。而中国的能源需求增长更加强劲，据预计，在 2008—2035 年中，能源增长速度将超过 2%，总需求也将超过全球总量的 20%（见图 3-1-1）。

	1990	2008	2015	2020	2025	2030	2035	2008-2035
全球总量	8,779	12,271	13,776	14,556	15,263	16,014	16,748	1.2%
中国	872	2,131	2,887	3,159	3,369	3,568	3,737	2.1%
中国占世界的百分比	9.9%	17.4%	21.0%	21.7%	22.1%	22.3%	22.3%	

图3-1-1　能源需求预测

资料来源：IEA World Energy Outlook 2010–New Policies Scenario, SEMI

中国的能源需求自 2000 年以来快速增长，在 2009 年前后，超过美国的能源需求。根据美国能源管理办公室预测，中国的能源需求将不断快速增加，在 2035 年前后，有可能是美国能源需求的 2 倍。同时，印度的能源需求也会相应有所增加。

三、二氧化碳排放不断增加，对能源结构提出挑战

随着对环境质量和全球变暖的不断关注，二氧化碳的排放问题越来越受到各国政府的重视。能源的使用是日常社会经济活动中的重要组成部分，也是二氧化碳排放的主要来源，因而如何在能源需求与碳排放之间寻找平衡成为各国政府必须面对的重要问题。

自 1973 年以来，全球的二氧化碳的排放近乎增加了一倍。其中，非经合组织国家二氧化碳的排放量和所占比重不断增加。

这种二氧化碳的排放除了与发展中国家快速的经济增长和能源需求相关外，与其能源结构具有实质性的关联。

在具体的能源结构上，石油仍然是主要的能源，虽然其比重从 1971 年的 46.1% 降至 2010 年的 32.4%，但仍然占据最大的比重；煤炭等占据的比重大体平稳，但有所增加，从 1971 年的 24.6% 增加到 2010 年 27.3%；天然气从 1971 年的 16.0% 增加至 2010 年的 21.4%；生物质能源等大体一直保持在 10% 左右；核能的比重有所增加。

这大体表明，二氧化碳的排放主要是与非清洁能源的大比例使用有关。在过去的 30 年间，石油等化石能源的排放占据很大的比例，其中煤的比例不断增加，天然气占比第三；在未来的 30 年，煤等燃料的排放有可能进一步攀升，这给二氧化碳减排工作带来更大的压力。

当然，这种能源的耗费也与各国的能源使用效率有关。就 2010 年的状况看，世界各国的能源消耗及产出有着较大的差别。值得注意的是，中国的指标比较让人担忧：二氧化碳的排放数量庞大，但 GDP、电力消耗等指标与二氧化碳的排放比例明显较低，这意味着中国的能源使用效率有待提高。

总体看，在当前的全球电力结构中，主要以火电为主，这种能源结构客观上造成了较大的二氧化碳排放与环境污染。据国际能源署预测，从现在到 2035 年全球能源需求将增长三分之一以上，其中，60% 的需求增长来自中国、印度和中东地区。尽管经济合作与发展组织成员国（下称"经合组织"）的能源需求已明显由石油、煤炭以及核能转向天然气和可再生能源，但是这些国家的能源需求水平几无增长。尽管低碳能源正在稳步发展，但是化石能源依然主导全球能源结构。较高的油价推高了化石能源的补贴成本，尤其在中东和北非地区，那里的改革势头趋于消失。在新政策背景下，温室气体排放的增加与全球长期平均温度上升 3.6 摄氏度相呼应。

四、清洁能源的潜力巨大

在这种背景下，清洁能源的需求持续增加。中国对能源的需求极为迫切，虽然中国对新能源的研发已经进行了相当长时间，但是对于石油的依赖程度一直保持很高的水平。石油资源属于不可再生资源，因而对石油资源总存在着种种担心，寻找新的替代能源一直是中国努力的目标。

在发电的能源结构中，煤仍然是最主要的来源，非经合组织国家火电的比重更高。可再生能源的比重目前并不高，但有可能在未来一段时间不断增加。

在可再生能源中，水电占据最大比重，这种趋势仍将延续相当长时间。2008年水电在发达国家也是主要的可再生能源，在非经合组织国家，这种比重更高。

光伏作为一种清洁能源，具有广阔的空间，根据美国能源信息办公室的预测，太阳能在可再生资源中的比重会逐步增加，太阳能发电的使用将快速增加。

尽管对新能源的研发一直持续不断，但并没有改变以石油为主的能源消费结构，客观上也证实了新能源开发及应用的难度，在能源技术方面，清洁能源技术要获得根本性和颠覆性的突破仍然任重而道远。

类似的情形也在中国同样存在，在可再生能源发电来源中，水电占据最高的比重，并将在一段时间内维持最高占比。风电正在逐步发展，有可能成为第二种主要来源。

在2010年发电装机容量中，最大的比重仍然是火电，而可再生能源中仍然是水电，风电占据3.2%，太阳能仅占0.1%。光伏发电占比很低，乐观估计看，2030年有可能达到4.6%。

第二章

中国光伏行业的发展回顾：
快速的规模扩张与缓慢的技术进步

一、快速扩张特征

中国的光伏行业在政策推动下，获得了快速发展。政府将光伏行业界定为战略产业，提供了相应的支持政策，主要是一些补贴政策及行业指导性的优惠政策。相较而言地方政府给予的其他层面的配套支持政策，更为显著和突出。

在这种背景下，中国的光伏行业得以快速发展，产能急剧提高。事实上，2008 年中国光伏电池产量达到 2GW，住居全球第一，占全球份额的 30%。2008 年全球前 25 家太阳电池生产商中，有 8 家是中国企业。但值得注意的是，体现在能源整体结构中，所占比重并不大，而且这些产品在国内并没有得到足够的应用，98% 的光伏产品用于出口。在国际比较中，技术并没有绝对的领先优势，这导致了中国的光伏产业和产品竞争能力并不占据绝对优势，在国际竞争中，客观上还是主要依靠中国各级政府给予的土地、税收等优惠政策，加上劳动力成本的优势实现的，导致产量上占据了全球光伏太阳能产品的绝大部分比重。

二、低效率及存在的问题

客观而言，太阳能光伏发电成本仍然较高，根据国际能源署的计算，在 2004 年装机成本高达 8 美元 /kW·h，在 2010 年降至 3.8 美元 /kW·h，2020 年整个发电成本降至大约 1 美元 /kW·h。这就意味着在很长时期内，光伏发电的成本会居高不下。

而在国内市场上，受制于成本效率，消费者采纳的太阳能产品并不多，所占的市场份额有限。装机数量在快速增加，但整体数量仍然较低，在 2010 年装机容量仍然很低，占全球装机量仍然只有 3.1%。在消费层面，配套的补贴政策难以落到实处，因而，太阳能产品的普及程度有限，这意味着国内的市场扩张需要加强。

第三章

光伏企业与行业发展存在的问题

一、美国的案例：美国能源部长、政府与 Solyndra 公司

2011 年 11 月，美国华裔物理学家、诺贝尔物理学奖得主、美国能源部长朱棣文（Steven Chu）在国会被质询，就美国能源部对太阳能公司索林德拉（Solyndra）五亿美元的联邦信贷担保问题提出质询及问责，不少议员甚至要求部长承担相应的责任。与此同时，美国总统奥巴马也面临相应的质疑，因为此前美国总统曾经光临该企业，一度将该企业视为"样板"。然而，该样板企业破产使得美国政府的五亿美元贷款变为坏账，不仅承受了经济损失，同样，受到了不少政治层面的压力。

索林德拉公司是加利福尼亚的太阳能电池板制造商，公司由斯坦福大学半导体加工学博士克里斯·格罗奈（Chris Gronet）在 2005 年成立，他早先曾在应用材料（Applied Materials）公司下属的热处理加工部门担任总经理，该公司专为半导体和太阳能公司提供设备和软件。克里斯·格罗奈发明了全新的太阳能电池板（带有完整配套硬件和电路的光电转化模块），并认为，相较于统治市场 30 多年的传统平板式电池板，这种发明可大幅提高能量转化效率。传统光伏电池的安装即使在最好的条件下，即电池板表面整洁且正对阳光，能量转化率通常也不会超过 20%。这就意味着，照射在电池板表面的阳光只有五分之一转化成了电能，并且无法移动的平板式电池板每天受到阳光直射时间并不长，同时，仅仅灰尘就会使转化率降低 5%—10%。除此之外，平板式电池板的脆弱性导致了从装备硬件到屋顶整

体性等一系列结构问题。

格罗奈的设计运用了成排圆柱式电池格栅，这使得太阳光总能直射在部分电池管上。这意味着，格罗奈的电池组件可被平行安装在屋顶上，还能抗风，不必呈一定角度摆放。此外，管状电池不仅能够直接收集太阳光，还能吸收反射到屋顶的室内光线。

在同一时期，由于光伏电池中晶体硅成本高昂，投资者正在寻找替代品。随着越来越多制造商进入太阳能电池生产领域，不断增长的需求推升晶体硅的价格从 2004 年的每千克约 50 美元飙升至 2008 年的每千克 300 美元以上。若将较高的生产成本考虑在内的话，即便有政府补贴，太阳能公司的电价仍达到每千瓦时 17 至 23 美分，是当时传统发电平均价格的两倍。格罗奈的设计将铜、铟、镓和硒混合，或称 CIGS，不使用晶体硅。虽然 CIGS 在阳光直射下其效率略低于硅，但在多云天气和变化的光线中能量转化率较高。这项技术已经存在了许多年，但因成本太贵而不太实用。当硅价攀升到每千克 200 美元时，情况有了变化。凭借着圆柱形电池组件和奇异的涂层，格罗奈成为太阳能行业转型的典范。2005 年他成立了自己的公司，先是命名为格罗奈技术有限公司（Gronet Technologies），但很快更名为索林德拉 (Solyndra)。

到 2007 年，索林德拉融资规模已经达到 9900 万美元，投资者包括乐步合作伙伴（RockPort Capital Partners）和阿尔戈诺私人股本（Argonaut Private Equity）公司。2008 年，英国商界风向标理查德·布兰森旗下的投资机构维珍绿色基金（Virgin Green Fund）在 100 多个融资申请中，选中索林德拉作为唯一投资的太阳能企业。到当年底，索林德拉公司已经筹得 6 亿美元，员工人数暴增至 500 人，赢得两项大订单——萨克拉门托市 3.25 亿美元的太阳能发电项目和德国凤凰太阳能公司（Phoenix Solar）价值 6.81 亿美元的合同。

2005 年，风险投资家们在清洁科技上的投入为数亿美元。次年，据美国风险投资协会统计，投资激增到 17.5 亿美元。到 2008 年，累计投资已跃升至 41 亿美元。联邦政府紧随其后。通过贷款、补贴和税收优惠，从 2009 年底到 2011 年底期间，政府已在该领域直接投入约 445 亿美元。正当索林德拉公司准备腾飞并需要更多资金扩张业务时，风险投资的热潮开始冷却下来。2008 年的次贷危机将风险投资公司2003—2007年间的四分之一收益蒸发殆尽，资金短缺，再加上小公司难以上市的困境，都令再生能源创业公司饱受打击。风险投资在清洁技术上的投入从2008年的41亿美元降低到2009年的25亿美元。

在这种状况下，美国联邦政府以强有力的方式介入清洁技术产业。2005年，国会将新制定的联邦贷款担保计划纳入能源政策法，最初的担保金额预计为40亿美元。尽管表面上看来这项计划专为促进无污染能源资源而设，但事实上，目的是为帮助某个特定行业，最初是针对核能，但由于核能产业复兴从未实现，所以，贷款申请的大门只向其他清洁能源行业敞开。尽管这项财政支持法案四分之三的资金最终都流向太阳能项目，但申请项目涵盖了从俄勒冈州的风力发电厂到堪萨斯州的纤维素乙醇厂等所有产业。直至布什离职之日，这些项目都没有得到任何补贴。大部分项目，索林德拉的申请也包括在内，都没得到能源部的批准。政府仅安排了16名员工来审核项目和整理相关数据。

随后奥巴马就职，贷款计划突然得到了官方承诺，可以使用联邦资金刺激被反复提及的"清洁能源经济"。对于民主党而言，清洁能源的概念触及每一根经济命脉：解决迫在眉睫的气候变化问题、为国内提供电力和燃料，在动荡的经济形势下保证新的就业机会。数十年来，能源部始终致力于管理核废料和核武器，以及为化石燃料行业发放补贴。美国政府任命了知名物理学家和诺贝尔奖获得者朱棣文作为能源部长，他本人一直是太阳能等可再生能源的专家和支持者，因而能源部开始大力支持新能源业务。

联邦政府提供的资金令清洁能源的风险投资相形见绌。仅贷款担保计划一项，就为28个项目提供了超过160亿美元的资金。政府又通过减税为该行业追加了121亿美元。2007—2010年间，用于再生能源的联邦补贴合计增长了近三倍，从50亿美元升至147亿美元。联邦政府的慷慨解囊让清洁技术看上去犹如风投世界里的保护伞，经历了2009年的低迷后，投资再度回升。

索林德拉公司5.35亿美元的贷款担保于2009年9月获批。公司在资金投入方面没有任何问题，正开始建设第二间工厂，职工总数扩充至1100人，并将投入数百万美元专门设计一款机器，以每分钟60件的速度完成产品的收尾工作。作为彰显美国制造业强大实力的"大街巡视"活动的一部分，2010年5月，奥巴马按计划参观了索林德拉工厂。视察完工厂的设备后，美国总统现场发表讲话，称索林德拉是"经济增长的动力"。他还补充道："未来，就在这里。"

截止到 2010 年秋，索林德拉的 3 亿美元上市融资计划告吹，人们仍在等待 4.69 亿美元贷款申请的批准，这项申请是在第一次贷款获准后建档的，资金将被用于建设第二间工厂。索林德拉公司的太阳能电池组件正在如期运转，但它需要增加产能以降低单位成本。索林德拉公司一直没有达到预计产量。把所有的成本计算在内的话，相对传统光电组件，使用索林德拉公司组件的发电成本至少高出 30%，而且，差距还在加大。除非索林德拉的生产更快且产品更便宜，否则，它在市场上将毫无竞争力。

鉴于对公司财务可行性的担忧，索林德拉同意美国能源部官员削减二次贷款申请的金额。在 2011 年初，尽管能源部对该公司的现金流问题更为忧虑，但仍同意调整最初的贷款申请，并追加了一项补充条款，即在公司违约情况下，保证优先偿付私人投资者，而非联邦政府。在接下来的几个月里，这一决定令奥巴马政府饱受批评。

索林德拉的失败不仅基于生产原因，也是美国能源行业大规模变革的产物。进入清洁能源产业的大量投资所依据的财务模式，是在假设化石燃料（尤其是天然气）价格持续上涨的基础上做出的。但是，当天然气的发展改变了能源格局时，这些模式开始土崩瓦解。其实，在奥巴马参观索林德拉工厂前几周，管理与预算办公室（Office of Management and Budget）的官员已发出预警。该部门的一位官员写道："我越来越担心这次参观会在不久的将来让政府难堪。"

实际上，尽管索林德拉公司总裁布莱恩·哈里森于 2011 年 6 月向政府描述了一幅美好的前景，吹嘘说收入将"从 2008 年的 600 万美元增长到 2009 年的 1 亿美元，再到 2010 年的 1.4 亿美元"，但索林德拉申请破产后，《华盛顿邮报》获得的一份白宫备忘录令事实大白于天下。在该公司破产前几天，即 2011 年 8 月的备忘录上简单写着"公司自 2009 年（秋季）以来的销售增长为 0"。

对整个清洁能源行业冲击最大的，并非索林德拉的破产，而是由于天然气价格持续走低，开发可再生能源的财政动机已不复存在。从页岩中开采天然气的技术进步——包括水力压裂等颇具争议的做法，使美国赶超俄罗斯，成为世界上第一大天然气供应国。

美国清洁技术产业遭受的又一打击来自硅片，由于供应过剩，硅片价格降至每千克 30 美元以下。如此低廉的价格，加之制造传统太阳能电池板的技术简单，为科技含量较低的运营商打开了准入大门。行业准入门槛低，使得一般的制造商都能生产出太阳能电池组件，这就使得索林德拉公司昂贵的铜铟镓硒涂层圆柱形组件和其他新一代再生性技术几乎没有竞争力。

还有另一个因素拉低了传统光伏发电技术的成本。近年来，中国一直积极发展国内太阳能电池产业。银行提供的信贷额度，令美国公司享有的联邦贷款相形见绌。地方政府不仅提供税收优惠，还以低于市价提供土地支持。政府还设立了所谓的上网电价，要求公用事业部门以高于市场的价格向太阳能开发商购买电力，以抵消其生产成本。

由于各方面因素的协同作用——包括硅价的波动、廉价的天然气、2008 年的金融危机、中国的太阳能产业的发展以及某些技术上的不足导致了清洁科技泡沫的破裂，使得传统能源设施依然普遍依赖石化燃料。这种后果几乎波及清洁科技领域里的每一种能源，如风能、生物能源、电动汽车以及燃料电池，但太阳能板块受到的冲击最为惨烈。

二、中国的案例：无锡市政府与尚德公司

无锡尚德太阳能电力有限公司（以下简称无锡尚德）成立于 2001 年 1 月，2005 年 12 月其母公司尚德电力控股在美国纽交所挂牌上市。无锡尚德是尚德电力控股旗下的核心企业，其总资产规模占尚德集团总资产的 70%。

尚德公司由施正荣创立，在 2000 年前后，他拥有的专利被认为是具有高科技含量的技术，因而得到了无锡市政府的大力支持。在建设初期，地方政府给予了土地、税收及银行贷款等各种形式的优惠，地方政府力图通过该项目获取所谓的影响力，当然也可以获得相应的产出和 GDP。据介绍，无锡市政府通过借助多种形式的投融资模式，让无锡国联、无锡高新技术风险投资股份有限公司、小天鹅集团、无锡水星集团、无锡市创业投资、无锡山禾集团等出资。公司成立时，施正荣占 25%

股份，其中 20% 作为技术股，另外 5% 以现金支付。随着公司的快速扩张，尚德力图通过资本市场获取更多的支持，此时，地方政府又以类似的方式让国有投资退出公司，而让外资投资公司介入，将公司变为外商投资企业，并且顺利在 2005 年纽约交易所上市。

从 2010 年第二季度开始，随着无锡尚德产量的日渐飙升，出货量已经超过美国同行，排名全球第一。但产品利润率却逐年下降，2011 年甚至跌至负数，2011 年全年亏损 6 亿元人民币，公司负债率居高不下，面临资金链极度紧张的困境。

无锡尚德面临较为严重的问题与危机如下：

1. 大量应收账款侵蚀企业现金流

根据纽交所上市公司年报显示，2010 年末整个尚德集团应收账款增至 5.16 亿美元，至 2012 年第一季度末仍维持在 4.09 亿美元。应收账款居高不下，其主要原因是行业市场衰退、收款周期延长，造成整个尚德集团现金回笼困难，使得尚德集团现金流更为紧张。

2. 企业资金链紧张

至 2012 年 6 月末，无锡尚德境内外借款合计 101.33 亿元，其中境内 92.94 亿元（较 3 月末增加 0.63 亿元），境外 8.39 亿元，均以信用担保。但 3 月末其账面现金仅 27.9 亿元。2011 年末，无锡尚德现金流亏空 15 亿元人民币。无锡尚德生产经营活动的开展，完全依赖于银行借贷资金，离开了银行的大额融资，仅靠无锡尚德的经营活动和账面现金，很难维持其生产经营。但在当时趋紧的宏观调控政策大背景下，面对无锡尚德当前的财务状况，大多数银行已萌生退意。无锡尚德反映，其资金链条已非常紧张，任何一家银行抽压贷款，都将对无锡尚德造成致命打击。

3. 大额可转债履约面临资金缺口

作为资本市场的一种融资方式，母公司尚德控股 2008 年 3 月发行可转债融资 5.4 亿美元，期限至 2013 年 3 月到期，转股价格 40 美元。但当时尚德控股在纽交所的股价已低于 2 美元。该笔可转债实际已转为尚德控股对境外投资者的债务，尚德控股将支付 5.4 亿美元用于偿还这一债务，面临着巨额资金缺口。

4. 企业卷入 GSF 反担保骗局

2013 年 7 月 30 日，尚德控股发布公告称对公司投资的环球太阳能基金管理公司（GSF）相关方提供的反担保展开调查，初步发现该笔总额达 5.6 亿欧元（约合 43.587 亿元人民币）的反担保可能存在瑕疵。

GSF 的骗局使得美国投资者非常愤怒，尚德的股价也从最高的 49.22 美元下降至曾经的不足 1 美元，甚至有投资分析师认为该股的价值已经变为 0，当时股价在 1.80 美元左右。

客观上，尚德已经在技术上破产了，并且随着美国和欧盟的双反措施，有可能进一步加剧公司的经营状况。按照一般的规律，尚德理应破产清算，即使在美国，美国政府支持的太阳能公司也应破产清算了。

对于中国的地方政府而言，这个问题变得很棘手，并且骑虎难下了。一方面，作为一个明星企业，如果破产的话，那么显然有着不少的损失，不仅仅是坏账显现和 GDP 的下降，更将可能成为地方政府官员难以承受的政治损失；另一方面，如果不破产的话，尚德内部可能的内幕交易和管理混乱，有可能使得尚德本身所欠下的债务不断增长，如果继续扶持，那么不仅是在国际上给人以地方政府与商人之间"勾结"的印象，而且有相当的可能是个非常巨大的负担。

对于商业银行而言，也存在着类似的问题。由于企业经营不善，更由于可能的逆向选择导致的关联交易等行为，商业银行的贷款并没有实质性的效果，只是帮助贷款企业扩大了规模，而企业的经营绩效更差，商业银行一步一步被拉进企业的泥潭。此时企业更多地持有"大而不倒"的执念，谋求规模扩张可以满足地方政府将企业做大做强的需求，因为此前尚德号称世界第一，因而成为无锡市的名片。但规模扩张需要信贷，地方政府通过行政干预，让商业银行提供了信贷，商业银行自然也需要地方政府给予一定形式的担保与保证 。

这就意味着，曾经的企业家在创新之后，把地方政府和银行都"绑架"了。而地方政府在整个过程中的角色和作用需要重新考量。商业银行在事件恶化过程中，对企业的信息掌握有限，导致了信息不对称问题始终存在，从而产生了较为严重的逆向选择问题，最终被企业"套牢"。

三、基本判断和初步结论

光伏行业和企业都面临着诸多困难。根据国际半导体产业协会（SEMI）的初步统计和测算表明，2012 年，包括多晶硅、硅锭、切片、电池和组件在内的全球光伏制造上游的产能利用率都低于 65%，其中多晶硅产能 42 万吨，产能利用率最大达到 62%，组件产能 80GW（包括晶体硅组件、薄膜组件和聚光组件），产能利用率最低为 48%。SEMI 中国测算，2013 年全球光伏组件的产能比 2012 年下滑 13%，但产量会从 39GW 微升到 43GW。这意味着 2013 年的供给比可预期的装机容量 35GW 仍然高出 20%，组件价格仍然延续下跌的趋势，光伏制造企业生存将越来越艰难。

有测算表明，1 千瓦时的电的成本分别为：火电成本一般为 0.4—0.5 元，水电成本为 0.2—0.3 元，核电为 0.3—0.4 元，而风电成本则在 0.6 元以上，光伏发电成本则在 1 元以上，2010 年测算的并网发电的成本高达 1.26 元。日本在 2010 年的光伏发电成本为 1.53 元 /kW·h，在 2020 年有可能降至 0.93 元 /kW·h，在 2030 年有可能下降至 0.47 元 /kW·h。欧洲光伏工业协会曾预测，在 2020 年有可能下降至 1.0 元 /kW·h。这显示了光伏在能源中并不占据成本优势，距其经济上的可行性还有相当长的时间。

第四章

能源及光伏行业发展过程中的问题及症结

一、行业问题

当前，国内大多数光伏企业都生存困难，具体而言，面临如下问题。

第一，产能扩张过快，供大于求。全球光伏产能扩张，2011年全球装机总量约28GW，而组件产能在50—60GW，其中中国就大概有40GW产能，产能严重过剩。供大于求导致争相压价，多晶硅、硅片、电池片、组件价格比2011年底普遍下跌了45%—50%，行业利润急剧下降。

第二，过度进入导致市场竞争激烈，最终使得市场过于拥挤，资源浪费严重。由于光伏产品的核心技术并不难掌握，部分传统制造业企业可以较容易地转入该行业，特别是集中投资太阳能光伏项目造成了供需极度不平衡。同时，一批核心竞争力低、无自主研发及科技创新能力的企业占用了大量的优质资源，引发了市场的低价竞争和无序竞争。

第三，过度依赖政策，但配套政策并不能如企业预期。光伏产业本身并不成熟，这导致其经济效益依赖于财政补贴。而中国政府的扶持政策相对较为缓慢，比如虽然发改委等部门下发了《关于完善太阳能光伏发电上网电价政策的通知》，但是相对而言，这种扶持力度不足以弥补光伏企业的高成本。光伏项目在电网接入，检测与认证体系建设、电站融资渠道建设等方面进展较为缓慢，这使得产业的发展进度受到限制。

第四，国内市场尚未完全打开，过度依赖国外市场，最终引起外贸纠纷。国内光伏产品 80% 以上都是出口国外，国内应用市场相对落后，双反调查先后降临于中国光伏企业，削弱了中国企业在海外的竞争力。

二、金融行业在光伏企业中的问题

根据国开行 2011 年度年报信息，无锡尚德太阳能电力有限公司在意大利西西里和普利亚地区建设 150 个太阳能电站，总装机容量 123.6 兆瓦，申请国开行贷款 3.54 亿欧元。截至 2011 年末，该项目累计发放贷款 3.25 亿欧元。而据相关媒体报道，国开行对无锡尚德及其他光伏企业的贷款规模较为庞大，客观上存在着较大的金融风险。具体而言，表现在以下方面。

首先，对其中的不确定性及信息不对称问题缺乏相应的准备。由于光伏行业涉及技术本身，而这种技术的研发过程及相关信息通常由企业掌握，外部机构很难对技术本身做翔实的了解，导致了在技术研发过程中存在着较为严重的信息不对称。金融机构很难对技术本身进行全方位的评估。

其次，在技术投入生产的过程中，更多地表现为规模扩张，在扩张过程中，企业经营管理水平很重要，需要尽可能地对管理水平进行监督，加强企业内部的信息透露。金融机构在贷款之后，需要对可能的问题进行监控，严格控制风险，发挥约束作用。但值得注意的是，在光伏企业的扩张过程中，地方政府过度介入，使得规模扩张成为企业的主要目标，这导致了企业的经营效益被忽视。过度的扩张使得企业本身的效率降低了，同时，由于技术创新过程中的不确定性，可能在规模扩张的同时，即使投入了相应的研发支出，也并不一定能形成新的技术，这使得此时的光伏企业变成制造型企业，而且本身的技术含量不高。但在此过程中，商业银行对企业本身的运营缺乏必要的监督，对存在的风险没有事先判断，导致了风险不断叠加。

再次，特别值得注意的是，在光伏企业贷款中，企业家本身成为争议的关键。在信息不对称状况下，如果企业家本身的职业道德存在问题，那么可能使得逆向选择问题更为严重，企业的行为有可能进一步偏离企业利润最大化目标，有可能使得贷款的风险急剧加大。在此次光伏危机中，某些企业家的行为已经偏离正常的经营决策模式，即使在公开上市之后，也没有真正为股东的权益负责，存在着通过关联交易等为自己谋利的行为，有着恶意欺诈的嫌疑。如果 GSF 诈骗事件最终被证实属实，则将面临非常严重的法律和经济等方面的后果。

最后，包括国开行在内，不少银行在光伏行业和企业中有着大量的贷款，这事实上已经成为巨大的风险。政府商业银行需要对新能源行业进行重新审视与反思，加强可能的风险管理和控制。各类金融机构必须快速采取手段，特别需要防止在该行业中出现过大比重的不良贷款。

三、问题的根本原因：企业与地方政府过度结合

导致光伏行业陷入困境的最为根本的原因在于，技术不甚成熟，经济效益仍然较低，发电成本与其他能源相比缺乏竞争力，较严重地依赖财政税收减免与政府补贴。导致"尚德问题"的根本原因是过于具有冒险精神的企业与过于积极干预的地方政府一拍即合，企业不断做大，最后将地方政府和银行"绑架"。造成光伏行业问题的具体原因在于：

第一，政府过度积极参与市场，制定了各种各样的规划，力图通过行政规划替代市场本身。同时，对市场本身发展规律缺少相应的研究，出台的政策并不配套。在 2010 年，国务院出台了《关于加快培育和发展战略性新兴产业的决定》，将太阳能光伏产业列入中国战略新兴产业范畴。在 2012 年 2 月，工业和信息化部发布《太阳能光伏产业"十二五"发展规划》，这些宏观规划在一定程度上推动了该行业的发展，但对行业的发展规律可能还需要进一步研究。

第二，地方政府过于追求规模，导致行业投资扩张，项目快速上马。地方政府为了自身的 GDP 和产出，提供了涉及土地、资金、人力等多方面的优惠政策，鼓动光伏企业扩张规模，而对本身的技术含量并没有太多关注。

第三，光伏企业获得优惠政策和补贴的同时，国内市场并未实质性打开，严重依赖外部市场，客观上形成了低价倾销的事实。

第四，所谓的企业家存在着投机嫌疑，以套取政府的优惠政策为主要的扩张方式，缺乏经营管理能力，也缺少基本的职业道德。存在着与地方政府形成"合谋"，

骗取银行贷款的嫌疑。在行业下降之后，存在着"绑架地方政府"的趋势。

第五，从国际贸易层面看，中国各地的地方政府在光伏企业中的配套政策客观上使得光伏产品中存在着倾销和补贴行为，在一定程度上导致了国外企业破产，而最终导致了外贸纷争。2012年美国和欧盟对中国的光伏产品采取了双反措施，即反倾销和反补贴。

第四编

创新与新兴行业发展的政策：
效果评价及政策建议

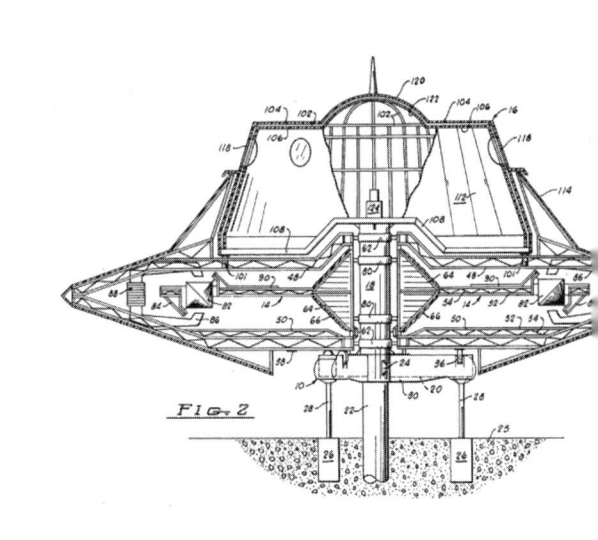

采取何种政策才能最有效带动技术创新，并带来产业良性发展是个重要的现实问题。在提出恰当政策措施之前，需要对既有的政策进行恰当的评估，因而我们对新能源发展过程中的补贴政策进行分析，进一步地，我们对产权保护制度进行研究，探讨何种制度安排才能最有效地提升创新能力。

第一章

补贴与光伏企业的研发决策：
基于太阳能光伏行业上市公司补贴的实际效应

光伏行业的产业政策饱受诟病，我们通过收集在沪深两市上市的光伏企业2007—2011年的微观数据，分析了政府研发补贴对光伏企业研发投资的影响。实证分析发现，虽然政府对光伏企业的研发活动进行补贴可以提高整个光伏行业企业参与研发投资的平均概率，但这种激励作用非常有限，企业研发投资对政府研发补贴的弹性大小为0.297；研发补贴占总补贴的比例为15%—34%，较低的研发补贴弹性以及政府总补贴中研发补贴占比较低共同作用的结果是政府补贴对光伏行业研发活动的激励作用很小，行业整体的创新能力不足。

一、引言

　　现行的政府补贴政策是否真正促进了新能源行业的健康发展？政府对新能源行业补贴存在的必要性在政府部门和学术界得到了普遍认同，例如奥巴马政府将其视为新的经济增长点，虽然已有的研究从市场失灵的角度分析了对新能源行业进行补贴的必要性，但对于新能源行业政府补贴政策的有效性还缺乏全面深入的研究，要想在这一问题上有进一步的认识，需要从微观层面上进行深入的探讨。在所有的新能源当中，太阳能光伏行业的发展最为迅速，截至2012年底，全球光伏新增装机容量达到31GW，累计达到98.5GW[1]，在政策的驱动下，这种增长的波动幅度很大。从中国来看，《中华人民共和国可再生能源法》自2006年开始生效，该法为可再生能源发展提供了税收优惠、财政补贴、贷款贴息等优惠政策，并安排资金来支持可再生能源开发利用的科学技术研究，以降低可再生能源产品的生产成本。2007

1　SEMI PV Group.2013 中国光伏产业发展报告，可参见链接：https://wenku.baidu.com/view/05658141c850ad02de8041ca.html

年后多晶硅价格的暴跌激发了各地对新能源产业的投资热情，在地方政府的税收、补贴以及土地等优惠措施和银行信贷政策的支持下，中国太阳能光伏行业的产能呈爆炸式增长，中国成为世界光伏制造的中心，2012年中国多晶硅的产能为15.8万吨，产量为6.9万吨，分别占全球的43%和32%，光伏组件产能为37GW，产量为22GW，占全球的54%。供给严重过剩导致光伏组件价格持续下跌，企业利润被严重压缩，出现破产危机。Evergreen、Solyndra等美国太阳能企业于2011年申请破产。同样地，中国最大的太阳能企业无锡尚德太阳能电力有限公司在2013年3月申请破产，光伏企业的大量破产引发了人们对光伏产业政策的质疑。就国内的情形来看，中国光伏产业的规模已经是世界第一，但其发电的价格仍高于传统能源，技术进步对于进一步降低光伏产业的发电成本至关重要。因此，关键的问题是如何引导企业进行研发投资，提高企业的技术水平，从而提高太阳能光伏发电的竞争力。光伏企业的研发投资决策会受到政府研发补贴政策的影响，从政府的研发补贴与企业的研发投资这一视角来分析政府补贴的效果对于政府制定有效的补贴政策具有重要的意义。

二、国内外研究综述

现代经济增长理论表明，技术进步和知识积累是决定经济增长的重要因素(Romer 1991)，而研究与开发(R&D)则是技术和知识的主要源泉。有关R&D政策的研究在20世纪90年代形成了一股热潮，而能源领域方面的R&D政策也引起了重视(Dooley, 1998; Margolis and Kammen, 1999)。这种重视开始于可再生能源和低碳化石燃料能源被研发成功的时候（Margolis and Kammen, 1999），这些技术在面对未来能源供给和环境问题时很可能起关键性的作用。技术和知识具有公共物品的溢出特性(Arrow, 1962)，如果市场能运行良好，技术创新的收益能被从事R&D活动的经济主体全部获得，那么有关研发投资的决策就可以完全交给企业家、企业以及金融市场来完成。但由于技术创新具有正的外部性，这种正向溢出效应使得技术创新的私人收益和社会收益之间存在一个楔子（Rodric, 2013）。研发主体不能完全独占R&D活动的收益，使得R&D活动的私人收益低于其社会收益，因此 R&D 活动就会出现投入不足的问题 (Tassey, 2004)。面对私人研发投入的不足，政府需要运用公共政策来矫正这种不足，以达到社会最优的研发投入水平。对私人研发活动进行直接或间接的补贴是政府通行的做法，但政府的研发补贴政策究竟对企业研发投资产生了什么样的影响，已有的研究在不同的加总水平上得出的结论并不完全一致。Hu（2001）以北京市海淀区 1995 年 813 个高科技企业为样本，研究发现政府 R&D 对私人 R&D 有显著的正向作用，Marcus and Howard (2003) 研究了日本和韩国的产业政策，认为并没有证据表明有选择性的 R&D 补贴活动对全国或产业的生产率产生显著影响，朱平芳和徐伟民 (2003) 以上海市政府的科技激励政策为案例，通过面板数据的估计，得出直接拨款资助与税收减免政策之间存在着相互促进作用的结论，安同良等（2009）认为，研究中国企业 R&D 行为，除了分析企业间的 R&D 博弈与专利竞赛，还应当考察国家科技政策制定部门与企业之间资助与被资助的博弈。企业在申请 R&D 补贴时的信号传递和逆向选择行为更应引起高度关注，因为企业的这种策略性行为将极大地削弱 R&D 补贴的激励效应，而目前的研究在此环节仍然非常薄弱。

政府对企业研发投资的补贴方式主要分为直接补贴和间接补贴，间接补贴有税收抵免以及所得税减免等不同形式。直接补贴可以减轻企业研发的融资约束，而间接补贴如税收支持能降低企业 R&D 活动的边际成本，而且这种补贴给予企业选择如何进行研发投资项目的权力，是一种市场导向的反应（Hall and Van Reenen, 2000），间接补贴更易于操作并且可以减少游说家和政客的影响，有利于利用市场机制来挑选好的项目。企业的 R&D 投资活动经常会面临融资约束，政府对企业研发活动补助的稳定性和持久性会影响企业的研发投资（Guellec and Bruno, 2000）。Brown 等学者以美国的上市公司为样本进行研究，认为在美国，新成立不久的高科技行业的公司几乎全部都是通过内部和外部股权（例如现金流和公开发行股票）来为研发活动进行融资，并且利用动态面板数据模型对企业的 R&D 支出进行估计，他们得出结论认为美国自 20 世纪 90 年代以来研发支出的波动大部分都可以由新成立的高科技公司的现金流和新股发行来解释。虽然政府公共投入有助于解决研发活动中的市场失灵，但事前并不清楚政府公共资助是否是促进私人企业研发支出的有效方法，从理论上讲，政府研发补贴政策有可能对企业研发行为产生替代效应和激励效应两种不同的效果，如果两者之间总体上呈替代关系，那么政府增加研发补贴就会对企业R&D投入产生"挤出"效应，反之，则政府增加研发补贴会吸引企业进行更多的R&D投入。因此，研究政府的研发补贴对光伏企业研发投资的影响对于进一步认识政府补贴政策的效果具有重要的意义。

三、数据来源与变量选取

我们选取了同花顺iFin软件太阳能光伏概念股中所有的上市公司，并从CCER经济金融数据库中下载了这些公司2007—2011年的财务数据[1]，在收集的样本公司中剔除了只有一年数据的样本，剔除了连续三年都被ST处理的公司；另外，通过人工收集了这些上市公司的年度财务报表[2]附注中的"营业外收入"这一会计科目下的政府补助金额[3]，根据补贴的来源和补贴的用途从"政府补助明细"中收集了政府对企业研发给予的补贴。对于企业研发投资的数据，存在同样的问题，CCER数据库中的"开发支出"科目数据基本为零，考虑到大部分的企业在其年度财务报表的"管理费用""支付的其他与经营活动有关的现金"的明细科目下对企业的研发支出进行了披露，因此我们人工收集了这两个科目下的数据作为公司研发支出的数据。

上市公司财务报表中公布的政府补助中包括政府给企业的技改补助、专利补助、科技经费、贴息补助、税收返还、各种扶持基金和专项基金等。从表4-1-1中可以看出光伏行业的上市公司补贴的覆盖面很高，从2007年的93.6%上升至2011年的100%。从2009年开始，在样本中所有的上市公司都受到了政府的补贴。此外政府补贴占公司的利润总额的比例的基本趋势是逐年增加的[4]，从2007年的3.69%增加至2011年的43.40%，政府补贴占利润的百分比逐渐增加，从补贴占公司利

---

[1] 之所以选择2007—2011年作为研究的时间区间主要是出于以下两个方面的考虑：1.国内太阳能光伏行业在2006年之后受欧盟国家政策推动并在国内政策的支持下才有了快速的发展；2.CCER经济金融数据库只有到2012年的财务数据且2012年的财务数据有一部分缺失，综合考虑之下，选择的样本期间为2007—2011年。
[2] 这些人工收集的数据都来自中国证监会指定的披露网站——巨潮网。
[3] 在CCER经济金融数据库中，代表政府补贴的"补贴收入"这一会计科目大部分都为零，这与上市公司所接受的补贴明显不符。
[4] 2010年除外，这可能是因为2010年国外市场对国内光伏产品的需求量大，国内产品销量增加，企业利润增加使得政府补贴占企业利润的百分比下降。

润百分比的大小来看，政府补贴构成了企业利润一个不可忽视的部分，而 2011 年政府补贴占到了企业利润的 43.40%，说明企业的利润严重依赖于政府的补贴，企业的盈利能力比较差，这主要是由于这一时期国内光伏行业产能迅速增加，而国内的需求较少，只能依赖出口，为了处理过剩的产能，各光伏企业之间竞争激烈，价格被压得非常低，虽然每年的销售量在增加，但是每单位产品的利润非常低，甚至出现亏损。此外，美国和欧盟相继对中国出口的太阳能面板征收反倾销税和反补贴税，使得光伏产品的国外市场需求大幅下降，而国内市场的需求没有发展起来，光伏企业的产品大量滞销，造成光伏企业大量的债务违约，企业生存艰难，只能求助于政府给予补贴，这就使得企业对政府的补贴产生很大的依赖。

表4-1-1　太阳能光伏行业上市公司补贴收入覆盖面分析（2007—2011）

年份	2007	2008	2009	2010	2011
上市公司数目（家）	47	48	52	67	67
获得补贴的上市公司数目（家）	44	45	52	67	67
总补贴的覆盖面（%）	93.6	93.8	100	100	100
获得研发补贴的上市公司数目（家）	34	38	44	60	64
研发补贴的覆盖面（%）	72.3	79.2	84.6	89.6	95.5
样本公司总补贴加总（万元）	39371.53	60480.00	106600	146060.00	724940.00
样本公司研发补贴加总（万元）	12613.48	16538.40	26215.00	49975.00	112560.00
样本公司加总利润（万元）	1069640	858030	1134610	1860070	1670400
政府补贴占公司利润的百分比（%）	3.69	7.05	9.40	7.85	43.40

从图 4-1-1 左图可以看出总补贴、非研发类补贴和研发补贴金额每年都在增加，非研发补贴与总补贴有相同的变化趋势，而研发补贴的增长相对于总补贴和非研发补贴来说，其变化比较平稳。总的研发支出在 2008 年出现了下降，2008 年样本企业总的研发支出下降到 26684.19 万元，之后又慢慢上升，虽然研发支出在增加，但是从整个行业来看，研发的强度（以研发支出/主营业务收入来衡量）并不高，2007—2011 年整个行业的研发强度分别为 0.85%、0.28%、0.83%、1.05%、1.32%，研发强度的基本趋势是上升的，但是 2008 年的研发强度出现了很大的下降。从数据上来看，2008 年与 2007 年的主营业务收入相比增长了 18.6%，但是 2008 年的研发支出从 2007 年的 67102.42 万元下降至 2008 年的 26684.19 万元，下降了 60.2%，所以 2008 年研发强度的下降主要是由于 2008 年研发支出的下降造成的。总的研发支出下降的原因可能是 2008 年爆发的金融危机使得企业对市场的前景并

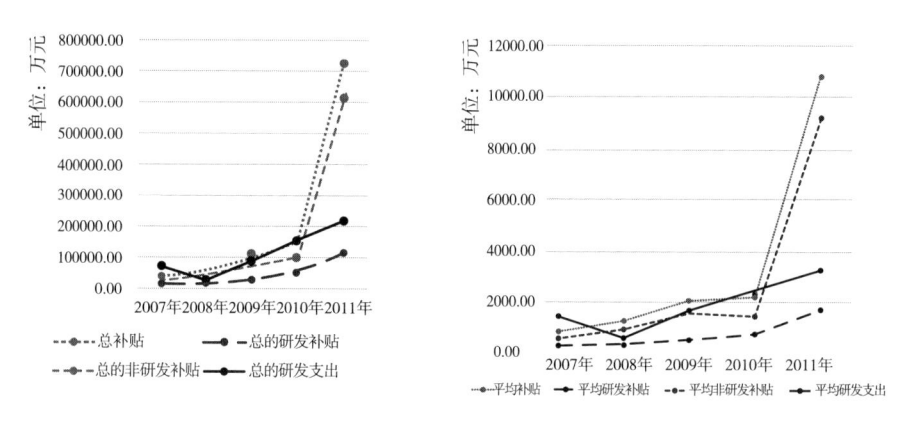

不看好，不敢在研发方面投入太多的资金，削减了公司的研发支出。

图4-1-1 2007—2011年政府补贴总额与企业研发支出总额以及平均补贴金额和企业平均研发支出金额

数据来源：CCER经济金融研究数据库和上市公司年报。

2011年光伏企业频繁受到欧盟和美国的双反调查，他们对中国出口的光伏产品征收反倾销税和反补贴税，企业的销售出现问题，一些企业处于破产的边缘，而政府出于就业等各种考虑对这些上市公司进行救助，大部分的补贴被用来偿还债务和支付利息，因此研发支出并没有同比例增加，虽然每年样本企业的数量都在变动，但从图4-1-1左图和右图的对比中可以看出，平均意义上的政府补贴与企业的研发支出都与总的补贴和研发支出有相同的变化趋势和变化规律。

四、计量模型与实证分析结果

企业的研发投资决策会受多种因素的影响，企业的产权性质会影响研发投入，产权性质不同的企业会面临不同的激励、约束以及风险，进而会影响企业对研发活动的投资。企业规模的大小也会影响企业的研发决策，Schumpeter（1942）认为大企业相对于小企业而言在规模经济、风险分担以及融资渠道等方面有更多的优势，因而比小企业有更强的创新能力，并且他还认为企业的研发活动需要持续的利润来支持，因此具有垄断地位的企业在创新方面的能力更强。另外，企业进行研发决策时会考虑政府的研发补贴政策（安同良，2009），政府对研发活动的直接补贴减弱了企业面临的融资约束，企业的研发活动在面临现金流的约束时，原有的研发计划就可能被搁置（Brown，2008）。企业的无形资产存量会也会对企业的研发决策产生影响，企业积累的无形资产越多，研发基础越好，则企业可能会倾向于研发投资（唐清泉，2011）。公司的股东和债权人具有不同的研发投资倾向，股东可以享受由于研发带来的收益，而企业的债权人仅仅按照事先的约定还本付息，因此无法分享由于研发而带来的收益，债权人对于企业贷款的用途常常附带了许多限制性的条款，以避免贷款资金被用于企业的研发投资，企业的资产负债率会影响企业的研发投资。那么，政府对企业的研发活动进行补贴能否提高企业进行研发投资呢？为了研究政府的研发补贴对企业研发投资的影响，我们从两个方面进行研究：一个方面是研究政府的研发补贴对企业参与研发概率的影响；另一个方面是研发补贴对企业研发支出大小的影响。通过参考已有的文献，设立如下模型来检验政府对企业研发投资补贴政策对企业研发投资行为的影响。

政府研发补贴对光伏企业参与研发概率的影响：

$$dumrd_i = \alpha_0 + \alpha_1 dumrdsub_i + \alpha_2 finalcontrol_i + \alpha_3 Lntasset_i + \alpha_4 manager_i + \alpha_5 cashflow_i + \alpha_6 leverage_i + \alpha_7 cfstock_i + \sum_{i=0}^{3} \alpha_{8+i} year_{2008+i} + \varepsilon_i$$

政府研发补贴对光伏企业研发投资支出的影响：

$$Lnrd_{it} = \beta_0 + \beta_1 Lnrdsub_{it} + \beta_2 finalcontrol_{it} + \beta_3 Lntasset_{it} + \beta_4 manager_{it} + \beta_5 cashflow_{it} + \beta_6 leverage_{it} + \beta_7 cfstock_{it} + \beta_8 Lnintangible_{it} + \mu_i + \nu_t + \varepsilon_{it}$$

在上述的两个模型当中，$dumrd$ 为企业研发投入的虚拟变量，如果企业在当年进行了研发投资则取值为 1，否则取值为 0；$dumrdsub$ 为企业是否收到政府研发补贴的虚拟变量，如果企业在当年收到了来自政府的研发补贴则取值为 1，否则取值为 0；$finalcontrol$ 表示企业的最终控制人类型，如果企业的最终控制人类型为国有企业则取值为 1，否则取值为 0；$Lntasset$ 表示企业的规模，以企业总资产的自然对数表示；$manager$ 为高管持股比例；$cashflow$ 为企业的现金流量，用企业的净利润表示；$leverage$ 为企业的财务杠杆，用企业的总负债/总资产表示；$cfstock$ 表示企业年初的现金存量；$Lnintangible$ 表示企业无形资产的自然对数值；μ_i 为个体固定效应，代表不随时间而变的个体特征的影响；v_t 为时间固定效应，代表不随个体而变的宏观经济冲击的影响。

表 4-1-2 显示的是上述两个模型中变量的描述性统计数据，从中可以看出 *dumrd* 的均值为 0.690392，*dumrdsub* 的均值为 0.854093，说明在样本企业中有 69% 的企业进行了研发投资，有 85.4% 的样本企业受到了政府的研发补贴，非国有企业的占比约为 55.2%，高管人员持股的平均比例为 3.94%，样本公司财务杠杆的均值约为 43.3%。

表4-1-2 变量的描述性统计

变量名称	样本数	均值	标准差	最小值	最大值
dumrd	281	0.690392	0.463157	0	1
Lnrd	281	11.11098	7.603158	0	19.80697
dumrdsub	281	0.854093	0.353643	0	1
Lnrdsub	281	12.34488	5.325449	0	20.34826
finalcontrol	281	0.551601	0.498218	0	1
Lntasset	281	21.48091	2.045004	8.73E-05	24.77181
manager	281	3.938593	9.60411	0	57.0412
cashflow	281	2.57E+10	3.78E+11	-0.38753	6.27E+12
leverage	281	43.31594	23.85834	-97	98.06
cfstock	281	2.36E+10	2.95E+11	0	4.45E+12
Lnintangible	281	17.40793	3.353139	.0000873	21.25571

对第一个模型使用 Probit 估计，回归结果如表 4-1-3 所示，表中的第 2 列是没有加入控制变量的回归结果，第 3 列是加入控制变量后的回归结果。从第 2 列可知，企业获得研发补贴与企业进行研发投资在 1% 的显著性水平下正相关，即使在控制了企业规模、高管持股、企业现金流、企业财务杠杆等因素后，在 5% 的显著性水平下仍然正相关，企业获得研发补贴对企业参与研发投资的概率有正向影响。考虑到政府补贴政策实施可能存在样本选择的问题，这里采用了 Heckman（1979）的样本选择模型，第一步从政府 R&D 补贴的选择模型中估计出反映样本选择偏差的逆米尔斯比率 IMR（Inverse Mill's Ratio），然后在第二步的回归模型中加入 IMR 来控制样本选择偏差，IMR 的回归系数在 1% 的水平上显著说明样本选择的问题的确产生了影响，从第 4 列的回归结果来看虽然 *dumrdsub* 的回归系数从 0.637 下降为 0.590，但依然在 5% 的水平上显著为正，即使控制了样本选择偏差，政府对研发活动进行补贴仍然能提高企业参与研发投资的平均概率。另外从表 4-1-3 中可以

看出在光伏行业，企业的最终控制人类型、企业的规模以及高管持股的比例对企业进行研发可能性大小的影响并不显著，而企业的杠杆对企业研发的可能性产生了负面的影响，即企业的负债占企业资产的比率越高，企业越倾向于不进行研发活动，这可能是由于企业的负债越多，就越难从外部融资来支持企业的研发活动，所以企业进行研发的可能性也越低。

表4-1-3 政府研发补贴对企业研发决策的影响的估计结果

变量名称	Probit（未加入控制变量）	Porbit（加入控制变量）	Heckman Test
dumrdsub	0.715***	0.637**	0.590**
	(3.01)	(2.52)	(2.16)
finalcontrol	—	0.0165	0.0745
		(0.09)	(0.35)
Lntasset	—	-0.0380	-0.132
		(-0.36)	(-1.08)
manager	—	0.00214	-0.00577
		(0.19)	(-0.44)
cashflow	—	-1.28e-12	-1.65e-12
		(-0.02)	(-0.00)
leverage	—	-0.0144***	-0.0121**
		(-2.85)	(-2.04)
cfstock	—	4.78e-13	3.27e-13
		(0.01)	(0.00)
year2008	0.0501	-0.0426	-0.0515
	(0.19)	(-0.16)	(-0.20)
year2009	0.981***	0.932***	0.881***
	(3.63)	(3.37)	(2.96)
year2010	1.547***	1.507***	1.339***
	(5.44)	(5.09)	(3.46)
year2011	1.405***	1.374***	1.179***
	(5.04)	(4.79)	(3.33)
IMR	—	—	-1.664***
			(-6.46)
_cons	-0.896***	0.689	3.957
	(-3.36)	(0.31)	(1.51)
Log lik.	-134.6	-128.5	-102.4
N	281	281	281

注：*、**、*** 分别代表在10%、5%、1%的置信水平下显著，括号内为t值。

表4-1-4显示的是第二个模型的回归结果，第2列为混合OLS回归结果，第3列为固定效应回归结果，第4列为随机效应回归结果，Hausman检验的P值为

0.0523，在 5% 的显著性水平上不能拒绝固定效应回归结果与随机效应回归结果有系统性的偏差，因此在 5% 的显著性水平下可以认为随机效用模型是恰当的。由于加入年度虚拟变量后与模型中的 *finalcontrol*（企业最终控制人类型）构成了共线性，所以在回归中没有控制时间效应。混合回归时，企业研发支出对政府研发补贴的弹性为 0.361 并且在 1% 的水平上显著为正，考虑到企业的个体效应之后，弹性从 0.361 下降到 0.297 并且在 1% 的水平上依然显著，说明政府对企业的研发补贴从平均意义上看能激励企业进行研发投资，政府的研发补贴提高 1 个百分点，平均而言企业的研发投资提高 0.297 个百分点。但是考虑到 2007—2011 年间，平均的研发补贴占企业平均的研发支出的比率在 18.8% 至 62% 之间，研发补贴是企业研发投资的重要组成部分，政府直接的研发补贴对企业研发投资的激励作用并不是很强。企业的规模（*Lntasset*）对研发支出的影响为正，但是在统计上并不显著，一个可能的解释是目前国内光伏行业真正做研发的企业并不多，国内光伏行业的技术含量并不高，大部分企业都是从国外进口原材料和设备，在国内利用廉价的劳动力进行组装，然后再销往国外市场。无论是小企业还是大企业，都缺乏核心技术，这些技术基本上被美国、欧盟和日本所控制。而在近几年，由于欧盟太阳能光伏市场的扩张，通过加工组装太阳能面板国内企业也能获得相当可观的利润，企业的研发投入的激励更低，因而企业的研发投入跟企业的规模关系不大。从回归的结果来看，政府研发补贴对企业的研发投资的弹性较小，约为 0.3，而从表 4-1-2 中可知企业研发投资对数的平均值比企业所收到的补贴的对数的平均值还要低，说明政府研发补贴的激励作用非常有限，主要的原因可能是采取了事前进行直接补贴的方式，对企业的研发投资产生了挤出效应。较低的研发补贴弹性以及政府总补贴中研发补贴占比较低共同作用的结果是政府对光伏行业研发活动的激励作用很小；另外，在实际的操作当中可能也违反了只对"新的生产活动"(new activities) 提供激励的原则 (Rodric, 2004)，而选择性地补贴那些经营较好或者经营较差的企业，从而使得研发补贴的效果很小。总而言之，光伏行业的研发补贴政策并没有很好地引导光伏企业进行研发投资，行业整体的创新能力不足。

表4-1-4　政府研发补贴对企业研发投入影响的估计结果

变量名称	Pooled OLS	FE	RE
Lnrdsub	0.361***	0.142	0.297***
	(3.49)	(1.22)	(2.91)
Lntasset	0.127	-0.179	0.0158
	(0.38)	(-0.23)	(0.05)
Lncfstock	0.0758	0.348***	0.172
	(0.70)	(2.63)	(1.57)
Lnintangible	-0.114	0.183	-0.0929
	(-0.75)	(0.55)	(-0.54)
leverage	-0.0438	0.0273	-0.0292
	(-1.64)	(0.75)	(-1.08)
manager	0.111*	-0.0668	0.110
	(1.72)	(-0.34)	(1.61)
所有制类型	Yes	Yes	Yes
个体效应	No	Yes	Yes
常数项	6.766	3.308	7.102
	(0.93)	(0.20)	(0.97)
豪斯曼 P 值		0.0523	
R^2	0.100	0.091	0.094
N	214	214	214

注：*、**、*** 分别代表在 10%、5%、1% 的置信水平下显著，括号内为 t 值。

五、结论与建议

考虑到政府的研发补贴具有激励效应和挤出效应，政府研发补贴对企业研发投资的影响是不确定的，我们收集了在沪深两市上市的国内光伏行业上市公司2007—2011 年的微观数据，通过实证分析发现，政府对光伏企业的研发活动进行补贴可以提高整个光伏行业企业参与研发投资的平均概率，政府对光伏行业企业研发活动的补贴平均来看能激励企业进行研发投资，即光伏行业政府的研发补贴对光伏企业的研发投资总体上具有激励作用而非替代作用，但这种激励作用非常有限，从数值上来看，企业研发投资对政府研发补贴的弹性为 0.297，即政府的研发补贴上升 1 个百分点，平均而言企业的研发支出将会增加 0.297 个百分点，较低的政府研发补贴占比和较低的研发补贴弹性共同作用的结果是企业的研发投入水平较低。

如何有效地利用政府补贴从而提高企业的技术水平可以从以下两个方面来考虑：一是提高研发补贴在总补贴中的比重，在总补贴金额不变的情况下，提高研发补贴的比重可以将更多的资金用来支持企业的研发活动；二是改变政府进行补贴的方式，从政府补贴的形式来看，大多是采用事前直接补贴的形式，缺乏事后的监管，导致了研发补贴的效率不高，因此，应该加强研发补贴的事后监管，并且应逐渐改变以直接补贴为主的补贴形式，更多地转向使用税收等间接补贴的方式，提高政府研发补贴的使用效率，从而更好地提高光伏行业的研发水平，降低光伏发电的单位成本，推动太阳能的开发和利用。

第二章

知识产权保护与创新能力建设：
制度建设的重要性

如何真正加快中国工业技术进步，促进创新能力提升迫在眉睫，而政府在公共政策上有制度保障和资金支持两种选择。我们在对知识产权保护水平进行综合测算的基础上发现，在制度建设层面，中国的知识产权保护立法已经达到发达国家水平，而执法水平远远不足，整体而言自2001年以来整体知识产权保护水平在不断提高。我们选取行业层面的数据，对知识产权保护、R&D补贴在推动中国工业行业技术创新中的作用进行了面板分析，结果表明：由于立法的铺垫和执法的缓慢提升，使得知识产权保护强度得到提高，这种制度安排对技术创新产生了积极的、显著的正向促进作用；相反，R&D补贴对技术创新的效应并不明显。这意味着政府的短期资金投入和激励并没有达到预期目标，相反，以知识产权保护为形式的制度安排才在真正意义上促进了创新能力的有限提高。因而在公共政策上，需要回归到制度建设层面，加强知识产权的执法力度，提高创新主体长远利益，并对现有短期的、直接的R&D补贴政策进行调整。

一、研究背景

如何加快提升创新能力一直是各界关注的重大议题。企业创新动力和活力不足、技术创新的主体作用没有得到充分发挥是自主创新能力建设中存在的突出问题。事实上，如何推动创新能力的提升历来都是难题。在企业、政府和市场组成的创新体系中，企业理应是技术创新活动的主体，然而，由于企业的创新产出具有非竞争性和部分非排他性特征，使得市场机制不能为企业主动创新提供充分的激励，导致企业的研发投入明显不足，即产生"市场失灵"，所以政府要采取恰当的干预措施，引导和激发企业技术创新。

我们重点关注政府在中国工业创新能力建设中的角色定位和政策选择问题。政府通常采用两类公共政策激励企业研发创新：一是构建和完善制度性基础设施，创造有效率的市场环境，促进市场机制良好运行，进而推动和促进研发资本投资和技术创新，如知识产权保护制度、产权交易市场、规范的法治环境等；二是发挥公共财政职能，用经济手段促使企业 R&D 活动的投资规模接近于理想水平，其中 R&D 补贴和税收优惠等较为有效[1]。政府采取的措施不同，其担当的角色不同，对企业创新活动产生的效果也会不同。

发展中国家通常会以实现知识更快扩散等理由实施较为弹性的知识产权保护政策，且更多地偏好直接的 R&D 补贴政策作为关键的政策手段，以期迅速带动企业的资本投入，并期望企业加大研发投入，提高整体创新水平[2]。这种思路一度主导了政策的制定。然而，创新能力提升缓慢的现状使得我们需要对这种决策思路进行审视和并进行更严格的论证。因此，需要实证分析中国的知识产权保护制度在实际创新能力提升中的作用；对于 R&D 补贴政策，我们更加需要谨慎地加以研究，检验这种直接的补贴是否确实产生了实质性的促进作用。因而对于政府而言，在提升中国工业技术创新能力的公共政策选择上，究竟是完善和实施知识产权保护为主的制度性保障，还是继续采用 R&D 补贴为主要形式的直接的经济干预，需要以深入、细致的研究为基础和决策依据。

理论上，发展中国家确实可以同时通过完善知识产权保护制度和实施 R&D 补贴来激励企业自主创新，然而，实际操作过程中，知识产权保护与技术创新之间的两难困境以及政府实施 R&D 补贴过程中面临的可能的低效率使政府的选择空间受

---

1 政府激励企业技术创新的经济手段主要是 R&D 补贴和税收优惠。税收优惠的影响比较确定，其一般会通过降低企业 R&D 投入的边际成本来带动企业自有 R&D 投入增加，实际中，税收优惠的具体金额一般很难计算清楚，与大多数研究相同，本书主要研究政府 R&D 补贴对企业技术创新的影响。
2 相比于知识产权保护，政府实施 R&D 补贴时行业针对性强、反应迅速快捷、市场体系完善、使用得当时对目标企业和目标行业能够起到立竿见影的政策效果。

限。首先，知识产权保护程度的选择与技术创新之间存在两难权衡。一方面，自主技术创新通常需要大量研发投入，技术模仿和模仿创新的成本则要低得多，因此，选择实施相对宽松的知识产权保护水平有利于发展中国家模仿和学习国外先进技术，促进技术快速扩散，这对初始相对落后的发展中国家实现经济增长是非常有利的。另一方面，知识产权保护水平的不足无法充分保障技术创新企业的创新收益，会降低本土企业自主创新激励，打击企业研发创新的积极性和主动性，使得本土企业在技术进步过程中自愿选择充当跟随者，难以实现技术的赶超和真正成为技术创新的主体。其次，R&D 补贴体现政府的意愿与偏好，政府通常会直接选择或限定研发项目的特征，一般是产业共性技术、技术基础、技术标准等技术基础设施的研发，归属于竞争前技术；而企业倾向于选择符合市场需求和自身经营模式的研发项目，两者在创新目标之间的不一致不利于突出企业技术创新主体作用的发挥，导致 R&D 补贴的低效率；最后，由于发展中国家在政府治理机制等方面还不完善，政府 R&D 补贴实施中的寻租行为还具有广泛的市场，也会导致社会资源的低效配置，加大创新成本，阻碍技术创新。

实践中，中国在知识产权保护程度的选择和 R&D 补贴实施中确实面临着此类困境。至今，我国用近 30 年时间完成了发达国家 200 多年的知识产权立法进程，建立起了与国际全面接轨的知识产权保护立法体系，同时，政府也通过星火计划、火炬计划等各类科技计划增加对企业的 R&D 补贴。然而，技术创新水平相对低下、自主创新能力不足等突出问题仍未得到根本解决，企业自主创新的主体地位并没有真正形成。

因而结合理论与实践层面的困境，我们着重回答以下两个问题：与国际接轨的知识产权保护立法体系有没有从根本上推动我国的技术创新能力的提升？R&D 补贴是促进还是阻碍了企业的技术创新？

二、研究综述

国内外有关自主创新能力的研究大多集中在企业和市场影响层面，涉及企业研发的物质资本和人力资本投入、企业规模、公司治理、市场竞争程度、FDI 溢出效应等众多影响因素，其中专门就政府的角色定位和政策选择的研究相对较少。我们仅就知识产权保护和R&D补贴等由政府主导的政策对技术创新影响的主要文献进行梳理。

(一) 知识产权保护与最优创新政策：理论和经验结论

知识产权保护的理论研究表明，知识产权保护是一项激励技术创新的有效制度安排。Arrow（1962）的研究表明，由于实施创新的企业无法完全拥有研发的专有收益，会导致社会福利最大化的研发投资不足，因而政府应进行干预，而专利保护是解决该问题的途径之一。Nordhaus（1969）分析了专利制度给企业和社会带来的成本和收益，认为加强知识产权保护会导致更多的R&D投入和促进企业技术创新，但会产生较长时期的垄断和低效率。Helpman（1993）通过南北框架理论建立模型，证明严格的知识保护在强化产权所有者的垄断权力的同时削弱了研发的利润激励，北方以牺牲南方产业发展为代价巩固自身在全球市场的份额，最终导致全球技术进步速度缓慢。Chen&Puttitanun（2005）通过建立最优知识产权保护水平模型，证明发展中国家需要实施知识产权保护，且创新水平会随着知识产权保护程度的加强而提高。Branstetter et al.（2011）的研究表明发展中国家加强知识产权保护能够促进发达国家的生产线向发展中国家转移，促进发展中国家的产业发展。Chu et al.（2012）的研究构建了包含R&D部门、中间产品生产部门、最终产品生产部门的三部门模型，发现知识产权保护会激励更多的R&D活动，促进技术进步，进而减少经济增长的波动性。Gangopadhyay & Mondal（2012）通过构建内生增长模型，发现加强知识产权保护并不一定会促进技术创新和经济增长，这主要是因为加强知识产权保护一方面会增加企业从创新获取的垄断利润，另方面会增加企业后续技术创新的难度。郭春野和庄子银（2012）证明严格的知识产权保护对南方自主创新的激励效应以及南北双方的总体效应依赖于南方的初始技能劳动水平和北方创新性质导致的市场结构特征。

经验研究中，发展中国家知识产权保护对技术创新的激励效应研究的结论却并不统一。在使用跨国数据的研究中，Sherwood（1997）使用18个发展中国家的数据进行实证分析，表明较弱的知识产权保护会阻碍本地的创新水平。Allred & Park（2007）使用1965—2000年间100个国家的数据进行研究，发现发达国家的技术创新与知识产权保护水平之间呈U形关系，而发展中国家则表现出负影响。王林和顾江（2009）使用 1970—2000 年 85 个发展中国家（地区）的面板数据进行分析，发现知识产权保护的增长效应取决于一国技术水平与世界技术前沿之间的差距，即当一国技术水平接近技术前沿时，严格的知识产权保护有利于经济增长，反之则阻碍经济增长。以中国为样本的相关研究中，陈国宏和郭羿（2008）发现知识产权保护水平的改善对我国自主创新能力的提高没有明显作用。Coe et al.（2009）利用 1971—2004 年 24 个 OECD 成员国数据，发现知识产权保护力度会影响全要素生产率，且知识产权保护与国内 R&D 技术知识存量及吸收国外的 R&D 技术知识存量间存在正向交互作用。Lin et al.（2010）基于世界银行与中国企业调研机构在 2003 年进行的商业环境与企业绩效调查数据进行分析，发现无论是过程创新还是产品创新，知识产权保护都能够对企业研发创新活动产生显著促进作用。董雪兵等（2012）发现，对处于转型期的中国而言，短期内较弱的知识产权保护程度有利于经济增长，而较强的知识产权保护程度则有碍于经济增长；在长期均衡的状态下，较强的知识产权保护可以促进经济增长。文豪等（2014）使用中国 2006—2011 年 27 个行业的面板数据，基于行业技术特征和市场特征的角度，实证检验了知识产权创新激励效应的行业异质性特征，发现知识产权保护对技术创新的影响依赖于技术差距和复杂程度以及需求规模和市场结构等因素。

（二）R&D 补贴与技术创新：内在机理及经验证据

关于政府 R&D 补贴的研究主要集中在 R&D 补贴促进创新的机理及其实证检验方面。Romer（1990）指出技术是知识生产中的成果体现，具有非竞争性和部分非排他性，因此对创新活动进行补贴是必要的。实证分析中，考虑到 R&D 投入的增加是技术创新产出增加的基础，因而研究者重点关注政府 R&D 补贴对企业自主 R&D 投入的影响，即政府 R&D 补贴对企业 R&D 投入产生了激励效应还是替代效应（Lichtenberg，1988；David et al.，2000）[1]。Murphy et al.（1993）的研究显示，寻租导致政府 R&D 补贴对研发等创新性的实体经济活动产生了替代效应。朱平芳和徐伟民（2003）指出，无论是政府的直接拨款资助，还是间接的税收优

---

[1] 其逻辑在于，激励效应通常指政府的 R&D 补贴带动了企业自主 R&D 投入的额外增加，因而有利于技术创新，而替代效应意味着政府的 R&D 补贴只是取代了企业在即使没有政府 R&D 补贴情况下也会进行的 R&D 投入，此时 R&D 补贴实际上对技术创新没有起到额外的产出效果。

惠，都对大中型工业企业增加 R&D 投入具有积极效果。Grog & Strobl（2007）使用爱尔兰的数据研究发现，政府 R&D 补贴在一定程度上挤出了企业的 R&D 投资，降低了行业整体的研究投入水平。Tommy（2009）论证政府补贴对企业的研发投入存在部分的替代效应。刘虹等（2012）研究发现政府 R&D 补贴对企业 R&D 投入产生的激励效应和替代效应呈倒 U 形分布。李永等（2014）发现政府 R&D 补贴对 R&D 投入的激励效应受资助行业的平均企业规模、研发强度等因素的影响。

政府 R&D 补贴的根本目的不在于刺激企业自主 R&D 投入增加，更为重要的是促进企业自主创新能力的提升。安同良等（2009）通过建立企业与 R&D 补贴政策制定者之间的动态不对称信息博弈模型，证明政府直接对企业进行 R&D 补贴，往往由于信息不对称和企业的逆向选择行为，达不到预想的激励效果。白俊红等（2009）基于区域创新系统角度得到结论，政府资助对创新效率的提高不仅没有促进作用反而有显著的负面影响。Nola（2010）认为政府资助对企业从事研发活动的比例、产品改进式创新活动和新产品开发式创新活动都有积极影响。王俊（2010）使用我国工业行业大中型企业面板数据进行实证检验，发现 R&D 补贴对企业 R&D 投入存在激励效应，但 R&D 补贴对企业自主创新的正面影响却不确定。郭晓丹等（2011）的实证研究发现，政府 R&D 补贴没有直接带来研发投入的增加，但是企业在政府补贴影响下却获得了更多的专利。白俊红（2011）采用 1998—2007 年中国大中型工业企业分行业数据，应用静态和动态面板数据模型发现，中国政府的 R&D 补贴显著地促进了企业的技术创新。王一卉（2013）认为政府补贴对企业创新的效应受企业所有制、企业经验和地区等三方面的影响。

（三）研究现状分析

现有研究有助于认识知识产权保护对技术创新的影响，然而由于知识产权保护水平测度及创新产出衡量指标等方面存在的局限性，并没有真实反映企业自主创新中知识产权保护的作用。从知识产权保护水平的测度来看，一些研究沿用 GP 指数进行估算，仅测度了知识产权保护的立法水平，忽视了发展中国家在知识产权保护方面，执法与司法滞后于立法的现实特征，导致测算的知识产权保护水平与实际偏离，对实证研究的结果造成影响。就创新产出的衡量指标来看，专利数据是衡量技术创新的通用指标，但多数研究忽视了专利申请量数据的非负性、离散性、随机性特征，在实证分析中采用普通面板数据回归模型等方法，导致实证结果的可信度不高。

现有研究还存在一个重大不足，就是在中国工业自主创新能力建设中忽略了政府的作用。经济学家早已意识到知识生产和创新成果的外部性特征会导致企业创新动力不足，企业研发投入达不到社会最优水平，因而需要政府在知识产权保护等制度性基础设施建设和R&D补贴等经济手段方面发挥作用。部分研究注意到了知识产权保护或政府R&D补贴对技术创新的影响，但没有在一个统一的框架下联系知识产权保护和政府R&D补贴实证分析政府在工业自主创新能力建设中的角色定位和政策选择。

针对现有研究的不足，我们拟在对中国知识产权保护水平进行综合测算的基础上，使用中国1997—2011年33个工业行业的面板数据，应用面板计数模型对知识产权保护、政府R&D补贴与中国工业行业技术创新之间的关系进行实证分析，从而为政府处理与企业关系和明晰政府在工业自主创新能力建设中的角色定位提供事实和决策依据。

三、知识产权保护水平指数的构建及演变：立法与执法的差异

对知识产权保护水平进行合理、准确的测算是实证分析知识产权保护与技术创新之间关系的基础，然而，由于知识产权保护是一个与立法、司法和执法等因素紧密相关的复杂问题，导致实际应用中对知识产权保护水平进行测度相对比较困难。

国内外多数关于知识产权保护的研究都局限于理论分析，对其进行定量测算的研究相对较少。Rapp & Rozek（1990）较早对知识产权保护水平进行量化分析，他们把知识产权保护水平划分为5个不同的等级，分别用0—5之间的整数来定量表示。Rapp-Rozek方法简单方便，但该方法计算出来的知识产权保护指数（RR指数）仅仅评价了一个国家是否制定了知识产权保护的法律，而没有考虑法律条款实施的实际效果。Ginarte & Park（1997）在Rapp-Rozek方法基础上把衡量知识产权保护水平的指标划分为5个类别，得分的累加和即为量化的知识产权保护水平（GP指数），但该方法只考虑了立法水平，而没有考虑执法水平，虽然可以较好地反映

司法制度比较健全的发达国家的知识产权保护水平，但对像中国这样立法和执法、司法尚不完全同步的发展中国家并不适用，正如韩玉雄和李怀祖（2005）所指出的，与实际知识产权保护水平相比较，使用 GP 指数计算得出的中国知识产权保护水平明显偏高。

知识产权保护的法律条款再完备，若不能得到有效执行，实际的保护效果就会大打折扣。当前，中国的知识产权保护在立法上基本与国际标准接轨，但由于中国的法律体系本身还不完善，立法与司法之间还没有完全实现同步发展，再加上人们对知识产权保护的意识不可能马上得到强化，因而实际的知识产权保护水平相对不高。要正确度量中国当前的知识产权保护水平，就必须对 Ginarte-Park 方法进行修正。考虑到知识产权保护水平应是知识产权保护立法水平和执法水平的综合，韩玉雄和李怀祖（2005）、许春明和陈敏（2008）在 GP 指数基础上，综合考虑我国执法水平的影响，构建如下公式对我国的知识产权保护水平进行测算：

$$P(t) = L(t) * E(t) \tag{1}$$

（1）式中表示一国在时间 t 时的知识产权保护水平，$L(t)$、$E(t)$ 分别表示该国在时间 t 时的知识产权立法水平和执法水平。笔者采用许春明和陈敏（2008）的方法对中国知识产权保护执法水平进行了测算，但与他们仅从专利法、版权法、商标法对知识产权立法水平进行测算不同，考虑到商业秘密也是知识产权保护的重要方面，我们将商业秘密保护也包含到立法水平评价指标体系中，并采用许春明和陈敏（2008）的方法进行测算，从而得到扩展的知识产权保护水平衡量指标体系，如图 4-2-1 所示。

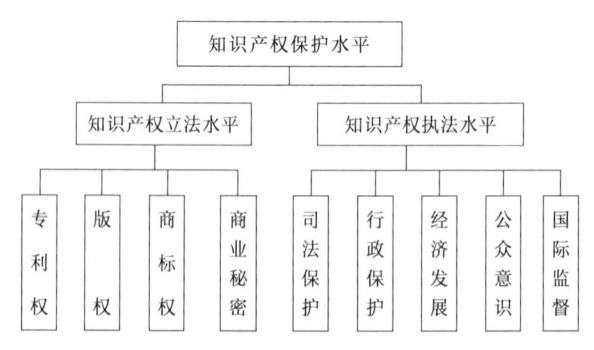

图4-2-1 知识产权保护水平指标体系

其中，商业秘密指标体系包括四个指标，每个指标满分1分，下设n个二级指标，满足其中1个二级指标则获得$1/n$分，总分分数范围在0—4分，分数越高表明一国商业秘密权保护越强。第一个指标是保护范围。测度以下三个方面的内容是否受到商标权的保护：技术信息、经营信息、管理信息。每一项受保护得1/3分，全部满足得1分。第二个指标是主体。包括3个方面：经营者、自然人和其他经济组织。每一项受保护得1/3分，全部满足得1分。第三个指标是法律救济。包括6个方面：禁令救济制度、证据或财产保全制度、损害赔偿救济制度、贸易报复措施、举证责任倒置制度以及行政民事和刑事救济制度。每一项受保护得1/6分，全部满足得1分。第四个指标是国际条约成员资格。包括4项条约：1883年巴黎公约、1891年马德里协定、1967年建立的世界知识产权组织公约及1995年TRIPS协议。每加入1项得1/4分，全部加入得1分。由此，得到中国1997—2011年的知识产权保护水平指数作为下文实证分析的基础，如表4-2-1所示[1]；进一步，本书将立法指数、执法指数与知识产权保护水平指数描绘在图4-2-2中，为对照起见，图4-2-2给出了1997—2011年各行业平均专利申请数。

表4-2-1　1997—2011年中国知识产权保护水平指数

时间	立法指数					执法指数						知识产权保护水平指数(ipr)
	专利权	版权	商标权	商业秘密	均值	司法保护	行政保护	经济发展	公众意识	国际监督	均值	
1997	3.13	1.57	1.98	2.30	2.25	0.16	0.44	0.39	0.60	0.87	0.49	1.11
1998	3.13	1.57	1.98	2.33	2.25	0.16	0.45	0.41	0.65	0.87	0.51	1.15
1999	3.27	1.58	1.98	2.33	2.29	0.18	0.46	0.43	0.70	0.88	0.53	1.21
2000	3.61	1.58	1.98	2.33	2.37	0.19	0.47	0.48	0.75	0.89	0.55	1.31
2001	3.75	1.58	1.98	2.33	2.41	0.19	0.48	0.52	0.80	0.91	0.58	1.40
2002	3.75	2.58	2.13	2.67	2.78	0.21	0.49	0.57	0.85	0.93	0.61	1.70
2003	3.75	2.74	2.13	2.67	2.82	0.22	0.50	0.64	0.90	0.94	0.64	1.80
2004	3.75	2.74	2.13	2.67	2.82	0.24	0.51	0.75	0.95	0.94	0.67	1.90
2005	3.75	2.74	2.13	2.67	2.82	0.25	0.52	0.87	1.00	0.94	0.71	2.01
2006	3.75	2.74	2.13	2.67	2.82	0.22	0.53	1.00	1.00	0.96	0.75	2.11
2007	3.75	2.74	2.13	2.67	2.82	0.24	0.54	1.00	1.00	0.96	0.75	2.12
2008	3.75	2.74	2.13	2.67	2.82	0.26	0.55	1.00	1.00	0.97	0.76	2.14
2009	3.75	2.74	2.13	2.67	2.82	0.29	0.56	1.00	1.00	0.98	0.77	2.17
2010	3.75	2.74	2.13	2.67	2.82	0.32	0.57	1.00	1.00	1.00	0.78	2.19
2011	3.75	2.74	2.13	2.67	2.82	0.29	0.58	1.00	1.00	1.00	0.78	2.20

1　构成立法指数和执法指数各指标具体数值的计算方法可参见韩玉雄和李怀祖（2005）与许春明和陈敏（2008）；商业秘密指标数据及2003—2011年立法指数的其他指标数据由作者根据历年《中国知识产权年鉴》相关条款统计计算，各指标以每年的12月31日作为评分基准日。执法指数各构成指标计算使用的原始数据根据国家统计局网站公布数据及历年《中国统计年鉴》有关数据计算获得。

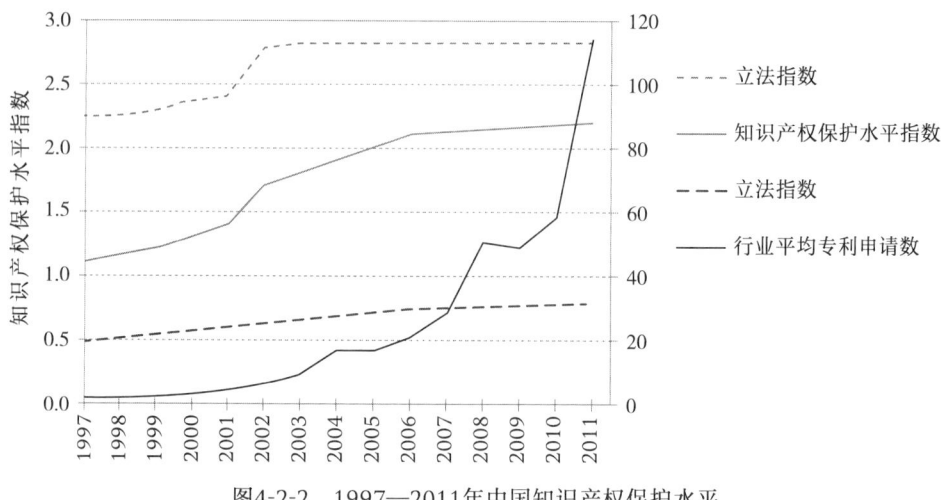

图4-2-2 1997—2011年中国知识产权保护水平

结合表4-2-1与图4-2-2可知，1997—2011年，中国的知识产权保护水平稳步上升，但具有明显的阶段性特征。1997年中国的知识产权保护水平为1.11，而2011年该值为2.20，提升幅度较为明显。从具体阶段来看，2000年之前，知识产权保护水平呈缓慢上升，而2000—2006年期间，知识产权保护水平快速攀升，随后知识产权保护水平上升速度再度降低。主要原因在于2001年前后正是中国加入WTO的关键时期，政府对专利法、商标法、著作权法等涉及知识产权保护的相关法律条款进行了清理和大范围的修订，使得知识产权立法水平大幅提高，基本达到发达国家知识产权立法保护的程度，因而计算的中国知识产权保护水平大幅提高，这与图4-2-2中立法指数在2001年前后的大幅变化是相吻合的。2002年之后，图4-2-2中的立法指数保持水平，其值恒为2.82，而执法水平值由2002年的0.61提高到2011年的0.78，得到了一定程度的改善和提高，可见2002年之后知识产权保护水平变化的主要原因在于执法水平的提高。

进一步，从知识产权保护水平与各行业平均专利申请数的变化来看，2002年之前，无论是立法指数还是执法指数，都呈上升态势，而各行业的专利申请数也同步缓慢增加。2002年之后，知识产权保护的立法已基本完成，立法指数保持在2.82。与此形成鲜明对照的是，伴随立法指数的稳定和执法指数的稳步上升，2003—2011年间各行业的专利申请数开始加速，可见，若仅以立法指数来衡量知识产权保护水平，是无法对该时期各行业专利申请数的急剧增加进行合理解释的。

比较而言，我国知识产权保护立法水平在 2002 年前后已完全达到甚至超过发达国家的立法保护水平，这与我国知识产权保护立法的情况相符，但这并不意味着我国已具有较高的知识产权保护水平。实际上，由于知识产权保护不仅取决于立法，更依赖于法律的有效执行，而我国目前的知识产权保护执法水平相对不高，尤其是在司法保护和行政保护方面更是存在不少问题，这使得名义上计算的知识产权保护水平打了折扣。这既意味着当前的知识产权保护在激励企业主动创新、推进技术进步方面还存在不少空间，又提示我们在进行知识产权保护相关议题的实证分析时，需在综合考虑对立法水平和执法水平以及对知识产权保护水平指数进行合理测算的基础上展开才是比较合理的。

四、变量、数据来源与描述性统计

本节使用专利申请量（P_{it}）作为创新产出的衡量指标。解释变量知识产权保护水平（ipr）来自表 4-2-1 中最后一列，设定各工业行业在知识产权保护水平和程度上不存在行业间的差异，因而各工业行业在某一年份的知识产权保护水平相同。根据基于内生增长理论的知识生产函数，选取的其他解释变量情况如下：

（一）**研发资本存量**（lnk）

自主创新产出是以往所有知识累积的结果，与 Hausman et al.（1984）、吴延兵（2008）等所采用的方式相一致，考虑到创新产出不仅依赖于当期的创新投入，还取决于过去时期中的创新投入，这使得研发资本投入应是当前的研发资本存量，而不仅仅取决于当期的研发支出，因而我们将研发资本存量（lnk）作为主要自变量之一。此外，使用研发资本存量还有另外一个优点，即其较大程度上可避免知识产权保护与研发投入之间存在的共线性而造成的参数估计偏误。实证分析中，与多数研究相同，采用永续盘存法对研发资本存量进行核算。

（二）**研发人员投入**（lnl）

用以描述研发中的劳动力投入对技术创新的影响，出于数据可得性及统计口径方面的考虑，以各工业行业科技活动人员数作为研发人员投入的衡量指标。

(三) 政府 R&D 补贴 ($ln\,sub$)

与现有研究一致,使用我国各行业大中型工业企业科技经费筹集额中来自政府的资金表示,并根据吴延兵(2006)使用的方法计算的 R&D 价格指数将其平减成 1997 年的不变价。

(四) 国有化程度 (soe)

明晰的产权制度是激励创新和提高效率的重要因素,中国是一个多种经济成分并存的国家,产权结构是分析中外企业技术创新时需要重点关注的控制变量。与非国有企业相比,国有企业更易获得政府的 R&D 补贴。采用国有及国有控股企业工业总产值占工业总产值的比重作为产权结构变化的衡量指标。

(五) 外资开放度 (fdi)

吸引外国直接投资(FDI)是中国对外开放政策的一个重要组成部分,发展中国家都期望能够通过利用 FDI 的技术外溢效应,模仿、学习和吸收跨国公司的先进技术,进而改进和提高自己的技术创新能力,从而加速本国经济的发展。FDI 在中国经济增长中所发挥的巨大促进作用已得到普遍认同,然而 FDI 在促进经济增长的同时,是否也同步促进了我国技术创新能力的提高,或是我们仅吸引了大量的 FDI,成为跨国公司全球产业链中的加工和制造基地,而没有对我国的技术创新能力带来实质性的提升,这是政策制定中需关注的重要问题之一。在此,定义外资开放度为各工业行业三资企业总产值占工业总产值的比重,用以检验外资进入为发展中国家引进和吸收国外先进技术提供便利的同时,加剧市场竞争、促进技术创新的效果。

(六) 企业规模 ($size1$ 或 $size2$)

用以刻画技术创新是否存在规模效应,采用两个指标来进行衡量和稳健性检验,$size1$ 为各工业行业企业的平均人数,定义为大中型工业企业人数与大中型工业企业数量之比;$size2$ 定义为企业的平均产品实际销售收入,采用工业品产出价格指数平减为 1997 年的不变价。

(七) 技术机会 ($rdint$ 或 $teint$)

所有的创新都是在原有创新成果的基础上展开的,因而技术机会是创新决定因素中常常考虑的因素,$rdint$ 定义为各行业单位实际销售收入的研发支出,$teint$ 定义为各行业单位企业的研发人数。

上述变量的数据若无特别说明，均根据历年的《中国科技统计年鉴》和《中国统计年鉴》计算所得。参照吴延兵（2006 的计算方法），我们剔除了电力蒸汽热水生产供应业、煤气生产供应业、自来水生产供应业三个政府垄断性行业；此外，由于统计年鉴中其他采选业和其他制造业缺失较多数据，武器弹药制造业缺失部分指标，因而最后每年选择 33 个工业行业。考虑各变量数据的延续性与统一性，选取的样本时期为 1997—2011 年，少量指标的缺失值通过移动平均法补齐。最终得到 33 个工业行业 15 年共 495 个样本数据。样本数据的描述性统计见表 4-2-2。

表4-2-2 描述性统计

变量	样本数	均值	标准差	最小值	最大值
p	495	2553.420	6784	0	71890
lnk	495	3.884	1.594	0.328	7.396
lnl	495	10.010	1.369	6.832	12.838
ipr	495	1.770	0.397	1.106	2.200
lnsub	495	8.567	1.942	1.842	13.213
soe	495	0.300	0.264	0.003	0.998
fdi	495	0.271	0.183	0.001	0.860
size1	495	1.926	4.317	0.155	51.766
size2	495	7.139	14.793	0.407	148.966
rdint	495	0.967	0.600	0.039	2.910
teint	495	3.870	2.493	0.405	11.993

五、计量方法：面板计数模型及其预估

近年来，越来越多的研究使用面板计数模型对技术创新的决定因素进行实证分析。下面首先说明创新产出的衡量指标及采用面板计数模型进行分析的原因，然后介绍面板计数模型估计时面临的问题及其处理方法。

（一）**创新产出的衡量与面板计数模型的应用**

在创新产出的衡量上，学者们通常认为，专利与技术创新和技术进步有着很大的关联性。相比新产品销售收入、新产品开发项目数等指标，专利数据是衡量技术创新产出的有效指标（Hall et al.,1986），因而自 20 世纪 70 年代以来，专利数据指标被广泛应用于衡量创新产出水平。常用的专利数据有专利申请量和专利授权量两种,进一步的研究表明,专利申请量比专利授权量更能真实地反映创新水平(Griliches,1990;Knut,1999;周煊等,2012),因而本节选用专利申请量作为创新产出的衡量指标,这也是当前国内外大多数研究所采用的通用的创新产出衡量指标。

尽管对专利申请量与其影响因素之间关系的分析本身具有重要意义,现有文献中多数研究实际更关注于面板数据分析的方法问题。与国内多数研究将专利申请量与其影响因素进行一般形式的回归分析不同,考虑到专利申请量数据具有非负性、离散性和随机性特征,使得通常所使用的一般线性回归模型得出的结果并不准确,因而研究者普遍认为采用面板计数模型进行实证分析更为合理。如同 Hausman et al.(1984)所强调的:由于专利生产并不是产出与投入一一对应的确定性的生产过程,其具备一定的运气和偶然性成分,因而用描述某一时期内随机事件发生次数的泊松分布更适用于估计专利生产函数。设定泊松分布的概率分布函数式为:

$$pr(p_{it}) = f(p_{it}) = \frac{e^{-\lambda_{it}} \lambda_{it}^{p_{it}}}{p_{it}!} \qquad (2)$$

(2)式中,p_{it} 为行业 i 在年份 t 的专利申请量,服从参数为 λ_{it} 的泊松分布[1],λ_{it} 与决定专利产出的解释变量 X_{it} 间存在函数关系:

$$\lambda_{it} = \exp(X_{it}, \beta) \qquad (3)$$

进一步,(3)式的通常形式可设定为 $\log \lambda = X_{it} \beta$,$\beta$ 为待估参数。由此可得到 N 个工业行业在时期 T 内样本函数的对数似然函数:

$$L(\beta) = \sum_{i=1}^{N} \sum_{t=1}^{T} [p_{it}! - e^{X_{it}\beta} + p_{it} X_{it} \beta_{it}] \qquad (4)$$

(4)式中,解释变量 X_{it} 通常包含研发资本投入、研发人员投入、企业规模、市场结构、技术机会、知识产权保护水平等影响因素。

泊松分布中,因变量专利申请量 p_{it} 的条件期望和条件方差设定式为:

---

[1] 专利申请量可看作大量的、具有小成功概率的 R&D 项目的产出,不管是在企业层面还是在行业层面加总的专利申请量数据,其服从泊松分布的假设都是成立的,因而,本文所使用的工业行业层面加总的数据,同样可以被视为一般的计数数据。

$$E(p_{it} \mid X_{it}, \beta) = V(p_{it} \mid X_{it} \beta) = \lambda_{it} \quad (5)$$

由于各工业行业存在影响技术创新水平却很难被具体量化的因素，因而，可在模型中引入行业虚拟变量 ε_i 对不随时间变化的行业非观测效应进行控制，（3）式可扩展为：

$$\tilde{\lambda}_{it} = \exp(X_{it}\beta + \varepsilon_i) \quad (6)$$

（二）面板计数模型估计时的过度分散问题及其处理

对上述服从泊松分布的面板计数模型进行估计时，常常会遇到两个问题。一是零值因变量问题。即当专利申请量是企业层面的微观数据时，由于部分企业没有从事研发或进行专利申请，会遇到取值为 0 的因变量太多的问题。通常采用的处理方法是在模型设定形式上采用固定效应的负二项式（negative binomial）模型或零膨胀（zero-inflated）负二项式模型。我们采用的是工业行业层面的企业加总数据，零值因变量非常少，因而我们无须对该问题过于关注[1]。二是过度分散（overdispersion）问题（Cincer，1997；Hausman et al.，1984）。表现为（5）式所要求的条件均值等于条件方差的约束通常很难成立，即样本数据中专利申请量的条件方差会远大于条件期望，会导致标准误差的估计值严重低于实际值从而夸大参数估计值的显著性，这是实证分析中需要重点关注和解决的问题[2]。

处理过度分散问题通常有两种方法：其一是保持（5）式中条件均值不变，而将条件方差设定为与条件均值不同，通常设定条件方差式为：

$$V(p_{it} \mid X_{it}, \beta) = e^{X'_{it}\beta} + \alpha e^{2X'_{it}\beta} \quad (7)$$

可对（7）式中的 α 进行检验：当 $\alpha \neq 0$ 时，表明存在过度分散问题，因而使用普通泊松分布进行估计是不大合适的；当 $\alpha = 0$ 时，原有泊松分布成为负二项式分布的特例（Cameron&Trivedi，1998），可采用负二项式模型进行估计。

其二是使用泊松拟似然（Poisson Quasi Maximum Likelihood，PQML）估计量。Wooldridge（2002）证明：只要条件均值设定是正确的，在无须对条件方差设定形式施加任何约束的情况下得到的 PQML 估计量是渐近一致估计量。若条件方差

---

1 本文使用的 33 个工业行业 1997—2011 年间专利申请量的 495 个样本数据中，累计只出现 5 个零值因变量，约占总数的 1%。
2 由表 4-2-2 中各变量的描述性统计可知，专利申请量变量的方差与均值比值为 18024，数据中存在非常严重的过度分散问题。

遵从（7）式的负二项式分布设定，此时得到的负二项式参数估计值比 PQML 估计量更有效，否则，PQML 估计量的一致性更好。由于（7）式的条件方差设定通常难以满足，因而与多数研究一致，本节倾向于采用 PQML 估计量进行实证分析。

六、知识产权保护和政府 R&D 补贴促进了技术创新吗：工业行业的经验证据

基于上文分析，我们用包含行业固定效应的面板计数模型进行估计，在模型估计时还包含年份虚拟变量，用以体现技术进步随时间演变的趋势特征，主要结果见表 4-2-3。由表 4-2-3 可知：首先，估计结果表明专利申请量数据明显存在过度分散问题。对不同的企业规模和技术机会控制变量，负二项式模型 5—8 中估计参数 α 在 1% 的显著性水平下不为 0，表明普通泊松分布设定的均值与方差相等的条件不成立；此外，采用普通泊松分布面板计数模型进行估计时，实际估计参数的标准误明显偏小，夸大了系数的显著性程度，因而，相比普通泊松分布模型，固定效应负二项式模型更适用于估计样本数据。其次，与负二项式模型在处理过度分散问题时对方差形式施加了较强的假定不同，由于泊松拟似然估计量（PQML）在对方差形式设定无须施加过多的假定时也可得到一致性估计量，因此，我们将主要依据泊松拟似然估计结果即模型 1—4 进行分析[1]。

表4-2-3 技术创新的影响因素

自变量	泊松拟似然估计（PQML）				负二项式模型估计			
	模型1	模型2	模型3	模型4	模型5	模型6	模型7	模型8
lnk	0.450** (2.299)	0.501** (2.325)	0.470** (2.293)	0.509** (2.280)	0.212* (1.817)	0.256** (2.109)	0.146 (1.265)	0.200* (1.674)
lnl	0.232 (1.446)	0.299* (1.881)	0.291* (1.817)	0.333** (2.119)	0.576*** (5.700)	0.670*** (6.437)	0.617*** (6.154)	0.704*** (6.817)
ipr	2.726*** (7.421)	2.396*** (5.188)	2.681*** (6.187)	2.383*** (4.731)	3.038*** (11.971)	2.655*** (10.450)	3.269*** (13.073)	2.825*** (11.527)

---

[1] 需要特别注意的是，表 4-2-3 中模型 1—4 与模型 5—8 中研发资本与研发人员投入的估计系数存在明显差异，模型 1-4 中，技术创新的影响因素中，研发资本的作用要明显大于研发人员投入的作用，而模型 5-8 中研发人员投入的作用要明显大于研发资本的作用。本文认为造成参数估计数值大小反向变化的原因在于样本数据存在显著的过度分散问题，而负二项式模型在估计时对方差形式施加了过多的假定。因而，本文整体上更倾向于接受泊松拟似然估计量的估计结果，即模型 1—4。

续表

自变量	泊松拟似然估计（PQML）				负二项式模型估计			
	模型1	模型2	模型3	模型4	模型5	模型6	模型7	模型8
lnsub	-0.062 (-1.435)	-0.036 (-0.675)	-0.061 (-1.556)	-0.032 (-0.672)	-0.004 (-0.120)	0.041 (1.265)	-0.011 (-0.343)	0.035 (1.067)
soe	-1.094 (-0.743)	-1.394 (-0.941)	-1.143 (-0.827)	-1.469 (-1.054)	0.413 (0.933)	0.166 (0.354)	0.525 (1.162)	0.178 (0.373)
fdi	-0.869 (-0.691)	-0.766 (-0.591)	-0.567 (-0.426)	-0.635 (-0.463)	-0.532 (-0.818)	-0.181 (-0.270)	-0.102 (-0.157)	0.070 (0.104)
size1	0.040*** (4.321)	—	0.037*** (3.887)	—	0.041*** (4.956)	—	0.042*** (4.861)	—
size2	—	0.004 (1.413)	—	0.006* (1.808)	—	0.001 (0.191)	—	0.001 (0.328)
rdint	-0.211* (-1.901)	-0.191* (-1.758)	—	—	-0.184** (-2.497)	-0.168** (-2.199)	—	—
teint	—	—	-0.034 (-1.349)	-0.039 (-1.496)	—	—	0.016 (0.654)	-0.010 (-0.400)
α	—	—	—	—	-0.159*** (-14.455)	0.169*** (14.083)	0.161*** (14.636)	0.171*** (14.250)
N	495	495	495	495	495	495	495	495
准R^2	—	—	—	—	0.200	0.197	0.199	0.196

注：括号中为z统计量数值，***、**、*分别表示系数在1%、5%、10%的显著性水平下成立。

根据计量结果，我们可以发现，第一，知识产权保护水平的提高对技术创新有较强的正向促进作用。从表4-2-3来看，无论是采用泊松拟似然估计还是负二项式模型估计，知识产权保护的系数显著为正，说明知识产权保护水平的提高有利于中国工业行业的技术创新，这一结论符合理论预期，也与大多数研究所得出的结论相一致。由泊松拟似然估计量的结果可知，当企业规模、技术机会选择不同的衡量指标时，知识产权保护水平估计系数的变动都比较小，说明该参数估计值是比较稳健的。这说明知识产权保护制度已成为我国企业自主技术创新的重要制度基础，其在减少从事研发企业的技术外溢、激发企业的自主创新动力、激励我国企业自主创新等方面发挥着重要的作用。

这意味着，在中国的市场上，市场机制及其长远激励机制取得了显著效应，这种产权保护制度具有根本性作用。企业的创新动力同样来源于其通过技术创新获得竞争优势，进而在此基础上攫取高额利润，这要求企业成为创新产出的直接受益者，而知识产权保护的加强可保护企业创新投入能获得回报，激励企业竭力提高R&D产出效率。

第二，研发资本和研发人员投入都显著提升了中国工业行业的技术创新水平，且研发资本的作用更大。从模型 1—4 来看，当企业规模、技术机会选择不同衡量指标时，研发资本和研发人员投入的估计系数大都显著成立，且系数估计值是比较稳健的，这表明研发资本和研发人员投入在我国技术创新中发挥着重要作用。而研发资本的估计系数比研发人员投入的系数更大，意味着相比研发人员投入，研发资本在我国工业行业技术创新中起着更大作用。与产品生产活动相比，研发活动需要大量的资本投入，研发资本通过创造和累积知识，促进技术创新，为经济可持续增长提供源源不断的动力和支持。这也与国际社会自 20 世纪 90 年代以来形成的共识相符合：所有的技术引进都是有局限性的，一国只有增加研发资本和研发人员投入，拥有自己的研发能力和自主创新能力，方能最终实现经济可持续增长。

第三，政府 R&D 补贴没有显著的改善企业的创新绩效。模型 1—4 中，政府 R&D 补贴的增加对创新产出的影响是负面的，且不显著成立，这表明当前政府的 R&D 补贴对企业的研发创新的影响有限。

其可能原因在于：首先，政府的 R&D 补贴对企业 R&D 投入存在激励效应和替代效应，因而其对 R&D 产出的影响可能只是间接的。其次，我国当前政府治理机制还不完善，权力行使还缺乏有效的监督，政府 R&D 补贴可能成为企业寻租的对象，对企业研发等创新性实体经济产生替代效应，致使政府创新资源配置的扭曲和无效率[1]；再次，政府与企业在创新目标上存在较大差异。政府 R&D 补贴体现政府意愿与偏好，为短期性目标，更在乎的是产出规模扩张。而企业的目标在于市场价值取向，通过技术创新项目获得利润，其可能在获取政府 R&D 补贴后从事指定创新项目活动的积极性和动力并不强，从而导致 R&D 补贴的研发效率下降。

第四，就其他控制变量而言，外资开放度对我国技术创新产出的直接影响不显著。由表 4-2-3 中模型 1—8 来看，所有模型估计结果中，无论企业规模、技术机会选择何种衡量指标，外资开放度对创新产出没有显著性的影响。外资开放度并没有如设想中的促进技术创新，其可能原因在于外资占比较高的行业中，外资主导了行业创新，但外资公司具有的先进技术往往由母公司内部技术转移直接实现，本土企业由于与外国企业技术差距较大，人才储备和技术水平相对较低，可能因此具有

---

[1] 对处于转型期的中国而言，国有企业占比较高的行业，生产效率相对较差，但其往往获得了政府提供的大量 R&D 补贴，R&D 补贴在技术创新领域的低效率是其生产经营领域低效率的延伸。

严重的技术依赖症且大多从事技术模仿等活动，导致自主创新激励不足。此外，外资进入后对技术保护的强化可能妨碍了本土企业通过自主创新缩小其与先进技术之间差距的努力。国有化程度的提高阻碍了技术创新，但其系数并不显著。同时，企业规模、技术机会等因素对技术创新的影响与否及其效应依赖于所选择的衡量指标。从现有实证研究来看，在企业微观层面，国有化程度、企业规模、技术机会等因素通常会显著影响企业的技术创新，然而，由于我们的实证分析采用的是产业层面的加总数据，可能导致在企业层面影响和激励创新的因素变得不再显著成立。

总结以上分析我们发现，中国的经济运行并没有想象中独特，在工业行业技术进步和自主创新能力提升等方面，其仍然遵循其发展的一般规律，知识产权保护作为一种制度性安排，已经在发挥着重要作用，而现有短期的、直接的 R&D 补贴并没有在促进技术创新中实现预期效果。

七、结论

研究发现，不同于一般的政策所述和通常的直觉，在促进中国工业行业技术创新的诸多政策举措中，R&D 补贴并不是核心因素，相反，知识产权保护才是关键所在。因而政府的公共政策应该更多地转向引导企业加大 R&D 投入和提高创新的积极性，提高企业从事创新的长远激励，而不是短期的、直接的资金补贴。具体而言，在技术创新的过程中，政府承担的更多的职能应该是完善市场机制和知识产权保护制度，促使市场在研发创新中发挥基础性的作用。但这并不意味着放弃对企业进行创新的资金支持，而是要适时调整 R&D 补贴管理体制，更好地激励企业自主创新。

究其可能原因，就中国的工业企业而言，经过多年的改革开放和经济发展，其已具备较强的经济实力，足以使得在从事研发和创新的过程中，资金或资本贫乏可能未必是最重要的瓶颈或者制约因素。而随着经济的发展，整体资本积累的增加，资本约束并不再是问题的关键所在时，各种形式的补贴，甚至包括 FDI 等形式的外资等都不再是影响技术创新的决定性因素，相反，长期的预期良好的制度环境才是关键所在，其直接关系到企业是否有动力进行原创性的 R&D 活动。企业本身已经具备创新所需的资金等基础条件，其迫切需要的是强化创新的利益保护机制。归根结底，企业创新的根本目标上就是为了获得长期的垄断利益，有效的知识产权保护制度和产权交易市场可以保证创新企业一定时间内获得一定的垄断利润，从而促进他们更积极地从事自主创新，而如果政府的政策和社会不能维护这种创新收益，那么企业自主创新的真正激励就会严重不足，技术创新的瓶颈就难以突破。

整体而言，通过测算知识产权的保护水平，并建立较为规范的计量模型，印证了中国工业行业的技术创新水平更多地与知识产权保护水平有关，而与 R&D 补贴关联不大，这意味着事实上，中国有效的创新支持政策也应从短期的、直接的资金支持转向长期的和制度层面的知识产权保护转变。

该结论对中国提供技术创新能力的公共政策转变具有重要的启示，具体而言：第一，应着力完善和加强知识产权保护执法维权体系建设，提升知识产权保护管理水平。虽然中国知识产权保护立法已达到发达国家的先进水平，但其在执行上却较为落后于立法的变革。应继续稳步提高知识产权保护执法水平，激励工业企业进行更多技术创新。第二，完善 R&D 补贴管理机制，注重提高补贴的使用效率。为了发挥政府 R&D 补贴对企业自主创新的激励与扶持作用，政府应完善信息披露，纠正 R&D 管理中资金监管不到位等缺陷，提高 R&D 补贴政策的透明度。同时，根据行业技术特点、企业特征等调整 R&D 补贴的政策工具选择，适当增加 R&D 税收优惠等资助方式。就资助对象而言，政府应改变以往将 R&D 补贴主要投向规模大、技术条件好的国有企业的状况，加大对研发效率高、发展前景较好的中小型高科技企业的资助力度。

第三章

促进重大技术进步与高新技术行业发展的
对策建议

在前两章研究的基础上，我们将分别就技术进步、产业发展等提出可能的政策主张，特别是，结合信息技术的发展，探讨数字经济的发展以及结合新能源探讨光伏产业的发展。探讨创新驱动战略及创新型社会建设的实施方式，不能简单地就技术层面探讨创新问题，还需要结合整个社会的发展状况来探讨如何从根本性促进创新，特别要围绕党的"十九大"提出的"创新型社会和创新国家"建设来探讨具体的政策主张。

一、推进重大技术创新的政策建议

第一，积极研究科技创新的新趋势，研究其长期趋势与短期市场空间，避免短期的导向。加强对长期发展趋势的研究，一方面，研究技术本身的发展规律，对未来的发展趋势进行跟踪研究，对重点领域进行重点关注。另一方面，对市场，即需求层面进行跟踪，重点关注技术研发成功之后，能够在3—5年内进行产业化经营及有获利空间的技术领域。尽量减少直接的规划，以免对地方政府形成投资不断扩大的导向，也需要避免产能过度扩张问题。

第二，加强金融创新，探索介入模式和促进技术创新与金融创新有机结合的模式。除了一般意义上的信贷支持之外，可以进一步探索金融创新的模式，以便更有效地介入技术研发及创新过程。尝试探索风险投资的具体模式，通过灵活定价，获取更高的回报率，以弥补技术创新过程中的不确定性和风险。同时，加强企业创新过程中的金融服务，健全创新型企业的内部监督与管理，并在此过程中，提供财务建议等金融服务。

第三，立足信息问题，加强重点行业及技术的风险防范及风险管理，强化退出机制。对具体项目强化监督与管理，获取企业运营的相关信息，尽量减少不对称信息，提高信息的透明度，重点关注企业家才能及其职业道德水平。由于信息不对称问题，企业家的行为理论上存在着逆向选择问题，有可能偏离股东最大利益，因而需要对企业家的职业道德水平进行重点考察，防止企业家在获得金融支持之后，变为"投机家"和冒险家。加强退出机制建设。在少数创新失败之后，防止无限制地被套牢，需要事前建立退出机制。

第四，在支持政策上，更多地采取税收政策，尽可能减少补贴政策。由于税收政策约束性强，相对容易实施，而补贴政策实施的难度较大。对于新能源技术，可以采取降低税率或者税收减免的方式，提高其经济效率，而对有污染的能源及企业，采取提高税率等方式，对不同的能源消费进行调节，从而更好地发挥价格杠杆作用。

第五，推动国有企业参与更多的创新活动，加大对企业创新的投入，同时降低地方政府的行政干预，倡导市场导向机制。避免对少数行业或者少数企业的过度支持，严格审批土地及税收减免等政策，以免引起不公平竞争及规模的过度扩张，并尽可能减少"补贴"和"倾销"现象，防止引起国际贸易摩擦。

二、健全科技创新的激励机制，推动更多的市场主体参与创新和研发活动

基于科技创新具有正的外部性，私人企业在推动创新过程中也需要大量的投入，因而科技创新过程中，应该完善创新和研发的经济激励机制，鼓励企业家更多地从事创新活动。在创新活动中，企业家应该占据主导地位。创新具有经济活动的属性，因而激励机制是关键，健全激励机制是重点。

第一，把机制建设摆在首要位置，实现要素价格市场化报酬机制。推进技术等要素市场化机制建设，进行体制机制创新，减少技术转让等方面的障碍，让专利更

便捷地转化。不断加快推进生产要素价格的市场化进程，形成倒逼企业、特别是国有大型企业创新的机制。

第二，公共部门需要强化法律法规的执行力度，提高企业家从事创新的回报水平。加快知识产权的保护力度，保障企业家的创新收益，提高企业从事创新的积极性。立法方面，知识产权保护已经基本就绪，需要强化执法的力度，保护创新所得。通过知识产权保护的力度，保护新产品和新技术的成果，规范竞争环境，提高企业家从事技术创新的回报。

第三，紧抓科技人才培养工作，采取多样化的激励机制。大力推进企业改革，尽量摒弃论资排辈，更加重视科技人才的创新能力。提供更多的发展空间以及更加合理的报酬，特别是在完善科技人员报酬机制方面，可以更加广泛地实施员工股权、期权等长期激励方式。

第四，调整科技经费的使用规则，减少经费补偿收入的制度性缺陷，树立以人为本的激励机制。分类提高科研人员的收入，提高从事基础研究的科研人员的收入。科技创新项目与经费分配本质上就是科技资源配置的过程，政府更多地投入基础科学，而将有市场前景的项目交由市场做主。通过合理有效地配置科技资源，提高科技创新活动的积极性和效率。在对科技成果进行评价时，应当引入第三方评估机制，根据评估结果改进科技创新项目。

第五，减少各种补贴政策，更多地专注于公平公开的制度建设。创新过程中补贴政策时常被使用，但补贴政策很难奏效，而且容易引起逆向选择和道德风险，因而在创新激励中，也尽量减少直接的补贴政策，而更多地采取制度建设等间接支持的手段。

第六，营造社会化的创新氛围，形成"创新文化"，实质性推进大众创业。对于从事创新的各类知识、技术、管理、技能等劳动者社会应给予更多的认同，并容忍更多的失败，同时，社会政策应给予"托底性"的支持，实行破产保护政策，增强创新的动力。

三、推进高新技术行业发展的建议

我们以信息技术行业与数字经济为例，立足信息技术等重大技术进步，带动数字经济的发展。

第一，瞄准重大技术进步，更多地立足基础技术的研发，推动核心技术的研发及应用，带动产业及整个数字经济的发展。政策着眼点可以立足长远、立足信息类基础技术的研发及其应用。加大基础研究投入，比如计算技术和云计算等，有效带动各种资源参与前沿技术的研发。基础研究的重要性在于为社会化的产业发展铺垫强有力的基础。

第二，真正发挥引领和示范作用，各部门积极主动公开非涉密的数据，为产业发展提供足够的信息和数据支持。以示范为首要任务，将掌握的数据在不涉及隐私的情况下尽量公开，为商业开发提供空间和机会。比如在保障信息安全的基础上，尽快将医疗数据联网和共享，能够极大地提高医疗服务的水平和质量。

第三，提高公共资金的效率，减少各种平台或数据库建设，集中通过云计算等技术，统一建立数据平台。当前，不少部门仍然热衷于各建系统，事倍功半的事情仍然层出不穷，这种平台成本高、效率低，维持不了太长时间。应适应技术变化，更多采取云计算等公共平台。

第四，强化产权保护，不断激发创新能力。有效的知识产权保护对培养长期的创新能力非常关键，因而在信息技术类的产品和技术上，有效的产权保护可以激发创新的活力，简化专利和发明的申请，更重要的是保护创新的收益，实质性保护创新动力。

第五，高度重视数据安全和网络安全，特别是涉及信息安全的问题，强化针对网络攻击及信息盗窃等犯罪行为的执法力度，为行业发展提供良好的法治环境。需要高度重视信息安全，特别在当前社会信用存在缺失的背景下，如何真正有效地利用网络将是巨大的挑战。

第六，提供更多的金融支持，为信息技术行业的发展提供充足的融资等支持。采取各种融资方式，对不同的创新提供相应的金融服务。将风险和收益更恰当地进行匹配。

四、推进全社会创新能力与创新型社会的建设：最优政策组合与制度保障

本质上说，创新能力是具体目标，而形成创新型社会是创新的总体目标，也将实质性地推动创新能力和高科技行业的发展。从国家和社会层面看，建设创新体系，不仅需要保障企业家和普通居民从事创新的激励，也需要保持整个社会机制能够有创新的能力，能够对社会的创新提供相应的保障和引导。因而制度保障和制度创新将是政策的关键。在"十九大"报告里，特别强调了"创新文化"与体制机制创新，这对于创新的推进有着重要意义。

第一，创新文化建设是重要的非制度性安排。文化对经济长期发展具有重要作用，而创新文化对于创新驱动战略同样具有重要作用，需要在文化层面加以引导，鼓励更多的群体改变此前的守旧特性，从容忍变化转向不断实现变化，从传统的重权威文化转向尊重个性特性。

创新文化之一——耐心。从整个社会层面看，需要建立更有耐心的社会氛围，更注重长远的发展动力，而不是简单地追求立竿见影的效果，追求"短平快"的项目。无论企业，还是从事科研工作的人员，甚至是整个社会，都需要更有耐心。在创新活动中，创新投入也与耐心有关。耐心在经济学中一般用时间偏好来表示，如果更重视未来，意味着更有耐心，会减少当期的消费，而增加对未来的投资。创新也是如此，创新意味着未来有着更多的发展，因而需要立足长远，而减少当前的消费等。如果整个社会的氛围是短视的，可能会导致更多的当期利益，比如更高的通货膨胀，更多地强调"短平快"等，都会"欲速则不达"，与长期的发展追求格格不入。因而需要建立长期发展的社会耐心机制，引导整个社会确立更长远的目标，减少社会的折旧因子。

创新文化的另外一个着力点——风险容忍与风险偏好。鼓励创新及建设创新型社会，需要更多的社会主体从事创新和探索，因而更多的社会群体对未来的风险接纳或偏好程度将有所增加，更愿意进行冒险活动。在社会文化层面，将容许更多的质疑，能够更多地进行探索，从而超越前人或者权威。在企业层面，将会有更多的

产品更替与技术改进，同样会有不断的更具创新能力的企业涌现，也会有不少不能适应市场变化的企业破产退出，因而社会的变化也在所难免。从整个社会看，容忍一些此前没有过的新事物新现象，容忍社会阶层的更替，都将是创新型社会所必不可少的。创新型社会对于一些潜在的"创造性破坏"与动态竞争，都需要有更多的容忍度。

第二，机制的灵活性和严格的利益保护机制是创新驱动战略和创新型国家的重要制度保障。要保持体制机制不断创新，须在多个层面进行最优选择。在机制建设上，整个社会需要推出更多的鼓励和保障创新活动的机制。对于创新的利益，需要在企业家的私人收益和社会公众利益之间寻找平衡。首先，需要保障企业家的私人收益，对于知识产权和垄断收益给予必要的维护，不能因为创新后企业拥有高额的垄断利润，就对其利益进行损害。企业获得垄断收益在一定程度上是对前期创新活动的风险报偿，因而应该容忍基于技术创新所致的垄断利润。对于知识产权等利益保护制度，需要有更开阔的视野，引导更多的企业家从事创新活动，获取更多的创新专利，从而为整个社会构筑更多的创新激励。不能局限于由于当前不占优势、需要交更多的专利费等短期利益的思维之中。更要避免坐享其成的想法，对创新者的投入不给予正当的回报。

其次，需要对破产进行恰当的制度安排，保护从事创新而失败的企业家的基本利益。创新事实上大部分都失败了，因而对于失败的企业家，应该有更多的社会容忍度，这是对保障创新的另外一种激励。即不仅仅是对创新进行正向激励，也需要对创新的活动进行维护，从而带动更多的社会主体参与创新活动。

再次，对社会风险进行折衷与平衡。创新驱动与创新型社会，需要一定的风险偏好主体的存在，但从整个社会角度看，又不能过度纵容风险偏好。创新与骗局之间存在着一定的关联，因而需要容忍风险活动，但在社会层面，需要对整体风险加以引导和警示。企业家从事风险活动与投机家从事诈骗活动之间往往很难区分，因而社会需要强调诚信机制和诚信文化，对于事实上的骗局需要给予公开和惩处。

总体上，在制度建设上，创新型社会需要灵活又有规则的社会制度。这种制度能容忍变化，容忍失败，但又能够维持整个社会不处于过于狂热和无序的状态。

第三，经费投入和保持开放是主要的政策选择。保障社会对研发经费的整体投入，但在补贴的方式上，更应该采取间接的方式。创新活动具有公共收益，企业家的创新活动具有外部性，因而需要给予相应的补贴。建设创新型社会和创新驱动发展战略，自然需要充足的研发投入。基于创新活动本身的特性，要保障整体投入具有一定的比重，同时，更应该对投入的方式加以创新。采取更多的社会资金直接投入基础研究之中，从而引导企业从事更多的技术开发与应用。在基础研究、应用研究及试验之间，鼓励更多企业直接将三种研发活动加以贯通。引导更多的主体从事创新，而创新的主体主要是企业家，社会只需要加以适当的引导，更重视基本的基础研发，培养更多的科学家和工程师，使得企业家的创新活动更容易实现。

保持开放，引导创新主体更多地参与国际竞争。创新是竞争行为，因而创新驱动战略与创新型社会需要将竞争引入其中。从国家层面看，鼓励和引导国际竞争将能最大限度地推进创新活动。如果中国要建设创新驱动社会与创新型国家，通过更广泛地参与国际分工将是重要的制度安排。利用外部环境，提供更多参与创新的压力和激励。对于外部竞争，需要有足够的耐心，也需要保持足够的定力。事实上，如果参与国际市场竞争时间越长，创新能力就越能够形成。中国的企业和企业家，能够在开放的背景下，逐步从模仿和学习慢慢过渡到自我研发之中。这个过程需要时间，也需要资本积累，同样需要制度保障对中国企业家和企业参与国际竞争的能力，对此，我们可以保持足够的信心。

主要参考文献

［1］Acemoglu, D., 1998. Why Do New Technologies Complement Skills? Directed Technical Change and Wage Inequality. Quarterly Journal of Economics, 113(4):1055—1089.

［2］Acemoglu, D., 2002. Directed Technical Change. Review of Economic Studies, 69(4):781—810.

［3］Acemoglu, D., 2003a, Patterns of Skill Premia. Review of Economic Studies, 2023:199—230.

［4］Acemoglu, D., 2003b, Labor and Capital Augmenting Technical Change. Journal of the European Economic Association, 2023(1):1—37.

［5］Acemoglu, D., 2007, Equilibrium Bias of Technology. Econometrica, 75(5):1371—1410.

［6］Acemoglu, D.,P. Aghion, L. Bursztyn and D. Hemous, 2012a,The Environment and Directed Technical Change. American Economic Review, 102(1):131—166.

［7］Acemoglu, D., U. Akcigit, D. Hanley, W. Kerr, 2012b, Transition to Clean Technology. MIT Working Paper.

［8］Acemoglu, D., G. Gancia,F. Zilibotti, 2012c,Offshoring and Directed Technical Change.,NBER Working Paper 18595.

［9］Aghion: , and P. Howitt, 1992, A Model of Growth through Creative Destruction. Econometrica, 60(2):323—351.

［10］Aghion: , and P. Howitt, 1998, Endogenous Growth Theory, Cambridge, MA, MIT Prcss.

［11］Aghion: , A. Dechezleprêtre, D. Hemous, R. Martin, J. Van Reenen, 2012,Cabon Taxes, Path Dependency and Directed Technical Change: Evidence from the Auto Industry. NBER Working paper18596.

［12］Blanchard, O. J., Nordhaus, W. D., Phelps, E.S. ,1997, The Medium Run, Brookings Papers on Economic Activity, 2:89—158.

［13］David,P.A. and V. Klundert, 1965,Biased Efficiency Growth and Capital-Labor Substitution in the U.S.,1899-1960.American Economic Review, 55(3):357—394.

［14］Drandakis, E. and E.Phelps, 1965. A Model of Induced Invention, Growth and Distribution.Economic Journal, 76(304):823—840.

［15］Galor, O. and D. Tsiddon, 1997,Technological progress, mobility, and economic growth. American Economic Review, 87(3):363—382.

［16］Galor ,O. and O. Moav,2000,Ability-Biased Technological Transition, Wage Inequality, and Economic Growth. Quarterly Journal of Economics, 115(2):469—497.

［17］Greak,M. and T, Heggedal,2012, A Comment on the Environment and Directed Technical Change., CREE Working Paper.

［18］Grossman, G., and E. Helpman, 1991, Innovation and Growth in the Global Economy, Cambridge, MA, MIT Press.

［19］Hanlon,W. W., 2011,Necessity is the Mother of Invention: Input Supplies and Directed Technical Change.Working paper.

［20］Hassler, J.: Krusell, C. Olovsson, 2012, Energy-Saving Technical Change. NBER Working paper 18456.

［21］Hémous,D.,2012,Environmental Policy and Directed Technical Change in a Global Economy: The Dynamic Impact of Unilateral Environmental Policies.Working Paper,INSEAD.

［22］Heutel,G., and C. Fisher,2013,Environmental Macroeconomics: Environmental Policy, Business Cycles, and Directed Technical Change.NBER Working Paper18794.

［23］Hicks, J. R. 1932,The Theory of Wages. London: Macmillan.

［24］Kennedy, C., 1964, Induced Bias in Innovation and the Theory of Distribution. Economic Journal, 74(295):541—547.

［25］Kiley, M.T., 1999, The Supply of Skilled Labor and Skill-Biased

Technological Progress, Economic Journal, 109(10):708—724.

［26］Klump,R.,P.MacAdam,A. Willman,2007,Factor Substitution and Factor Augmenting Technical Progress in the US:A Normalized Supply-Side System Approach. Review of Economics and Statistics, 89(1):183—192.

［27］Klump,R.,M.,Willman,2008,Unwrapping Some Euro Area Growth Puzzles: Factor Substitution ,Productivity and Unemployment. Journal of Macroeconomics, 30(2):645—666.

［28］Leon L., McAdam P.,Willman A.,2010,Indentifying the Elasticity of Substitution with Biased Technical Change. American Economic Review, 100(4):1330—1357.

［29］Mannea, A., and R. Richels, 2004,The impact of learning-by-doing on the timing and costs of CO2 abatement.Energy Economics, 26(4):603—619.

［30］Moore,M.P.,P. Ranjan,2005,Globalisation vs. Skill-Biased Technological Change: Implications for Unemployment and Wage Inequality.Economic Journal,115(503):391—422.

［31］Nordhaus, W., 1973, Some Skeptical Thoughts on the Theory of Induced Innovation., Quarterly Journal of Economics,87(2):208—219.

［32］Nordhaus, W., 2000, Managing the Global Commons: The Economics of Climate Change, Cambridge, MA: MIT Press.

［33］Popp, D., 2002,Induced Innovation and Energy Prices.American Economic Review, 92(1):160—180.

［34］Popp, D., 2004, ENTICE: Endogenous Technological Change in the DICE model of global warming.Journal of Environmental Economics and Management, 48(1):742—768.

［35］Romer: M., 1990, Endogenous Technological Change.Journal of Political Economy, 98(5):71—102.

［36］Ripatti, A., 2001, Declining Labour Share:Evidence of a Change in Underlying Production Technology? Bank of Finland Discussion Papers.

［37］Samuelson: , 1965, A Theory of Induced Innovations along Kennedy-Weisacker Lines.Review of Economics and Statistics, 47(4):444—464.

［38］Sato, R., and M.Tamaki, 2009, Quantity or Quality: The Impact of Labor Saving Innovation on US and Japanese Growth Rates, 1960- 2004.Japanese Economic Review, 60(4):407—434.

［39］Stern, N., 2009, A Blueprint for a Safer Planet: How to Manage Climate Change and Create a New Era of Progress and Prosperity. Bodley Head: London.

［40］Thoenig,M., and T.Verdier,2003,A Theory of Defensive Skill-Biased Innovation and Globalization. American Economic Review, 93(3):709—728.

［41］Weiss, M., 2008, Skill-biased technological change: Is there hope for the unskilled?Economics Letters, 100(3):439—441.

［42］Xu, B., 2001, Endogenous Technology Bias, International Trade, and Relative Wages. Working Paper.

［43］Young, A. T., 2004, Labor's share fluctuations, biased technical change, and the business cycle. Review of Economic Dynamics, 7:916—931.

［44］Comin, Diego and Bart Hobijn. An exploration of technology diffusion. NBER Working Paper No. 12314, 2006.

［45］Comin, Diego and Bart Hobijn. An exploration of technology diffusion. Havard Business School Working Paper No. 08—093, 2008.

［46］Comin, Diego and Bart Hobijn. An exploration of technology diffusion. American Economic Review, 2010, 100: 2031—2059.

［47］Comin, Diego and Bart Hobijn. The Historical Cross-country Technology Adoption Dataset, 2003, mimeo.

［48］Crafts N. Steam as a general purpose technology: A growth accounting perspective. The Economic Journal, 2004, 114(495): 338—351.

［49］Crafts, Nicholas and Terence C. Mills. Was 19th century British growth steam-powered? The climacteric revisited. Explorations in Economic History, 2004, 41(2): 156—171.

[50] Davies, Stephan. Inter-firm diffusion of process innovations. European Economic Review, 12(4): 299—317.

[51] Dixit, Avinash K. and Joseph E. Stiglitz. Monopolistic competition and optimum product diversity. American Economic Review, 1977, 67(3): 297—308.

[52] Dosi, Giovanni. Sources, procedures and microeconomic effects of innovation. Journal of Economic Literature, 1988, 26(3): 1120—1171.

[53] Dunning, J. Location and the multinational enterprise: a neglected factor? Journal of International Business Studies, 1998, 29(1): 45—66.

[54] Eaton, Jonathan and Kortum Samuel. International technology diffusion: theory and measurement. International Economic Review, 1999, 40(3): 537—570.

[55] Ethier, Wilfred J. National and international returns to scale in the modern theory of international trade. American Economic Review, 1982, 72(3): 389—405.

[56] Evenson, Robert E. and Larry E. Westphal. Technological change and technology strategy. Handbook of Development Economics, 1995, 3, part A: 2209—2299.

[57] Findlay R. Relative backwardness, direct foreign investment, and the transfer of technology: a simple dynamic model. The Quarterly Journal of Economics, 1978, 92(1): 1—16.

[58] Fisher F M. Embodied technical change and the existence of an aggregate capital stock. The Review of Economic Studies, 1965, 32(4): 263—288.

[59] Fisher F M. Embodied technology and the existence of labour and output aggregates. The Review of Economic Studies, 1968, 35(4): 391—412.

[60] Frankel, Marvin. Obsolescence and technological change in a maturing economy. American Economic Review, 1955, 45(3): 296—319.

[61] Globerman S. Foreign direct investment and spillover efficiency benefits in Canadian manufacturing industries. Canadian Journal of Economics, 1979, 12(1): 42—56.

[62] Griffith, Rachel, Stephen Redding and Helen Simpson. Foreign ownership and productivity: new evidence from the service sector and the R&D lab. Oxford Review of Economic Policy, 2004, 20(3): 440—456.

［63］Griliches, Z. Hybrid corn: an exploration in the economics of technological change. Econometrica, 1957, 25(4): 501—522.

［64］Griliches, Z. Patent statistics as economic indicators. Journal of Economic Literature, 1990, 28: 1661—1707.

［65］Griliches, Zvi and Jerry A. Hausman. Errors in variables in panel data. Journal of Econometrics, 1986, 31(1): 93—118.

［66］Griliches, Zvi. Hybrid com: An exploration in the economics of technological change. Econometrica, 1957, 25(4): 501—522.

［67］Grossman G. and E. Helpman. Endogenous innovation in the theory of growth. Journal of Economic Perspectives, 1994, 8(1): 23—44.

［68］Grossman G. and E. Helpman. Quality ladders in the theory of growth. Review of Economic Studies, 1991, 58(1): 43—61.

［69］Görg, Holger and David Greenaway. Foreign direct investment and intra-industry spillovers: a review of the literature. Globalisation and Labour Markets Programme Research Paper No. 2001/37, 2001.

［70］Hafnet, Kurt A. The pattern of international patenting and technology diffusion. Applied Economics, 2008, 40(21): 2819—2837.

［71］Hargittai, E. Weaving the Western web: explaining differences in internet connectivity among OECD countries. Telecommunications Policy, 1999, 23(10/11): 701—718.

［72］Hayden, Eric W. Technology transfer to East Europe: U. S. corporate experience. Praeger, 1976.

［73］Helpman E, Trajtenberg M. A time to sow and a time to reap: Growth based on general purpose technologies. National Bureau of Economic Research, 1994.

［74］Helpman, Elhanan and Manuel Trajtenberg. Diffusion of General Purpose Technologies, NBER Working Papers 5773, National Bureau of Economic Research, Inc., 1996.

［75］Hobday M. East Asian latecomer firms: learning the technology of electronics. World development, 1995, 23(7): 1171—1193.

［76］Hobday M. Firm-level innovation models: perspectives on research in developed and developing countries[J]. Technology Analysis & Strategic Management, 2005, 17(2): 121—146.

［77］Imbriani, C. and F. Reganati. International efficiency spillovers into the Italian manufacturing sector. Economia Internazionale, 1997, 50: 583—595.

［78］Jaumotte, Florence. Technology diffusion and trade: an empirical investigation. Cambridge, Massachusetts: Havard University, 1998.

［79］Jones, Charles I. and John C. Williams. Measuring the social return to R&D. Quarterly Journal of Economics, 1998, 113(4): 1119—1135.

［80］Jones, Charles I. R&D-based models of economic growth. Journal of Political Economy, 1995, 103(4): 759—784.

［81］Jong-Wha Lee. Education for technology readiness: prospects for developing countries. Journal of Human Development, 2001, 2(1): 115—151.

［82］Jorgenson D, Griliches Z. Issues in growth accounting: A reply to Edward F. Denison. Survey of Current Business, 1972, 52(5, Part II).

［83］Kanefsky J W. The diffusion of power technology in British industry. 1760—1870[D]. University of Exeter, 1979.

［84］Karshenas, Massoud and Paul L. Stoneman. Rank, stock, order and epidemic effects in the diffusion of new process technologies: an empirical model. The RAND Journal of Economics, 24(4): 503—528.

［85］Keller W. Geographic localization of international technology diffusion. National Bureau of Economic Research, 2000.

［86］Keller, W. Geographic localization of international technology diffusion. American Economic Review, 2002, 92(1): 120—142.

［87］Keller, W. International technology diffusion. Journal of Economic Literature, 2004, 42(3): 752—782.

［88］Keller, Wolfgang. Are international R&D spillovers trade-related? Analyzing spillovers among randomly matched trade partners. European Economic Review, 1998, 42(8): 1469—1481.

［89］Keller, Wolfgang. Trade and the transmission of technology. Journal of Economic Growth, 2002, 176(6): 5—24.

［90］Kiiski, Sampsa and Matti Pohjola. Cross-country diffusion of the Internet. Information Economics and Policy, 2002, 14(2): 297—310.

［91］Kim L. Stages of development of industrial technology in a developing country: a model. Research policy, 1980, 9(3): 254—277.

［92］Kokko, Ari. Productivity spillovers from competition between local firms and foreign affiliates. Journal of International Development, 1996, 8(4): 517—530.

［93］Krugman, Paul. Increasing returns and economic geography. Journal of Political Economy, 1991, 99(3): 483—499.

［94］Andrew, R. (2004) Application to eye detection for human face recognition, Pattern Recognition Leters, 19 (9): 18—21.

［95］Belhumeur: , Hespanha, J. and Kriegman, D. (2007) Eigenface SVS Fisherfaces: Recognition using class specified 1 inear projection, IEEE Trans on Pattern Analysis and Machine Intell igence, 19 (7): 711—720.

［96］Bonsor, K. (2008) How Facial Recognition Systems Work, Retrieved 2012-11—02.

［97］Bradski, G. R. (2008) IEEE Workshop Application of Computer Vision, Neural Network Conf, 4 (1): 214—219.

［98］Brunelli, R. and Poggio, T. (2003) Face Recognition: Features versus Templates, IEEE Trans. on PAMI, 13 (15): 1042—1052.

［99］Brunelli, R. (2009) Template Matching Techniques in Computer Vision: Theory and Practice, Wiley, ISBN 978-0-470-51706-2.

［100］Calder, A. J. et al. (2001) Vision Research Vol, Neural Network Conf, 22 (4): 1179-1208.

［101］Chang, H. L., James, W., and Helena, M. (2007) The Role of Active

Exploration of 3D Face Stimuli on Recognition Memory of Facial Information. Journal of Experimental Psychology: Human Perception and Performance, 33 (4): 895—904.

[102] Charles, A., Collin, C. and Nikolaus, F. (2004) Face Recognition Is Affected by Similarity in Spatial Frequency Range to a Greater Degree than Within-Category Object Recognition. Journal of Experimental Psychology: Human Perception and Performance, 30 (5): 975—987.

[103] Chengjun, L. and Harry, W. (2002) Gabor Feature Based Classification Using the Enhanced Fisher Linear Discriminant Model for Face Recognition, IEEE Trans. Image Processing, 11 (4): 21—25.

[104] Claus, Neubauer. (2001) Evaluation of Conv01utional Neural Networks for Visual Recognition, IEEE Trans. Neural Networks, 9 (4): 685—695.

[105] Cottrell, G. W., et al. (2000) Proc of the Int, Neural Network Conf, 10 (1): 322—325.

[106] Costen, N. P.; Parker, D. M. and Graw, I. (2006) Effects of high-pass and low-pass spatial filtering on face identification, Perception and Psychophysics, 6 (58): 602—612.

[107] Cox, I., Ghosn, J. and Yianilos: (2006) Feature-based face recognition using mixture-distance. Proc. Int. Conf. Comput. Vis. Patt. Recogn: 209—216.

[108] Craw, I., Ellis, H. and Lishman, J. (2007) Automatic Extraction of Face Features, Pattern Recognition Letters, 7 (5): 183—187.

[109] Crawford, Mark (2011) Facial recognition progress report". SPIE Newsroom. Retrieved 2012-10-16.

[110] Desimone, R. (2001) Face-selective cells in the temporal cortex of monkeys. Journal of Cognitive Neuroscience, 11 (3): 1—8.

[111] Diamond, R., and Carey, S. (2006) Why faces are and are not special: An effect of expertise. Journal of Experimental Psychology: General, 11 (5): 107—117.

[112] Essa, I. et al. (2007) In .IEEE Trans, PAMI, 12 (2): 757—763.

[113] Farah, M. J. (2006) Is face recognition special? Evidence from neuro-

psychology. Behavioral Brain Research, 76 (6): 181—189.

［114］Feng, G.C. and Yuen: C. (2008) Variance projection function and its.

［115］Ginsburg, A. (2004) Visual information processing based on spatial filters constrained by biological data, Cambridge University: Cambridge, England.

［116］Graf, H. P. et al. (2005) Locating Faces and Facial Parts, Proc. 1st Int'l Workshop Automatic Face and Gesture Recognition.

［117］Greene, Lisa (2001) Face scans match few suspects (SHTML). St. Petersburg Times. Retrieved 2012-10-30.

［118］Harley Geiger (2011) Facial Recognition and Privacy, Center for Democracy & Technology. Retrieved 2012-10-10.

［119］Han, C. C. et al. (2004) Fast Face Detection via Morphology-based Pre2Processing, 9th Int'l Conf . Image Analysis and Processing: 469—476.

［120］Hancock, J. B.; Burton, A. M. and Bruce, V. (2006) Face processing human perception and principal components analysis[J].Memory and cognition, 24 (1): 26—40.

［121］Hong, Z. Q. (2001) Algebraic Feature Extraction of Image for Recognition, Pattern Recognition, 24 (3): 211—219.

［122］House, David. (2007) Facial recognition at DMV, Oregon Department of Transportation. Retrieved 2012-10-17.

［123］Hu, X. H. (2005) Knowledge discovery in database: an attribute-oriented rough set approach, Ph. D. Thesis. University of Regina. Regina, Canada.

［124］Huang, T. S. and Yang, G. Z. (2004) Human Face Detection in a Complex Background, Pattern Recognition, 27 (1): 53—63.

［125］Johnson, M. H., Dziurawiec, S., Ellis, H.D., and Morton, J. (2001) Newborns' preferential tracking of face-like stimuli and its subsequent decline. Cognition, 10 (40): 1—19.

［126］Kanade, T. (2007) Computer recognition of human faces, Basel & Stuttgart :Birkhauser Verlag.

［127］Kanade, T. (2008) Picture processing by computer complex and recognition of human faces, Deptemem Information Science Kyoto University: Kyoto japan.

［128］Kimmel, Ron. (2001) Three-dimensional face recognition (PDF), Retrieved 2012-11-01.

［129］Kirby, M. and Sirovi, L. (2000) Application of the Karhunen-Loeve procedure for the characterization of human face, IEEE Transactions on Pattern Analysis and Machine Intelligence, 12 (1): 103—108.

［130］Kohonen, T. (2002) Self-Organization and Associative Memory, New York: Springer-Verlag.

［131］Kotropoulos, C. and Pitas, I. (1999) Rule-based Face Detection in Frontal Views Proc, Int'l Conf. Acoustics, Speech and Signal Processing: 2537—2540.

［132］Krause, Mike (2002) Is face recognition just high-tech snake oil? Enter Stage Right. ISSN 1488-1756. Retrieved 2012-10-31.

［133］Lades, M. et al. (2003) Distortion invariant object recognition in the dynamic link architecture, IEEE Transactions on Computers, 42 (3): 300—311.

［134］Lanitis, A., et al. (2007) IEEE Trans, PAMI, 19 (7): 743—756.

［135］Leung, T. K., Burl, M. C. and Perona: (2005) Finding Faces in Cluttered Scenes Using Random Labeled Graph Matching, Proc 5th IEEE Int'l Conf . Computer Vision: 637—644.

［136］Lien, J. J. (2001) CMU - RI - TR - 98 - 31 .Ph. D, dissertation, 1 (1): 200—231.

［137］Liu, K., Yong, Q. and Cheng, J. (2002) An Efficient Algorithm for Foley-Sammon Optimal Set of Discriminant Vectors By Algebraic Method, International Journal of Pattern Recognition and Artifi Cial Intelligence, 6 (5): 817—829.

［138］Manjunath, B., Chellappa, R. and Marsburg, C. (2002) A feature based approach to face recognition. Proc. IEEE Conf. Comput. Vix. Patt. Recogn. P. 373—378.

［139］Martha, J. (2008) Farah and Kevin D. Wilson Maxwell Drain. What Is "Special" About Face Perception? Psychological Review, 105 (3): 482—498.

［140］McCulloch, W. and Pitts, W. (2003) A Logical Calculus of the Ideas

Imminent in Nervous Activity, Bulletin of Mathematical Biophysics, 7 (5): 115—133.

［141］Meek, James (2002) Robo cop, London: UK Guardian newspaper.

［142］Miao, J. et al. (1999) A Hierarchical Multi scale and Multi angle System for Human Face Detection in a Complex Background Using Gravity - Center Template, Pattern Recognition, 32 (7): 1237—1248.

［143］Ming, H. Y. and David, J. K. (2002) Detecting Faces in Images: A Survey, IEEE Trans. Pattern Analysis and Machine Intelligence, 24 (1): 34—58.

［144］Pawlak, Z. and Rough, S. (2002) International face recognition technique, Journal of Computer and Information science, 17 (5): 241—356.

［145］Peng, A., et al. (2006) GA Technical Report 30332 – 0250, Neural Network Conf, 1(1): 479—486.

［146］Peter, B., Joao, H. and David, K. (2007) Eigenfaces vs. Fisherfaces: Recognition Using Class Specific Linear Projection, IEEE Trans. Pattern Analysis and Machine Intelligence, 19 (7): 97.

［147］Petov, N. (2005) Biologically motivated computationally intensive approaches to image pattern recognition, future generation computer systems, 11 (4): 451—465.

［148］Phillips: , Woon, H. and Rizvi, S. (2000) The FERET evaluation methodology for face recognition algorithm, IEEE Transactions on Pattern Analysis and Machine Intelligence, 22 (10), p 1090—1034.

［149］Pigeon, S. and Vandendorpe, L. (2007) The M2VTS multimodal face database, Lecture Notes in Computer Science, Crans Montana. Switzerlund, 12 (06): 403—409.

［150］Qiang, S. and Alexios, C. (2000) A modular approach to generating fuzzy rules with reduced attributes for the monitoring of complex systems, Engineering Application of Artificial Intelligence, 13 (3): 263—278.

［151］Roberto, B. and Tomaso: (2003) Face recognition: Feature versus templates, IEEE Transactions on Pattern Analysis and Machine Intelligence, 15 (10): 1042—1052.

[152] Roberston, G. and Craw, I. (2004) Testing face recognition systems, Image and Vision Computing, 12 (9): 509—514.

[153] Rowley, H. A., Baluja, S. and Kanade T. (1998) Neural Network-Baxed Face Detection, IEEE Irans Pattem AnalysiS and Machine Intelligence, 20 (1): 25—38.

[154] Rumelhart, D. E., Hinton, G. H., and Williams, R. J. (2006) Learning Internal Representations by Error Propagation, Parrallel Distributed Processing: Foundations, Rumelhart, McClelland, eds, MIT Press, 1 (1): 318—362.

[155] Sakai, T., Nagao, M. et al. (2003) Line Extraction and Pattern Detection in a Photo2 graph, Pattern Recognition, 14 (1): 233—248.

[156] Schenider, H. (2002) A statistical approach to 31 object detection applied to faces and cars, PhD ThesiS, CMU-RI-TR-oo-06.

[157] Schenider, H. and Kanade, T. (2000) Probabilistic modeling of local appearance and spatial relationships for object recognition, IEEE Conf. on Computer ViSion and Pattern Recognition, 12 (5): 45—5l.

[158] Schultz, Zac. (2001) Facial Recognition Technology Helps DMV Prevent Identity Theft. WMTV News, Gray Television. Retrieved 2012-11-07.

[159] Shan, S., Gao, W. and Cao, B. (2003) Illumination Normalization for Robust Face Recognition against Varying Lighting Conditions, IEEE International Workshop on Analysis and Modeling of Faces and Gestures, 3 (10): 157—164.

[160] Sirohey, S. A. (2003) Human Face Segmentation and Identification Technical Report CS - TR – 3176. Univ. of Maryland.

[161] Skowron, A. and Stepaniuk, J. (1999) Tolerance approximation spaces. Fundamental Informatics, 12 (27): 245—253.

[162] Smith, Kelly (2008) Face Recognition (PDF), Retrieved 2012-11-04.

[163] Sung, K. (2000) Example-based learning for view-based humeral face detection, IEEE Transactions on Pattern Analysis and Machine Intelligence, 20 (1): 39—51.

[164] Toole, A. J. and Abdi, H. D. (2003) A low-dimensional representation of

faces in the higher dimensions of it, 11 (10): 405—411.

[165] Turk, M. and Pentland, A. (2001) Eigen faces for Recognition, Journal of Cognitive Neuroscience, 3 (1): 71—86.

[166] Valentin, D. and Toole, A. J. (2004) Categorization and identification of human face images by neural networks. A review of linear auto-associator and principal component approaches, Journal of Biological Systems, 2 (14): 413—429.

[167] Wallraven, C. and Bülthoff, H. H. (2001) Automatic acquisition of exemplar-based representations for recognition from image sequences. Workshop on models vs. exemplars, Proceedings of the 2001 IEEE Computer Society Conference on Computer Vision and Pattern Recognition, CVPR 2001.

[168] Wang, H., Li, S. and Wang, Y. (2004) Face Recognition under Various Lighting Conditions Using Self Quotient Image, Proceedings of International Conference on Automatic Face and Gesture Recognition, 17 (2): 819—824.

[169] Wei, S. and Lai, S. (2007) Robust Face Recognition under Lighting Variations, Proceedings of 17th International Conference on Pattern Recognition, 8 (1): 354—357.

[170] Williams, Mark. (2007) Better Face-Recognition Software, Retrieved 2012-10-24.

[171] Willing, Richard (2003) Airport anti-terror systems flub tests; Face-recognition technology fails to flag 'suspects' (Abstract). USA Today. Retrieved 2012 10-27.

[172] Wong, S. (2006) Comparison of rough set and statistical methods in inductive learning, International journal of Man-Machine Studies, 17 (24): 53—72.

[173] Wu, X., Yand, J. and Wang, S. (2002) A new hlgorithm for Sol ving the ptimal Discriminant Vectors, Journal Computer Science and Technology, 19 (3): 324—330.

[174] Yang, G. and Huang, T. S. (2004) Human face detection in a complex background, Pattern Recognition, 27 (1): 53—63.

[175] Yang, J., Zhang, D. and Yang, J. (2004) Two-Dimensional PCA:A New Approach to Appearance-Based Face Representation and Recognition. IEEE transaction on Pattern Analysis and Machine Intelligence, 26 (1): 56—61.

[176] Yow, K. C., Cipolla, R. (1999) Feature - based Human Face Detection, Image and Vision Computing, 15 (9): 713—735.

[177] Yow, K. C., Cipolla, R. and Enhancing, A. (2001) Human Face Detection Using Motion and Active Contours.3rd Asian Conf . Computer Vision: 515—522.

[178] Yow, K C., Cipolla, R. and Probabilistic, A. (1998) Framework for Perceptual Grouping of Features for Human Face Detection, Proc. 2nd Int'l Conf . Automatic Face and Gesture Recognition.

[179] Arrow, K. (1962). Economic welfare and the allocation of resources for invention.The rate and direction of inventive activity: Economic and social factors. NBER: 609—626.

[180] Brown J.R., Fazzari, S.M. and Petersen, B.C. Financing innovation and growth: Cash flow, external equity and the 1990s R&D boom . The Journal of Finance, 2009. pp.151—185.

[181] CEA (Council of Economic Advisors)., Supporting Research and Development to Promote Economic Growth: The Federal Government's Role. President's Council of Economic Advisors, 1995, Washington, DC.

[182] Dooley, J.J. Unintended consequences energy R&D in a deregulated energy market. Energy Policy,1998, , 26 (7): 547—555.

[183] Guellec, D. and Bruno, V.P. Applications, Grants and the Value of Patent. Economics Letters, 2000, 69(1):109—114.

[184] Hu, Albert, Ownership, Government R&D,Private R&D, and Productivity in Chinese Industry. Journal of Comparative Economics, 2001, 29(1): 136—157.

[185] Hall, B.and Reenen, J.V. How Effective are Fiscal Incentives for R&D? A Review of the Evidence. Research Policy. 2000 Vol.29: 449—469.

[186] Margolis, R.M.and Kammen, D.M. Underinvestment the energy technology

and R&D policy challenge. Science, 1999,Vol.285: 690—692.

［187］Marcus, N. and Howard: , Industrial Policy in an Era of Globalization : Lessons from Asia[J]. Working paper, Institute for International Economics. 2003.

［188］Morris, A.C. Nivola: S. and Schultze, C.L. Clean energy : Revisiting the challenges of industrial policy[J]. Energy Economics.2012.

［189］Rodrik, D., Industrial Policy for the Twenty-First Century, Working Paper Series rwp04-047, Harvard University, John F. Kennedy School of Government. 2004.

［190］Rodric，D. Green Industiral Policy, Paper written for the Grantham Research Institute project on Green Growth and the New Industrial Revolution. 2013.

［191］Romer: , Endogenous Technological Change. Journal of Political Economy. 1991, Vol.98: 71—102.

［192］Schumpeter, J. Capitalism, Socialism, and Democracy. New York, Harper, 1942. pp.175.

［193］Tassey, G. Policy Issues for R&D Investment in a Knowledge-based Economy. Journal of Technology Transfer . 2004.

［194］Allred,B. and W. G. Park,2007,Patent Rights and Innovative Activity: Evidence from National and Firm Level Data, Journal of International Business Studies,Vol.38(6): 878—900.

［195］Arrow, K.,1962, Economic Welfare and the Allocation of Resources for Invention, In: The Rate and Direction of Invention Activity: Economic and Social Factors,NBER: 609—625.

［196］Branstetter,L.,R. Fisman and C. F. Foley，2011，Does Intellectual Property Rights Reform Spur Industrial Development?,Journal of International Economics,Vol.83(1): 27—36.

［197］Cameron,A. C. and P. K. Trivedi,1998, Regression Analysis of Count Data,CA:Cambridge University Press.

［198］Chen,Y. and T. Puttitanun,2005,Intellectual Property Rights and Innovation in Developing Countries,Journal of Development Economics,Vol.78: 474—493.

［199］Chin,J. C. and G. H. Grossman,1998,Intellectual Property Rights and North–South Trade, NBER WP No.2769.

［200］Chu, A. C. C. K. Y. Leung and E. Tang,2012,Intellectual Property Rights ,Technical Progress and the Volatility of Economic Growth,Economic Letters,Vol.34(3): 749—756.

［201］Cincer,M.,1997,Patents,R&D and Technological Spillovers at the Firm Level: Some Evidence from Econometric Count Models for Panel Data,Journal of Applied Econometrics, Vol.12 (3): 265—280.

［202］Coe, D. T., E. Helpman and A. W. Hoffmaister,2009,International R&D Spillovers and Institutions,European Economic Review,Vol.53(7): 723—741.

［203］Czarnitzki, D.， K. Hussinger,B. Leten and C. Schneider,2012,Intellectual Property Rights and R&D Incentives,http://www.webmeets.com/files/papers/earie/2012/565/Hussinger_EARIE. pdf.

［204］Furukawa,Y.,2010,Intellecutual Property Protection and Innovation,Economic Letters, Vol.61 (6): 1247—1280.

［205］Gangopadhyay,K. and D. Mondal,2012,Does Stronger Protection of Intellectual Property Stimulate Innovation? ,Economic Letters, Vol.116: 80—82.

［206］Gill,I. and H. Kharas,2007, Rent Protection as a Barrier to Innovation and Growth, Washington DC:The World Bank.

［207］Ginarte,J.C. and Park,W.G.,1997,Determinants of Patent Rights: A Cross-national Study ,Research Policy, Vol.26: 283—301.

［208］Granstrand, O.1999,The Economics and Management of Intellectual Property,Cheltenham, U.K. Edward Elgar Publishing Ltd.

［209］Griliches,Z.,1990,Patent Statistics as Economic Indicators Survey,Journal of Economic Literature, Vol.12: 16—61.

［210］Hausman,J.,B. H. Hall and Z. Griliches,1984,Econometric Models for Count Data with an Application to the Patents-R&D Relationships ,Econometrica,Vol.52(4): 909—938.

〔211〕Helpman, E.,1993,Innovation,imitation and intellectual property rightsEconometrica, Vol.61 (6): 1247—1280.

〔212〕Lerner, J.,2009,The Empirical Impact of Intellectual Property Rights on Innovation: Puzzles and Clues,American Economic Review ,Vol. 99(2): 343—348.

〔213〕Lerner，J.,2002,Patent Protection and Innovation Over 150 Years,NBER WP No. 8977.

〔214〕Lin，C.,P. Lin&F. Song,2010,Property Rights Protection and Corporate R&D: Evidence from China, Journal of Development Economics, Vol.93: 49—62.

〔215〕Nordhaus, W. D., 1969,Invention, Growth and Welfare, Cambridge, MA: MIT Press.

〔216〕Qian,Y.,2007,Do National Patent Laws Stimulate Domestic Innovation in a Global Patenting Environment? Review of Economics and Statistics, Vol.89: 436~453.

〔217〕Rapp,R. T. and R. P. Rozek,1990,Benefits and Costs of Intellectual Property Protection in Developing Countries,Journal of World Trade,Vol.24: 75—102.

〔218〕Sherwood,R.M.,1997,Intellectual Property Systems and Investment Stimulation: the Rating of Systems in Eighteen Developing Countries.Journal of Law and Techonology,Vol.37 (2): 261—270.

〔219〕Tassey,G.,2004,Policy Issues for R&D Investment in a Knowledge Based Economy, Journal of Technology Transfer, Vol.29(2): 153—185.

〔220〕Wooldridge,J.M.,2002,Econometric Analysis of Cross Section and Panel Data.CA, MA: MIT Press.

〔221〕Yueh,L.,2009,Patent Laws and Innovation in China.International Review of Law and Economics,Vol.29: 304—313.

〔222〕戴天仕，徐现祥.中国的技术进步方向［J］.世界经济，2010,33(11): 54—70.

〔223〕黄先海，徐圣.中国劳动收入比重下降成因分析——基于劳动节约型技术进步的视角［J］.经济研究，2009,44(07): 34—44.

〔224〕宋冬林，王林辉、董直庆.技能偏向型技术进步存在吗？——来自中

国的经验证据［J］．经济研究，2010,45(05): 68—81.

［225］王班班，齐绍洲．有偏技术进步、要素替代与中国工业能源强度［J］．经济研究，2014,49(02): 115—127.

［226］王永进，盛丹．要素积累、偏向型技术进步与劳动收入占比［J］，世界经济文汇，2010,(04): 33—50.

［227］徐舒．技术进步、教育收益与收入不平等［J］，经济研究,2010,45 (09)：79—92+108.

［228］许志成，闫佳．技能偏向型技术进步必然加剧工资不平等吗？［J］，经济评论，2011,(03): 20—29.

［229］陈雅茜，雷开彬．人脸识别技术综述[J]．西南民族大学学报(自然科学版), 2007, (4).

［230］刘党辉．鲁棒的人脸识别技术的研究[D].北京工业大学博士论文, 2004.

［231］廖频．基于统一概率模型的人脸识别技术[D].中国科学院博士论文,2003.

［232］刘瑾．人脸识别中的大样本集问题及多模式图像融合方法的研究[D].天津大学博士学位论文.2006.

［233］刘青山．人脸跟踪与识别的研究[D].中国科学院博士学位论文.2003.

［234］李云峰．基于Gabor小波变换的人脸识别[D].大连理工大学博士学位论文，2005.

［235］刘小华．人脸识别技术及其应用研究[D].吉林大学博士学位论文.2005。

［236］刘晓宁．基于三维模型的人脸识别技术研究[D].西北大学博士学位论文.2006.

［237］金忠．人脸图像特征提取与维数研究[D].南京理工大学博士学位论文, 1999.

［238］山世光．人脸识别中若干关键问题的研究[D].中国科学院博士学位论文 2004.

［239］张翠平，苏光大．人脸识别技术综述[J].中国图象图形学报,2000,11:7-16.

［240］赵丽红.人脸检测和识别算法的研究与实现[D].东北大学博士学位论文，2006.

［241］张敏贵，潘泉，张洪才，等.多生物特征识别[J].信息与控制，2002,31(6): 524—528.

［242］赵明华.人脸检测和识别技术的研究[D].四川大学博士学位论文，2006.

［243］周激流，张晔.人脸识别理论研究进展[J].计算机辅助设计与图形学学报，1999, 11(2):180—184.

［244］安同良，周绍东，皮建才.R&D补贴对中国企业自主创新的激励效应[J].经济研究，2009,44(10): 87—98+120.

［245］唐清泉.企业R&D创新投入的风险与有效性研究：我国企业转型升级的内在机制研究[M].广州中山大学出版社，2011.4.

［246］朱平芳，徐伟民.政府的科技激励政策对大中型工业企业R&D投入及其专利产出的影响：上海市的实证研究[J].经济研究.2003年6月.

［247］白俊红，江可申，李婧.中国地区研发创新的相对效率与全要素生产率增长分解[J]，数量经济技术经济研究，2009,26(03): 139—151.

［248］白俊红.中国的政府R&D资助有效吗？来自大中型工业企业的经验证据[J].经济学（季刊），2011,10(04): 1375—1400.

［249］陈国宏，郭弢.我国FDI、知识产权保护与自主创新能力关系实证研究[J].中国工业经济，2008,(04): 25—33.

［250］董雪兵，朱慧，康继军，等.转型期知识产权保护制度的增长效应研究[J]，经济研究，2012,47(08): 4—17.

［251］郭春野，庄子银.知识产权保护与"南方"国家的自主创新激励[J]，经济研究，2012年第9期.

［252］韩玉雄，李怀祖.关于中国知识产权保护水平的定量分析[J]，科学学研究，2005,(03): 377—382.

［253］王林，顾江.发展中国家的知识产权保护与经济增长：基于跨国数据的实证分析[J]，世界经济研究，2009,(05): 48—51+88.

［254］文豪，张敬霞，陈中峰.中国的知识产权保护与技术创新：基于行业特征的实证分析[J]，宏观经济研究，2014,(11): 69—77.

［255］吴凯，蔡虹，蒋仁爱.中国知识产权保护与经济增长的实证研究[J]，科学学研究，2010,28(12): 1832—1836.

［256］吴延兵.R&D存量、知识函数与生产效率[J]，经济学（季刊），2006,(03): 1129—1156.

［257］吴延兵.中国工业R&D产出弹性测算（1993—2002）[J]，经济学（季刊），2008,(03): 869—890.

［258］许春明，陈敏.中国知识产权保护强度的测定及验证[J]，知识产权，2008,(01): 27—36.

［259］周煊，程立茹，王皓.技术创新水平越高企业财务绩效越好吗?——基于16年中国制药上市公司专利申请数据的实证研究[J]，金融研究，2012,(08): 166—179.

［260］庄子银.知识产权、市场结构、模仿和创新[J]，经济研究，2009,44(11): 95—104.

附录 1

典型新兴信息技术：
人脸识别技术内在特性研究

一、引言

人脸识别的核心是提取人脸特征，并根据相关的生物分类与特征分类，形成一个标准的人脸数据库。并进行用户培训，得到最准确的数据。人脸识别系统需要进行人脸图像的识别和训练。系统通过定位、提取、选择和设计，完成最后的处理，最终得到相关的决策和算法。

在日常生活中，有很多场合都需要人们进行安全的身份认证。传统的方式一般是提供身份证或相关身份信息，以证明真实身份。但这些文件往往只是显示了一张照片，且由于其他因素的变化，辨别难度加大，所以这种识别方式不能满足人们对安全认证的需求。特别是在电子商务中，若涉及金钱和隐私，身份认证就变得更为重要。因此需要对图像数据库进行人脸识别样本训练，以得到最理想的人脸图像数据，提高识别率和认证速度。

数据库的人脸图像需要图像处理，然后可以形成人脸图像数据库的标准样本。通过人脸姿态图像的仿真算法，对图像进行改进和研究。利用几何变换，投影和旋转合成新图像。然后使用算法的图像进行虚拟样本训练，完善人脸数据库的数据材料，同时提高识别速度和安全系数。因此，需要找到一个合适的解决方案，就是人脸识别算法。通过研究与分析发现采用以下算法，在实际研究中具有很好的效果，能较好地解决人脸识别中的一些难题。

二、人脸图像数据库

每个系统都需要同数据库进行连接，进行相关数据的存储和处理。人脸识别数据库包括人脸图像和图像数据。由于人脸识别可能会受到光照、表情、姿态以及背景的影响，所以相应的算法也不同。为了解决这个问题，需要建立不同的环境和各种因素下的人脸图像数据库。根据不同的要求，在现实生活中采取不同的人脸数据库，这样才能提高识别率，同时便于管理。常用的人脸图像数据库见表1。

人类可以简单、快速地识别人脸和表情，但机器识别人脸存在困难。因为面部会随着年龄的变化而产生差异，从而面部表情也发生些许变化。同时在采集人脸图像时，不同的光线、角度、手势和表情都会使人脸识别精度受到影响。人类对脸部识别的机制仍然是一个未知数，因此对于机器识别人脸的研究还需要更多的探索和研究。所有这些都使得人脸识别成为一项具有挑战性的任务。

但人脸识别技术具有许多优势，会在很大程度上给人们生活带来质的飞跃和巨大变化。如果它能成功地应用于电子商务等领域，这无疑将开拓一个巨大的新领域。当前，人脸识别对一些行业，如：追踪安全系统、边界安全系统、视频监视系统、银行安全系统等都有很好的应用效果，为它在电子商务的应用研究奠定了坚实的基础。所以说，虽然研究充满了困难，但具有很重要的价值。

表1 常用的人脸数据库

人脸数据库名称	建立者	规模	特点
ORL	英国剑桥大学科技实验室	40人400张灰脸图像	表情、角度和旋转的变化
YALE	耶鲁大学计算机视觉与控制中心	15人165张人脸图像	不同光照和姿势的变化
MIT	麻省理工学院技术实验室	16人2592张人脸图像	不同姿势和光照的变化
TEFRET	美国FERET项目团队	14126张人脸图像	正面和侧面的灰色人脸图像
CMU_PIE	卡内基梅隆大学	63人41368张人脸图像	13种姿势，43种光线的四种面部表情
IMM	丹麦情报学与数学模型科学技术大学	40人240张人脸图像，每个图像对应一个ASF格式文件	包含姿势，面部表情，比例和光照变化
XM2VTS	EU_ACTS M2VTS项目团队项目	295张人脸图像，运动视频，语音样本和人脸的三维模型	不同的时间彩色人脸图像和语音样本；2种头部旋转视频，6种不同的语音；多模态生物识别数据库
COHNE_KANADE	卡内基梅隆大学项目组	200人2000个视频序列	视频人脸图像序列，运动跟踪

转引自：鲍自敏.人脸识别技术在电子商务中的应用研究.河北工程大学硕士论文，2011.

三、人脸数据库及人脸图像预处理技术

人脸数据库的运行与优化需要对用户进行脸部图像提取培训，从 ORL 人脸数据库，Yale 人脸数据库，IMM 人脸数据库和其他样品得到的人脸样本，选择人脸图像的大小为 92×112 像素作为标准的人脸图像。通过裁剪，形成相同大小的人脸样本。

人脸图像预处理主要是对图像进行人脸定位、特征提取、图像分割和图像分类处理等。预处理技术的目的是消除各种外部因素对人脸图像的影响，如光照、姿态、表情等。在实际应用中，需要进行一系列的操作处理。由于图像采集环境的不同，往往会导致现有的图像对比度不足和质量低的缺点。所以为了保证人脸识别的精度，需要对图像进行裁剪、定位、统一并建立质量规范等。

（一）图像预处理过程

图像预处理的研究对象，则采用 BMP 格式的 24 真彩色图像。假设研究对象的图像是理想的和清晰的脸。在同一时间，背景光是足够的，则符合图像预处理测试图像。

在图像分析中，需要对输入图像进行一系列的处理，主要是为了消除那些与图像无关的信息。然后对图像真实信息进行最大储备和更简化的图像数据收集，以实现统一的图像规格符合数字化和标准化的模板。对于不同的图像处理采取不同的采集方法，通过平滑、恢复、增强、平移和旋转等步骤，提取人脸最理想的图像。

（二）中值滤波方法

中值滤波是一种非线性滤波图像波形图，它对于脉冲信号和其他高频成分具有良好的抑制作用。一般而言，它用于多维信号处理，对消除粒子的噪声影响特别有效。下面为公式（1）二维中值滤波的功能函数：

$$Y_{ij} = median\ X_{in} = median\ [X_{i+m,j=n};(m,n)W]\ \{x_{ij};(i,j)z^2\} \tag{1}$$

在中值滤波实验中，用 3×3 和 5×5 的字段作为中值滤波的范围。假设原始图像对应（x），每一个小的像素是 $X(m, n)$。通过中值滤波函数后这一点像素变为 $\hat{G}(m, n)$，得到的最后函数结果如公式 2：

$$\hat{g}(m,n) = Med\ (g(m-i, n-j), -1 \leqslant i \leqslant 1, -1 \leqslant j \leqslant 1) \tag{2}$$

用 Med（）作为开始的中间值，通过中值滤波处理图像的最终结果如图 1 中值滤波图：

（1）有噪声图像　　（2）3×3均值滤波

（3）5×5均值滤波　　（4）7×7均值滤波

图1　中值滤波图

通过不间断的分析和测试，结果表明图像经过中值滤波的处理后最终图像显现结果非常好。使原图片变得更清晰，并很好地消除了噪声干扰带来的图像干扰。

（三）均值滤波方法

均值滤波模板处理的方式是针对图像像素，采取定位该模板相邻的像素进行处理。这种方法可以去除原图像中的噪声干扰，但有时也会破坏图像的细节部分。

在均值滤波原理中，假设 $f(x, y)$ 是原始图像，$H(x, y)$ 作为输出图像，平均滤波函数处理结果可以被定义为以下函数（3）：

$$H(x,y) - \frac{1}{M}\sum_{i=-n}^{n}\sum_{j=-n}^{n}f(x+i, v+j), (N = 2n+1, N = 3, 5, 7K) \quad (3)$$

上述公式中，n 是指灰色图像；像素（X, Y）是 F 函数图像中心。处理范围为 $n×n$ 方窗口。滤波图像经过处理后如下：取整个图像的像素平均数，对当前像素（X, Y）进行灰度处理。滤波图像显示如图 2 所示：

有噪声图像　　3×3均值滤波　　5×5均值滤波　　7×7均值滤波

图2　均值滤波图像

（四）两种噪声比较

噪声图像是生活中最常见的自然图像，在传输过程中图像成形会在其他因素干扰中得到原始图像。这些干扰信号一般为：高斯噪声和椒盐噪声。在此利用 MATLAB 图像处理工具，通过函数进行图像预处理。原始图像是加入不同噪声的自然图像，进行对比实验后图像会有差异。

噪声对图像的影响是产生了许多不规整的点，从而使图像变得模糊。导致图像失去灰度分布，图像识别就会变得更加困难。因此，在实际的图像采集中，需要对这些噪声进行滤波处理，消除噪声图像的成分，使最终图像更容易识别。

1. 高斯噪声

高斯噪声在生活中是很常见的一种噪声，如雷电闪光、电源接入、磁场变化等。这些信号如果通过产生电磁波或脉冲进入电源线，就会形成干扰信号。

2. 椒盐噪声

椒盐噪声的产生是由信道产生的黑白相间的黑点噪声出现在图像传输中，它是由图像切割引起的。采用滤波处理方式，可以消除数字噪声干扰的影响，提高图像的清晰度和视觉效果。

四、相位相关算法

相位相关算法是基于傅立叶变换的一种非线性频域相关算法。在频域中，通过使用图像的平移、旋转和缩放等特性实现在图片中的旋转和尺度之间的平移。该算法可以很快提取到图像的噪声，并对与噪声相关的频率有很好的处理效率。对于在人脸图像识别的应用上，使用该算法在很大程度上可以提高图像运算效率，是一种可以借鉴的算法，可以实现图像质量的优化。

相位相关算法主要是对相关的相位信息处理的算法，该算法可以尽可能减少对图像内容的依赖，对相关脉冲尖锐突出的图像，检测范围比较宽，容易形成较高的匹配精度。同时，相关的相位技术对图像灰度的依赖性也相对较小，在一定程度上具有一定的抗干扰能力。对于那些没有足够的相位相关算法的图像，旋转效果有很强的归纳能力。为了弥补这一缺陷，使用旋转不变相位相关算法（RIPOC）。使用旋转不变相位相关算法可以识别出图像，并可以测量不同的图像旋转角度。

（一）图像平移

图像平移是根据一定的方向线性对原始图像进行移动，移动的距离必须相等；同时不改变图形的形状和大小，平移后的图形相对应的角度和线段是恒定的。图像的平移通常被用来进行图形处理和调整，使得图像获得预期的满意效果。

（二）旋转

旋转可以改变图像的角度，扭曲的图像通过旋转可变换成直立的图像。在旋转过程中，需要找到旋转中心与旋转一定的角度和方向，用这种方法把图形变成另一个图形。与平移相比，旋转没有固定的点距离移动。平移和旋转都是图像处理的两个重要属性，可以帮助规范图像设计标准的人脸图像。

五、增样法

训练样本多少将影响人脸识别算法的识别率。大多数算法都要求每个人都有一定的训练样本，训练样本越多，人脸识别率也会相对增加。但在实际情况下，需要每个人提供多个图像的可能性很小，所以需要研究如何自动在系统中增加虚拟样本。通常情况下，增加虚拟样本的主要方法是镜像和对称变换方法、尺度变换方法、平移和旋转变换方法、投影积分变换法。

这些增加虚拟样本的方法可以解决图像处理中的一些问题，但不同的方法处理的图片效果之间有较大的差异。同时，面部姿势变化也会导致系统对不同图像的识别能力有所不同。为了解决这一问题，可以先建立人脸三维模型，再通过三维模型研究不同姿势所对应的人脸图像。但这需要非常庞大和复杂的计算，对识别的速度也有很大的影响。如果使用 3D 技术，则需要对平面图像进行退化和恢复处理，也同样有一定的难度。因此，根据上述分析，决定使用模拟人脸姿态变化的近似图像算法，使用该算法可以生成多种虚拟样本图像，提高识别率。

（一）镜像和对称变换方法

镜像和对称变换使图形在一定条件下进行一定规则的变化。通过设置相关的对称点或对称轴对原始图像进行变换，然后得到理想的图像。这对于图像的设计和预处理有着非常重要的作用,在很大程度上给人脸识别带来了更高的效率和更精准的识别率。该方法一般用于图像处理,在实际应用中具有良好的效果。

对称图像可以消除侧面光照对识别率的影响。对于一些小幅度旋转的图像,这种方法可以获得一定的改善。然而,如果面对旋转角度太大的图像,这种方法则得不到满意的效果。故使用这种方法还不能满足电子商务严格的身份认证请求,与实际应用还存在一定的距离,所以这种方法还需要进行一些改进方能使用。

照片通常会受到光线、姿态和表情的影响。对于这三种影响,以下分别进行对比实验,实验使用镜像和对称性的方法。具体实验过程结果显示在图3。

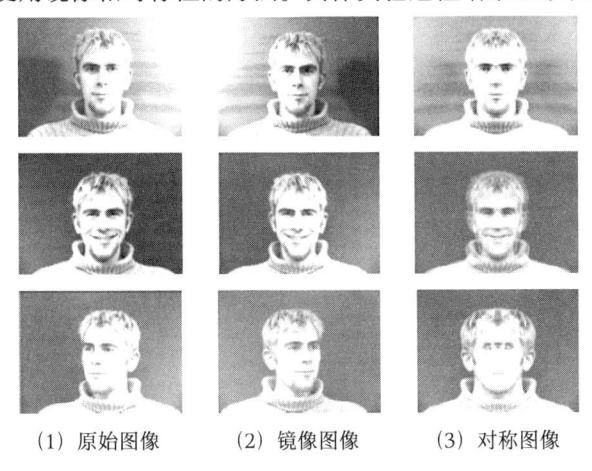

(1) 原始图像　(2) 镜像图像　(3) 对称图像

图3　镜像图像与对称变换图像

来源:HancockP.J.B.2006

图3中,第一列为原始图像,第二列为所对应的镜像图像,第三列为对应的对称图像。从上组实验可以看出当光照、面部表情和姿势有不同的变化时,图像的生成也有很大的差异。虚拟样本则受到光和表情的影响不大,但虚拟样本生成差异的态势变化很大,可能出现不和谐的人脸图像,所以也不适合应用于电子商务的人脸识别。这样的虚拟样本图像不能被用来作为训练样本,应该排除。

(二) 几何变换法

尺度变换法、平移和旋转变化法可以统称为几何变化法。图像经过几何变换的设计和处理会有很好的效果,同时图像变换可以得到很多形状不同的图像,产生更多的图像样本。经过规定的一系列变换,可以保持原来的图形的性质,结合使用改变的位置方法，组合成最终的理想的图像。

图像通过向左、向右、向上、向下等平移方向的几何变换后，平移得到的图像可以作为训练样本图像。处理过程是在图像中找到一个中心点，然后围绕这个中心点旋转一定角度后得到新的图形，作为实验样本图像。旋转后的图像可能大于原来的图像，规定超过原图像的区域标记为 0。

在图像的比例变换中，理想的图片可作为训练样本。若图像减少到 0.8，则空出来的补丁部分标记为 1。得到缩小后的图像更适合于虚拟样本图像存储。使用向上、向下、向左、向右四种处理方式进行组合调整，同时结合缩小和放大的调整，最后得到理想的样本图像。

图像经过平移，旋转和比例变换可成为新的图像样本。实验中，第一列是原始图像，第二列是原始图像通过平移而成的虚拟样本，第三列是原始图像通过旋转而成的虚拟样本，第四列是原始图像通过比例变换产生的虚拟样本。

利用原始图像进行一系列的几何变换，可以生成良好质量的样本。平移、旋转和比例变换可以适用于身份识别，同时几何变换可以增加虚拟样本的人脸识别，生成良好的图像资源。

（三）技术路线图

技术路线图是根据研究操作步骤绘制出来的流程图，可以很好地描绘用于实践研究的步骤。流程图显示了操作的每一步，所以此技术路线图在研究中有重要价值和必要性，它可以帮助研究人员更好地分析流程的步骤改进处理，详见图 4。

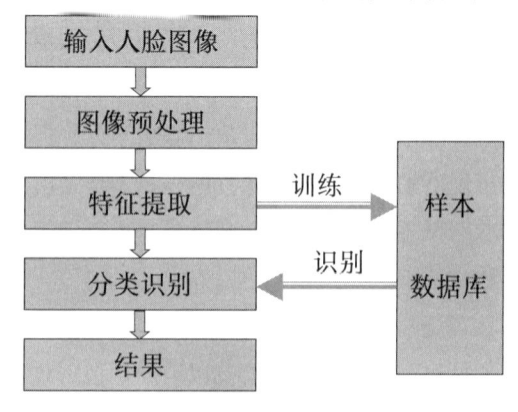

图4 人脸识别流程图

（四）实现方法

人脸识别技术在电子商务中的应用需要结合多种身份认证的方法来提高平台的安全性。通过使用改进的人脸姿态仿真算法后，可以使人脸识别率更高，使用效果更佳。其主要实现的过程是：输入原始图像，旋转变换，人脸图像的压缩或扩张，以中心垂直为边界，进行人脸设置，选择中心线为原点，右为正，左为负，得到结构对应的坐标值，形成标准的人脸图像样本。图像处理则由一系列的变换组成：平移、比例调整和旋转，然后对图像进行压缩或放大形成高质量图像。

根据图像的变化，原始坐标值也会转化为其他数值。对于不同运算要选择合适的算法，算出图像对应的灰度值。利用仿真人脸姿态变化的近似图算法来提高样品的方法，经过实验表明，这样可以有效产生一些虚拟样本，给电子商务中的应用带来很多方便，使人脸识别技术识别率和鲁棒性提高了不少。

从实验结果可以看出，在图像旋转的过程中，若人脸旋转超过 20 度时，可能会丢失一些信息，导致人脸轮廓不完整。基于虚拟信息的方法可以提高人脸的类型，可以弥补人脸姿势变换的影响。

六、实验讨论与分析

采用标准的 ORL 人脸图像数据库进行实验，可以得到一些有用的结论。其中，ORL 人脸图像数据库可用的有 400 张人脸图像，且每个人都有 10 幅不同的人脸图像，面部表情和姿势有不同的变化。一些图像旋转角度非常大，有时会有 10% 左右的变化。

选择一个只有一个图像作为样本训练的人脸，另一个作为测试样本。人脸图像数据库有 40 个训练样本，360 个测试样本。使用主成分分析技术（PCA）和二维主成分分析技术（2DPCA）进行计算识别率，平均后得到最终的价值，得出表 2 的结果。

表2　基于PCA和2DPCA的识别率

单位：%

技术路径\样本	1	2	3	4	5	6	7	8	9	10	平均识别率
PCA	70.41	70.16	74.52	69.28	64.09	63.08	72.11	73.08	69.12	64.88	69.09
2DPCA	60.31	65.08	65.39	62.28	61.58	62.58	65.26	68.01	67.88	62.66	64.08

每个人增加 10 个虚拟样本,加上原始图像样本,共有 11 个图像训练样本。如果是在 ORL 中,则有 440 个训练样本,360 个测试样品。这将提高识别率,实验结果如表 3 所示。

表3　在识别精度后添加10个虚拟样本

单位:%

样本 技术路径	1	2	3	4	5	6	7	8	9	10	平均识别率
PCA	70.82	71.98	74.86	69.03	65.86	67.14	75.26	76.27	76.43	68.58	72.59
2DPCA	62.31	66.08	67.39	63.18	62.08	63.58	69.01	69.01	67.98	62.86	65.17

为了增加实验的对比性,采用同样的方法,如果每个人都增加了 8 个虚拟样本,那么添加一个原始图像,共有 9 个图像作为图像训练使用。在 ORL,相当于 360 个训练样本,360 个测试样品。具体结果如表 4。

表4　添加8个虚拟样本后的识别精度

单位:%

样本 技术路径	1	2	3	4	5	6	7	8	9	10	平均识别率
PCA	71.82	72.88	76.89	70.03	68.86	70.14	74.27	76.27	76.43	68.58	72.67
2DPCA	63.31	67.08	70.39	63.38	63.18	64.56	67.29	71.07	68.08	63.91	66.22

从上面的实验结果可以看出,增加虚拟样本可以提高人脸的识别率。基于 PCA 和 2DPCA 方法表明,在没有增加虚拟样本前的平均识别率为 69.09% 和 64.08%,在增加了 8 个和 10 个的虚拟样本后,PCA 的平均识别率达到 72.67% 和 72.59%。因此实验表明,添加虚拟样本有助于提高人脸图像的识别精度。

从上面的表格可以看出,虚拟样本可以在很大程度上改善人脸识别精度不高的问题。用虚拟样本的方法避免了更大计算量的麻烦,改善了识别率低、图像质量差等问题。人脸识别的这种改善在电子商务中的应用会一步步被推动。

七、结论

附录 1 介绍了一些标准人脸图像数据库的详细信息,同时对人脸图像数据库的建立过程进行了详细的说明。预处理是人脸图像的一个重要的环节,好的预处理才能为后续的程序处理提供更好的准备，这样才能获得清晰、高质量的标准样本。人脸识别系统应用在电子商务中一定要解决精度和快速的问题，针对识别中的一些影响因素和存在的问题，本章提出了相应的算法和技术，并取得了很好的解决效果。其中滤波方法是一个很好的方法。不同的滤波方法对去除图像噪声有不同的结果。如何利用滤波器原理进行图像处理，是本文一个重要的研究内容。通过相位相关算法对人脸图像进行几何变换、平移和旋转可解决面部变形问题，同时使用相关算法将人脸图像进行处理，并最终实现最理想的标准图像。

我们介绍了虚拟样本图像处理的意义，还有一些常用的增加虚拟样本识别率的方法。通过研究和分析，使用一个仿真人脸姿势变化后的近似图像作为算法生成的虚拟图像样本。重点对如何实现和提高图像的使用算法进行了详细的说明。最后，对实验进行了分析和讨论，得出结论：本文使用的方法可以有效解决一些人脸识别缺陷问题，取得很好的效果。

附录 2

中美比较视角下我国数字经济发展对策建议

当前，信息技术及由此带来的数字经济引发全球高度关注。2015年经济合作与发展组织（OECD）发布了数字经济展望报告，2016年世界银行年度发展报告也以"数字红利"为题，2016年杭州G20领导人峰会提出首个全球性数字经济合作倡议——《二十国集团数字经济发展与合作倡议》，可见，发展数字经济已成为全球共识。如果说，新一轮技术和产业革命为发达国家走出金融危机提供了新路径，那么，也同样为我国转变发展方式、践行共享理念、实现可持续发展提供了新契机。我国应紧握这一历史契机，以信息化培育新动能，并用新动能推动新发展。以中美比较为视角，探讨中美数字经济发展差异，总结美国数字经济发展经验，为推进我国数字经济发展提供参考。

一、我国数字经济发展态势

2008年国际金融危机后，世界经济潜在增长率下降，预示着传统发展动力衰落。有学者预测，未来10—20年全球经济增长速度将低于过去20年，呈现长期下降趋势，发达国家经济增长速度大约为1.7%，发展中国家经济增长速度约为5%。而大数据、人工智能、虚拟现实、区块链等技术的兴起为全球经济发展带来希望，世界各国不约而同地将信息技术作为未来发展的战略重点，数字经济对经济发展的引领和主导作用不断增强，世界经济加速向以网络信息技术产业为重要内容的经济活动转变。可见，互联网、物联网、人工智能等数字技术的应用将引发第三次产业革命，一方面，数字经济可培育新的产业业态，形成新经济、新动能；另一方面，数字经济可改造传统工业、制造业及服务业的生产方式、销售渠道和消费模式，进而促进产业升级。

近年来，我国经济发展进入新常态，经济将持续保持中高速增长，并呈现 L 型增长趋势，未来我国经济发展急需寻求新动力。中央高度重视创新，创新成为"五大发展理念"之首，而信息技术创新是重要的着力点，国务院出台一系列政策，力推信息技术创新及数字经济。经过一段时间的发展我国数字经济发展也已初见成效。国家部分职能部门已开始尝试使用并推广互联网技术，如国家食品药品监管总局将相关药品监管系统迁移云平台，利用云计算强大的数据处理能力，提高药品流通效率和政府监管效率；杭州市政府建设统一的"电子政务云"，向各部门提供存储、计算等云服务资源，改变了各部门独立建设电子政务系统的局面，减少了建设和运营成本，为云计算企业开拓了新市场。又如，我国已有多个城市开展云计算相关研究和项目建设。具体包括：北京市制定了"祥云工程"行动计划；上海市发布了"云海计划"三年方案，致力打造"亚太云计算中心"；广州市制定了"天云计划"。同时，多数省份加强了对云计算产业的研究与部署，并联合信息技术企业积极推动云计算产业发展，强化信息基础设施建设，重点搭建三大服务平台——商务云平台、开发云平台和政务云平台。

二、中美数字经济发展比较及现实差距

2015 年，我国数字经济规模达 18.6 万亿元，仅次于美国，居全球第二位。中美两国数字经济发展在竞争力培育、创新模式、产业链方面形成各自特点。但总体看，我国数字经济发展在总量、企业创新、产业转型、政府监管等方面较美国还有一定差距。

（一）中美数字经济发展特征比较

第一，竞争力培育方式不同。美国的互联网产业在推广应用与研发间形成良好的互动关系，推动了技术的持续进步，使互联网产业能持续保持活力与强大的竞争

力。而我国互联网企业主要强调消费层级上的应用，重点是如何更好地满足消费者的需求，使我国互联网企业虽凭借巨大的市场规模快速成长，并形成一些世界级企业，但在核心技术方面仍有较大差距。"互联网+"正在快速从消费极向生产极转变，但我国对互联网与制造业融合发展存在认识误区，重视程度不够。

第二，创新模式不同。美国数字经济通过技术创新引领商业模式创新，技术创新与商业模式创新并重。美国是全球商业模式创新的策源地，在分享经济、互联网金融、电子商务、社会性网络服务（SNS）等诸多互联网商业模式创新方面都引领全球风潮。但值得注意的是，美国数字经济的商业模式创新更多以底层技术创新为基础，以优步（UBER）为例，其底层基础技术是利用大数据进行更完善的交通规划。可以预期，美国正处于布局前期的工业互联网、人工智能、智慧城市、能源互联网等领域，未来将涌现出一大批商业模式创新的企业。而我国互联网商业模式创新，主要通过对国外商业模式创新的模仿，以营销手段拓展市场，依赖市场规模效应实现快速成长。

第三，产业链拓展方式不同。美国将互联网视为一种通用技术，强调将互联网应用于各个领域，发挥互联网在生产生活中的巨大作用，从而在互联网上下游领域快速拓展，进行深度布局，形成持续创新与发展的能力，使互联网的整体效应能更好地发挥出来。中国则侧重互联网下游产业，尤其是虚拟经济的带动性。对于互联网产业的上游基础设施建设相对落后，互联网企业自身的研发水平也不高，资金和人才大量集中在互联网金融、网购等下游产业上。而且，即便是互联网下游产业方面，数字化应用也主要在虚拟经济上，对钢铁、煤炭、装备制造等实体经济的技术改造较少。

（二）中美比较视角下我国数字经济发展差距

第一，我国数字经济比重相对较低。埃森哲公司发布的《数字颠覆：增长倍增器》指出，2015年美国数字经济总量已占GDP的33%，而我国数字经济总量仅占GDP的10.5%。可见，美国数字经济在产业结构中占比已超过三成，数字技术在生产生活中的嵌入度较高，而我国数字技术的嵌入度尚不足美国的1/3。另外，如果考虑同期美国GDP是我国的1.6倍，我国数字经济的绝对值相比美国差距更大。

第二，我国互联网企业创新能力不足。近年来，中美两国均涌现出一批优秀的互联网企业，成为两国在数字经济发展方面的领头羊。美国代表企业有苹果、谷歌、脸书、亚马逊等，我国代表企业有华为、百度、腾讯、阿里巴巴等。然而，我国互联网企业创新能力与美国差距仍较大。如，我国企业技术创新模式更多仍是模仿和追随；电商平台同质化程度很高，技术创新和商业模式创新还很匮乏。可见，我国互联网企业的创新能力还有待进一步提高。

第三，我国数字技术作用发挥有限。对于企业的生产活动，数字技术既可提升生产工艺，进而减少生产成本，又可促进流通便利化，进而降低交易费用。我国企业主要通过"互联网+"改造传统产业，数字技术的应用主要是发挥降低交易费用的作用，而数字技术提升生产技术的作用尚未充分发挥，传统产业虽然发生转型但并未实现显著升级。如，网络约车、网上销售、网上融资等只是将线下活动转移至线上，是一种替代性增长，并未拓展原有增长空间，也未提升相关产业的生产技术和产品层次。而美国数据技术的应用已促使物联网、3D打印、传感器等产业发展取得重大突破。美国在联网物体数量方面居全球首位，仅AT&T公司就为130万个体提供互联网服务。

第四，我国数字经济监管相对滞后。一方面，由于信息不对称，政府监管部门对新技术或新应用的监管反应相对较慢。如，对网络直播等新业态的监管尚未有配套完善的监管方案。另一方面，对于新经济的代表者，监管部门监管相对滞后。如，电信诈骗、电商假货、搜索引擎竞价排名等行为已造成社会长期不满，但监管和打击的力度尚有不足。而美国监管部门对数字经济的监管和惩处则相对完善，如20世纪末在微软发展如日中天之时就曾遭到美国反垄断部门的调查。

三、美国数字经济发展的经验做法

（一）注重互联网产业的整体布局

美国在互联网产业方面的布局，除了全球知名的互联网企业（如苹果、谷歌、脸书、推特等）以及众多依托互联网进行创新的新兴商业模式企业（如分享出行领域的UBER、市值高居全球第一的零售商亚马逊、互联网金融领域的Lending Club、视觉社交网站Pinterest、全球最大的网络旅游公司Expedia）外，在互联网众多领域均进行了深度布局。总体看，美国互联网产业布局呈现两个特点：一是高度重视知识产权，在核心领域与关键领域已形成专利体系；二是重视将互联网应用到生产生活各领域，并力争持续保持先进地位。

(二) 积极推行大数据与云计算战略

在推行大数据战略方面，2009年，美国提出"大数据"战略，并推出Data.gov大数据平台，依照原始数据、地理数据和数据工具三个门类，公布大量数据，并汇集1000多个应用程序和软件工具、100多个手机应用插件。同时，美国还成立"数字服务创新中心"，开发Sites.USA.Gov网站帮助各机构建设即插即用型网站，并出台移动应用程序开发项目，帮助各机构对移动应用程序进行规划、测试、开发和发布。2012年，美国公布"大数据计划"，将"大数据"发展上升为国家战略，并宣布开始第一轮大数据研究项目。2014年，美国再次发布《大数据：把握机遇、维护价值》政策报告，提出支持大数据发展的一系列政策。在推行云计算战略方面，2009年，美国成立云计算工作组，发布以《联邦云计算发展战略》为核心的政策体系。2010年，美国发布《改革联邦IT管理的25点实施计划》，提出联邦政府IT项目要转向"云优先政策"。根据国际数据公司（IDC）的数据显示，美国每年在云计算上的投入稳步增长，2017年将达到90亿美元规模。在云计算标准领域，美国国家标准技术研究院已发布《SP 500-291 云计算标准路线图》《SP 500-292 云计算参考架构》等多项特殊出版物及草案，其中云计算定义和参考架构已被业界广泛接受。美国国家标准技术研究院发布的《SP 500-299 NIST 云计算安全参考框架（NCC-SRA）》已成为云计算产业的重要标准。

(三) 推进工业与能源等领域的互联网应用

自2009年开始，美国就提出以"先进制造战略"为基础的"再制造化"战略，强调互联网及智能技术等在制造业领域的应用。2012年，由通用电气提出工业互联网的概念，并于2014年主导成立工业互联网联盟。2015年，工业互联网联盟发布《迈出工程化第一步》，提出工业互联网总体参考架构。至2016年8月，美国工业互联网应用案例已有40个，其中25个审核通过，15个处于待审状态。同时，美国在能源互联网方面也进行积极布局。美国能源互联网在能源控制技术、能源信息技术等方面已有大量技术储备。如北卡罗来纳州立大学研究中心在2008年仿照网络路由器技术，给出能源路由器的定义并开展原型实验，运用电力电子技术达成控制变压器的目的，应用通信技术促成路由器间对等交互，将能源互联网理念应用于配电网。又如美国设计出能将商业建筑的电力电子设备与精简型汽车锂离子电池连起来的智能电池，实现为楼宇供电和电网充电之间的来回切换。以此为基础，美国提出能源互联网计划"FREEDM"，[1] FREEDM 架构是在电力电子、高速数字通信和分布控制技术支撑下，建立具有智慧功能的革命性电网构架，吸纳大量分布式能源。

（四）强化信息（数字）基础设施建设

第一，在无线基础设施建设方面，美国提出要使超过 98% 的民众能够获得高速的无线网络服务。为强化智能手机和无线设备的应用，计划在十年内，建成更多可用的电波（如 500mhz 频率光谱）。当前，支持无线基础设施建设的相关法案已通过，并且建设资金已到位。第二，在高速宽带基础设施建设方面，美国从《美国经济复苏法案》中拨付 70 亿美元，不断提高宽带的应用，特别是针对农村地区和公共计算机服务中心，并强化学校、图书馆、社区等场所互联网接入能力。第三，在智能电网基础设施建设方面，美国强调电力系统是清洁能源领域非常重要的技术领域。借助复苏法案，美国已在电力传输和能源可靠性现代化等项目投入 45 亿美元。

（五）政府主动公开相关数据

政府掌握的非常充足的数据，是大数据的主要来源。为使数据能够得到更深层次的应用，奥巴马政府已签署《透明与公开政府备忘录》，并通过设立奖金等形式，推动公众通过数据挖掘，发现和解决潜在问题。同时，美国提出"公开信息"倡议，放开信息管制，鼓励企业利用公开数据，为社会创造更多的财富和工作。如在 20 年前，美国就已放开气象数据，继而开放全球地位系统数据。近年来，美国健康数据共享获得成功，并正在尝试开放能源、教育和公共安全等方面数据。

（六）重视技术研发、专利和知识产权保护

美国高度重视保护互联网产业的技术研发、专利和知识产权，并已在核心领域与关键领域形成专利体系。如，2015 年美国 IBM 公司共申请 7355 项专利，连

---

[1] FREEDM 目标是通过综合控制能源生产、传输和消费各环节，实现能源高效利用和对可再生能源的兼容，最终实现即插即发、即插即用、即插即储。

续 23 年蝉联专利冠军。高通、谷歌、英特尔、微软等互联网企业也纷纷进入专利申请的前十名。同年，IBM 和高通在我国的专利申请量均超过 1 万件，成为我国专利申请前十名的互联网企业。另外，在虚拟现实、人工智能等领域，美国均已掌握关键核心技术，并通过知识产权战略，占领发展制高点。同时，美国积极推动专利体系现代化发展。2011 年，批准《美国发明法案》，强调完善的知识产权保护制度对促进生物技术、信息技术、互联网及先进制造业发展的推动作用。同时，美国专利与申请办公室加快审批程序，使专利申请在一年内能够完成，并给予小企业 50% 的折扣，这种方法使 3502 家公司，超过 1278 家小企业快速将技术转化为市场产品。该程序启动 7 个月内就完成 101 项专利申请，平均等候时间只有 117.3 天。

（七）积极推动实验室产品转化为市场产品

美国政府积极推动公立机构和私营部门进行合作，提出"实验室向市场"的倡议。该倡议旨在运用 1480 亿美元联邦资助的研发经费推动创新成果的市场化。2011 年，美国教育部及私人基金成立了数据希望中心，该中心旨在提升学习技术，推动教育者和企业家对研发及技术的应用，更好地帮助教师和学生转变学习方式，进而促使教师和学生将实验室产品转化为市场产品。

四、我国数字经济发展的对策建议

我国数字经济发展，一方面需合理借鉴美国的有益经验，另一方面，还要结合自身特色，采取切实可行的措施。

（一）政府发挥引领和示范作用，开放非涉密数据

当前，云计算或智能经济的核心技术仍被少数顶尖的外企所掌握，国内各大信息技术"巨头"更多地会从自身商业利益层面选择相应的发展措施，政府很难通过行政指引等办法推动信息技术的研发及普及。不同于以往历次产业变革，新一轮产业变革将更为依托于信息基础设施的建设。因此，政府需通过自身行为带动信息技术的普及和应用。例如，鼓励科研院所在大数据应用上进行技术攻关，高校招收大数据专业本科生并培养研究生，对企业相关研发进行补贴。另外，由于我国政府部门掌握大量数据，应主动公开非涉密数据，为大数据的商业应用和创新提供更多的机会。

（二）以现有平台或数据库建设为基础，集中统一建立数据平台

一段时间以来，不少部门热衷于各建系统，结果往往是平台成本高、效率低，而且通常维持不了太长时间。未来应不断适应技术变化，统一认识，对现有平台和数据库进行整合，采取云计算等公共平台。中国面向企业的云服务渗透率及中小企业的互联网使用率与美国相比有数倍的差距，中国消费者电商化比例是 50% 以上，而传统企业电商化比例仅 8% 左右，美国这一比例高达 80%。例如，允许提供数据平台的公司优先进入政府采购目录，并鼓励政府和事业单位购买云计算服务。同时，今后应更加重视将信息技术应用于生产领域，推动提高生产效率，对产业升级和节能环保作出更大贡献。例如，"智能工厂—智能产品—智能数据"闭环将驱动生产系统智能化，实现生产制造与市场需求之间的动态匹配，做到按需生产，推进供给侧结构性改革。

（三）高度重视数据安全和网络安全，加大监管力度

网络已全面渗透到社会经济中，需高度重视信息安全，特别是在社会信用体系尚不健全的背景下，如何真正有效地利用网络将是巨大挑战。当前，我国已出台多个网络安全方面相关的法律法规，未来还要继续强化对网络攻击及信息盗窃等犯罪行为的打击力度。例如，对移动运营商、电商等平台企业掌握的个人信息进行严格审查，严禁用于其他商业用途。

（四）加大消费补贴力度，提升数字经济市场需求

从衡量数字经济发展水平的主要标志——人均信息消费水平来看，我国尚处于信息社会的初级阶段，年人均信息消费只有 300 美元左右，不到美国的 1/10。所以，数字经济的市场空间亟须拓展。中国之前的家电补贴和汽车补贴都收到了较理想的效果，而且国外实践也证明消费补贴比生产补贴具有更好的市场效率。例如，美国、德国、日本等国为光伏产业提供了大量消费补贴，不仅避免了产能过剩，还提升了产品质量。所以，中国可以在电脑、互联网、电信等领域提供消费补贴，既可以拉动市场需求，又可以改善社会民生。

主要参考文献

[1] 邬贺铨. 坚持走中国特色信息化发展道路：发展数字经济 建设网络强国 [J]. 求是, 2016(16): 31—32.

[2] 黄群慧, 贺俊. "第三次工业革命"与中国经济发展战略调整 [J]. 中国工业经济, 2013(1): 5—18.

[3] Barro, R J. Economic Growth and Convergence, Applied to China[J]. China & World Economy, 2016, 24(5): 5—19.

[4] 郎咸平. 新经济颠覆了什么 [M]. 北京：东方出版社，2016: 5.

[5] 邵安菊. 互联网与制造业融合发展的几个关键问题 [J]. 经济纵横, 2017(1): 74—77.

[6] 王灏晨. 国外数字经济发展的特点 [J]. 瞭望, 2017(6): 80—81.

[7] Dana, J D, Orlov E. Internet Penetration and Capacity Utilization in the US Airline Industry[J]. American Economic Journal: Microconomics, 2014, 6(4): 106—137.

附录 3

创新驱动战略与创新型国家建设：
现实、政策选择及制度保障

一、导言：研究起源及背景

创新是一个国家和社会长期发展的关键，创新驱动意味着一国经济增长进入了可持续的长期良性发展状态，自然是任何一个社会经济体都追求的目标所在。在熊彼特看来，创新能够打破循环流转的状态，进而形成新的发展空间。新的技术、新的产品、新的市场、新的生产流程及新的市场空间，都会给原先的社会带来更多的冲击，进而形成更多的发展驱动力。更进一步地，与创新相伴随的产品和技术更替过程，也就是一种创造性破坏过程，因而也是社会更替提升的过程。

创新驱动战略对于未来的发展非常重要，党的十九大报告专门将"创新驱动发展战略"作为一项重要的战略举措，对创新能力做了回顾，也对未来的发展方式做了部署。强调和重视创新驱动战略的主要原因是，政府已经意识到，社会的长期可持续发展，最终只能依靠创新来实现，而资本和劳动等要素的扩张最终会有极限。在过去三十多年中，依靠资本和劳动力的不断投入，确实使得中国经济获得了快速发展，但主要的原因是，中国经济初始水平较低，因而远离经济增长理论中的稳态水平（steady statc），所以增长速度较快。当经济发展到一定水平时，特别是达到或接近稳态水平时，如果没有技术进步等因素推动，经济增长的速度则会相应下降。

但客观上说，中国向来都很难被称为创新型国家和创新型社会。在历史上，中国虽然在某些技术层面做出了卓越贡献，也一度领先，但在更多的时间和更多的领域并不占优势，相反，更多的时候，是保守型的社会和国家。由于创新过程会带来新老更替，自然会引起经济利益和社会阶层的变更，会带来更多的社会变动，从而给社会带来一些负面的压力。事实上，中国在历史上很长时间内强调的是稳定，对创新没有给予足够重视，对于商人的利益也没有给予充分的保护和重视。这种历史所形成的文化，具有较强的连贯性，很难在短时间内改变。因而客观上说，中国在创新文化和历史上并不占据优势。

正是看到了未来发展需要与历史现实的差距，中国政府大力倡导创新驱动战略，突出对创新的重视，努力建成创新型社会和创新型国家。从必要性看，已无太大的争议，而对能否实现创新驱动战略、如何实现创新型国家，则是需要进行深入研究的问题。

创新并不容易实现，因而我们需要研究的问题包括：第一，创新驱动和创新型国家的理论根源，换句话说，理论层面为何需要创新驱动，而创新型国家的目标是什么？第二，当前，中国离创新驱动和创新型国家有什么样的差距，存在着哪些突出的问题？第三，创新是如何实现的，需要哪些政策才能奏效，其难点在哪？第四，为了达到创新驱动战略及创新驱动型国家，政策主张如何能得到恰当的实施，需要做哪些正式的和非正式的机制设计。

二、必要性与理论根源：
技术创新是未来经济发展的着力点

创新是经济长期发展最主要的动力，特别是技术创新已成为经济增长最为关键的因素。从长期经济增长理论看，对增长动力的争论在增长理论中由要素扩张到技术进步。早期的增长理论重视资本积累，这构成最早哈罗德—多马（Harrod—Dommar）模型的核心，从结论上，重视资本积累也成为20世纪50—60年代发展经济学的核心。这种理论认为，资本产出大体不变，因而资本的积累会决定长期增长速度，由此得出，资本的缺乏是增长的主要障碍，需要大幅度提高社会的储蓄率。一旦储蓄率上升，长期的增长速度会相应增加，这种结论在发展中国家得到了很多认同。发展水平较低的经济体，通常资本较为缺乏，人均资本存量低，因而资本的更多投入能够带来更高的产出。在政策主张上，通过各种可能的手段提高资本存量，从而带动经济的发展。这种政策主张也在中国经济实践中得到了广泛使用。在1950—1990年之间，中国都强调通过集中的方式，推动资本积累，由此拉动工业化进程，从而获得经济的发展。一方面，确实使得经济体获得了更多的资本积累，形成了较为完备的工业化体系；但另一方面，由于过度的资本积累，效率没有得到恰当的保证，而且并没有获得持续的快速增长，人均生活水平的提升遇到瓶颈。在2000年前后对资本的需求仍然较大，但此后，资本并不是问题的关键，相反，资本相当充裕。

事实上，增长理论对该问题做了相应的研究和说明：资本并不是关键。在后续发展的新古典理论中可以看到，一旦内生化储蓄，或者将家庭的消费和储蓄决策加以内生化，通过模型来刻画家庭的最优决策，而放松哈罗德—多马模型中储蓄率外生固定的做法，可以发现，人均资本存量最终会趋向一个稳态水平。换句话说，资本存量不断增加并不是最优的，家庭消费者应在当期消费和未来消费（通过资本积累实现）之间做最优决策，从而获得一生效用最大化决策。不断增加资本积累，而降低当期的消费并不是最好的选择方式，而从整个经济体系看，过度的资本积累事实上也是没有效率的。从政策结论看，不断提高资本存量只会提高人均产出，但不会带来长期持续的经济增长。从这个意义上说，增长理论已经说明，资本并不是长期增长的关键。换句话说，靠资本的不断投入，最终经济的发展水平会受到局限。

而摆脱增长极限或者长期处于某一种状态的关键，则是长期的技术进步。因而增长理论更多地转向研究技术进步的来源和作用方式，由此内生技术进步的增长理论模型逐渐成为增长理论的核心。因而问题的核心变为：如何促进技术进步，唯有技术进步才能带来持久的经济增长过程。

这个理论问题在经济发展过程中，得到了很好的经验印证。如果没有实质性的技术进步，那么资本的不断投入、劳动力的更多参与，经济最终会趋向于一个稳定状态。这就是经济增长理论中的趋同假设(convergence)。如果经济体发展水平较低，离稳态水平较远，那么增长速度会较快，资本的投资回报率较高，资本的积累会不断加强，产出增加的速度快，增长速度高。但随着人均资本存量的增加，资本的边际产出降低，积累的动力相应下降，最后的产出增加速度会相应下降。一旦逼近稳态水平，那么整体经济会越来越处于平稳状态，由此，整体经济增长速度会越来越低。从政策层面说，一个经济体在某一时间段，可以保持快速的经济增长，但需要分析这种增长的动力是源自什么要素，如果主要是由于初始发展水平较低，依靠更多的资本投入和劳动力的不断增加所致，那么最终经济增长速度会不断下降，此前的快速经济增长难以持续。这种案例在东南亚经济体中得到印证。在1990年前后，"亚洲四小龙"风光无限，经济快速增长，居民的人均收入不断增加，跃居高收入经济体行列。但是，对于这种快速发展的后劲，不少研究表示了担忧。Alwyn Young（1995）对这四个经济体进行了增长的要素贡献分解发现，按照索罗剩余的核算方法，大多数增长来源于资本积累和劳动力的投入，而源自技术进步的贡献率有限。这就意味着这种增长难以维系。该研究引发了诸多关注和争议。这些争议包括核算方法本身及数据问题。但是，最终东南亚金融危机大体表明，这些国家（地区）的经济增长存在问题，危机之后，整体经济增长势头不再，一定程度上印证了此前经济增长核算的结论。

中国的经济增长自然也格外引人关注，而且争议持续不断，问题的核心也无非是增长的动力和可持续性问题。中国经济自1980年起，经过40多年的快速增长，存量不断增加，2010年起，已成为世界第二大经济体，每年对全球新增加的产出中贡献率超30%，具有难以忽略的影响。中国经济的未来自然也引起各方的关注。值得关注的问题包括：第一，如何解释中国经济的快速增长，是哪些因素推动着中国经济的快速增长？第二，中国经济在未来一段时间内能否维持原先的增长势头？在此类问题中，经常被广为关注的两个问题是——"中国经济崩溃论"与"中等收入陷阱"。崩溃论更多地侧重短期的风险，认为短期的债务等问题将中断中国的发展势头。而陷阱论则主要强调长期的经济增长难以持续，在发展到一定阶段后，增长难以持续，无法超越世界银行界定的中等收入水平。这些论断都对中国经济增长提出了质疑。这些质疑曾在中国经济增长的过程中反复出现，包括对中国经济增长数据的怀疑。1992年前后就有相应的学术争论，在2002年前后也有较大规模的学术争论。持怀疑论的观点认为，中国的数据存在着较为严重的问题，特别是物价存在着较大的变动，剔除物价因素之后，中国经济增长速度会下降很多。而持正向论断的观点认为，中国经济事实上比数据更为显著，比如人均寿命、贫困人口、居民生活水平等都得到了显著改善。

问题的关键还是中国未来的经济增长驱动力能否真正由内生技术进步来实现。如果更多的驱动力源自技术进步，而不是要素的扩张，包括资本深化、劳动力从乡村转向城市的更多迁移与应用，那么经济增长更多的是创新驱动的，这意味着经济能够实现不断地增长。

从增长理论角度看，一国经济如果初始水平较低，那么源自趋同的力量可以使得落后经济体快速增长，而背后的机制是，资本的回报率会较高，投资的边际收益较高，增加资本投入会有充足的报酬。

从过程上看，一个经济体初始阶段的增长通常并不是创新驱动型的。由于发展水平较低，强调技术进步或者技术主导并不现实。相反，水平较低的国家，增加资本投入和劳动力投入更为直接有效，因而在相当长时间内，不可能是，也没有必要采用创新驱动型增长模式。从中国经济看，在1980年经济开始发展时，通过资本扩张和劳动力转移，推动中国经济增长更为有效和现实，事实上，中国经济的快速增长也大体上是通过要素扩张实现的。但人均资本存量到一定程度之后，需要更多地通过技术进步来带动经济增长。

在结果上衡量，创新驱动意味着技术进步对整个经济增长起着重要作用。从增长核算角度，如果源自全要素生产率（TFP）的贡献较大，意味着源自技术进步的驱动力越强。一个经济体如果有足够的技术研发的投入，并且能够形成更多的新技术，那么可以称作创新驱动型的经济增长。如果一个国家有着足够的创新，那么可以成为创新型国家。相反，如果源自技术进步的贡献率较低，整个社会创新的动力及其活动较低，那么就无法称为创新驱动型的经济及创新驱动型国家。

在一些表象特征上看，创新驱动至少意味着整个社会对创新非常重视。在研发投入上，无论是公共部门对创新的投入，还是私人部门对研发的投入，都应该占据相当的比重。在产出上，则需要很多显性特征，如每年需要有不少新的专利申请与审核通过。因此我们需要比较一下，中国是不是已经实现了创新驱动发展，是不是成为创新驱动型国家了。

三、现状分析：中国已经是创新驱动与创新型国家了吗

技术具有一定的黑箱特性，对于技术本身的衡量也存在一定的难度，因而，如何衡量创新及技术进步存在着较大的困难，我们尝试着从几个维度比较分析中国经济中技术进步的贡献。

第一，增长核算的结论。通常的做法是，对增长率、资本投入的变化、劳动力投入的变化等变量进行测算，然后通过回归，算出平均意义上的索洛残差，也就是默认的技术进步的贡献率。

虽然增长核算存在着很多争议，但大体结论是，中国的经济增长在过去三十年中，主要的增长动力源自资本的更多投入和劳动力从农村转向城市，而源自技术进步的全要素生产率尚待提升。另外一个可能的证据是，资本的报酬整体上仍然是比较高的。在民间融资层面，大多水平都在15%—20%之间，虽然有很多种可能的原因，但资本回报率比较高是个现实，因而可能意味着资本的更多投入仍然有着较大的空间，这意味着，在走向创新驱动的过程中，经济增长源自"趋同"的力量仍然有着不少的空间。另外一个事实是，中国的人均收入水平仍然远远低于发达国家水平。

第二，投入指标，特别是研发投入。从表1可以看到，中国在研究与试验发展经费支出上不断增加，1995年不到350亿元，2000年已经近900亿元，而在2005年接近2500亿元，2010年超过7000亿元，2012年超过1万亿元，在2015年达到1.4170万亿元。但相对经济总量看，研发投入的比重并不算高。

在具体构成上，基础研究经费虽然也在快速增长，但整体占比仍然非常低。在20多年的时间内，基础研究的比重大概都维持在大约5%的水平。大体反映出对基础性研究存在着不甚重视的情形。而研究与试验发展经费占据非常高的比重，大体说明，更多的试图采取借鉴先进技术，来实现经济发展。这种构成在全球看也是非常奇特的，其主要的问题还是基础研究的比重过低了，大体反映出我们在科技创新层面存在着持久的"短视"倾向。

表1 中国各项科研经费指标

单位：亿元

指标	2015年	2014年	2013年	2012年	2011年	2010年	2005年	2000年	1995年
研究与试验发展经费支出	14170	13016	11847	10298	8687	7063	2450	896	349
研究与试验发展基础研究经费支出	716	614	555	499	412	325	131	47	—
研究与试验发展应用研究经费支出	1529	1399	1269	1162	1028	894	434	152	—
研究与试验发展试验发展经费支出	11925	11004	10023	8638	7247	5844	1885	697	—
研究与试验发展政府资金经费支出	3013	2636	2501	2221	1883	1696	645	—	—
研究与试验发展企业资金经费支出	10589	9817	8838	7625	6421	5063	1643	—	—
科技经费筹集额	—	—	—	—	—	—	5251	2347	963
来源于政府资金的科技经费筹集额	—	—	—	—	—	—	1213	594	249

资料来源：国家统计局网站。

第三，从产出指标看，中国科技研发文量在增加，专利数量在不断增加，但体现在经济竞争力上的进出口指标存在隐患（见表2），高科技的进出口状况在一定程度上可以反映相对的竞争实力。值得肯定的是，基础研究成果类的指标——科技论文、专著在稳步增加。反映技术成就的发明和专利，数量快速增加，特别是近些年，无论是申请还是授予的数量，都呈现了快速增长的态势，一定程度上反映了科技创新活动在技术层面得到了较大的进展。相比10年前水平，各种指标都得到了很大的提升。

科技进出口最能反映科技层面的竞争能力，在这个层面，出口的能力值得特别关注，当前中国在这个方面有着较大的不足。自2013年以来，高技术出口数额虽然保持较高，但有着一定的停滞特性。2015年的数据是6652.97亿美元，比2014年要低。在进口方面，也大体上维持类似的趋势，从整体数据看，2015年的水平是2007年水平的近两倍，但在2013年之后，大体水平保持较为平稳。

表2 科技成果及其交易数据

指标	2015年	2014年	2013年	2012年	2011年	2010年	2005年	2000年	1995年
发表科技论文（万篇）	164	157	155	152	150	142	94	—	—
出版科技著作（种）	52207	47470	45730	46751	45472	45563	40120	—	—

续表

指标	2015年	2014年	2013年	2012年	2011年	2010年	2005年	2000年	1995年
科技成果登记数（项）	55284	53140	52477	51723	44208	42108	32359	32858	31000
国家技术发明奖（项）	66	70	71	77	55	46	40	23	131
国家科学技术进步奖（项）	187	202	188	212	283	273	236	250	607
专利申请受理数（项）	2798500	2361243	2377061	2050649	1633347	1222286	476264	170682	83045
发明专利申请受理数（项）	1101864	928177	825136	652777	526412	391177	173327	51747	21636
专利申请授权数（项）	1718200	1302687	1313000	1255138	960513	814825	214003	105345	45064
发明专利申请授权数（项）	359316	233228	207688	217105	172113	135110	53305	12683	3393
高技术产品进出口额（亿美元）	12046	12119	12185	11080	10120	9050	4160	896	319
高技术产品出口额（亿美元）	6553	6605	6603	6012	5488	4924	2183	370	101
高技术产品进口额（亿美元）	5493	5514	5582	5069	4632	4127	1977	525	218
技术市场成交额（亿元）	9836	8577	7469	6437	4764	3907	1551	651	268

资料来源：国家统计局网站。

因而整体上看，大体上可以认为，在基础研究层面，投入在增加，所以基础研究成果也在相应增加，但整体比重并不大；在技术研发层面，投入较大，所以科技成果增加和提升的幅度较大；在技术的直接应用上，投入最大，所以国际竞争力也在提高。从这个意义上说，由于寄希望于尽快获得创新增长的空间，因而本质上还没有达到创新驱动的程度。

四、创新驱动的决定因素：创新驱动是如何实现的

（一）技术进步的不确定性与社会创新的来源：单项技术的不确定与整体的确定性

技术在很大程度上是黑箱，单个技术的产生具有一定的随机性。事实上，很难预测何种技术会成为主导技术，更不能预测哪种技术会在什么时间出现。比如，一直以来，能源在社会经济生活中占据了非常重要的地位，但哪些新的能源技术能够出现或是以何种方式出现一直是广为关注的问题。历史证明，能源技术的创新和发展非常艰难。所谓的新能源技术并没有人们预想中那么迅速，相反，技术进步极其

缓慢，每一步的技术改进都非常不容易。在历史过程中，更多见到的是"骗术"与"陷阱"。事实上，对于绝大多数人来说，能源技术尽管大体上能够理解，但对于技术的细节却知之甚少，更不用说对技术创新的未来做客观评价了。这种背景下，有一些技术能力的企业家就有可能成为所谓的"冒险家"与骗子。在资本运作的方式下，更会产生层出不穷的骗局。因而，一定要对技术进步的不确定特性给予足够的宽容，要实现创新并不是件容易的事情。

从单个技术来源看，大体存在着不确定性，且似乎是没有规律的，但从整个国家和全社会层面看，技术创新具有一定的特征，并不意味着创新驱动战略是可以自然而然实现的，或者完全没有规律性。

如果在各个领域进行技术创新和研发投入，那么大体上可以看到的是，在全社会层面新的技术进步会以一定的速度出现。新技术的产生是创新最通常的形式，而新技术离不开研发投入，因而研发投入成为创新的基本保障。

重大的技术进步存在着更多的不确定性和难以预测性，但对于大多数技术进步，包括技术改进和新产品的更多开发，通常的情形是，如果研发投入增加，获得一定程度上的技术进步的可能性就会相应提高。因而增长理论很大部分就是在研究作为最大化利润的垄断企业如何决定其研发投入，由此分析集中的中央计划者在何种程度上能够在社会总福利上进行改进。

对于一个社会而言，需要考虑的是，不能期望创新会自然而然到来，而是需要对创新的实现做各种可能的准备。虽然不能期望某种技术必然到来，但在总体上，如果有相应的研发投入和相应的准备，总会有一定数量的技术创新会随之而来。

（二）厂商的决策与研发投入决策：激励与风险偏好

微观企业从事创新的激励将是创新活动的关键，同样也是整个社会层面创新驱动战略的基础。

企业的目标很明确，主要是要获得垄断利润，通过技术创新，获得独一无二的技术或者产品，在获得技术创新之后，获取市场垄断优势，并且对产品进行垄断定价。一方面是为了弥补研发所花费的费用，包括投入的人力和物力等；另一方面是为了获取风险报酬。由于企业在尝试研发过程中，承担了创新失败的风险，因而会寻找更高的报酬以对冲风险。

从企业和企业家角度看，对创新活动的投入决策是问题的关键，需要提高企业家精神及相应的企业家扩大创新的积极性。首先，要有投入的意愿。对于创新，非常重要的一点是能有改变的意愿——通过创新，获得新的技术或者新的产品，从而获得新的市场。对于企业家而言，是一种冒险活动，因而企业家需要有冒险精神。唯其如此，才能有创新的初始动力。

在这个意义上说，企业家精神就是改变的意愿，而对整个社会而言，风险偏好则是一个重要变量。一方面，需要有冒险和改变的精神，不能过于守旧或者过于厌恶风险。这在传统文化或者历史较为根深蒂固的社会尤为明显，比如，如果过度强调传统，很有可能难以接受新的变化，因为对于创新接受程度较低，从全社会而言，创新的文化层面的动力会相对较低。另一方面，又要防止走向另外一个极端，比如诈骗等冒险家风行的局面，以及传销等形式的诈骗。任何事情一旦和资本关联，就很容易出现走极端的情形，因而需要防止直接走向过于喜欢风险的状况。对于全社会而言，需要恰当的风险偏好特性：不能过于厌恶风险，也不能过于偏好风险，需要在两种情形中寻找恰当的平衡点。

其次，要有恰当的投入回报。一般而言企业家追求的是经济利益，因而需要以创新的利益保障其从事的风险活动。只有利益得到恰当的保障，才能有持续投入的动力，因而创新活动并不是没有成本和自天而降的，而是一种经济活动。同时，创新之后，将寻求垄断利润，这和整个社会的利益存在着一定的冲突，但又是创新活动必需的条件，因而从整个社会层面看，需要对创新之后的垄断利益进行恰当的保障。如果对商业利益没有足够的维护，就很难长期保障对创新的激励。因而需要克服理想化的色彩，对垄断和创新利润进行客观的保障。

（三）政府的作为空间与可行的创新投入政策

从理论层面，技术创新需要在个体企业垄断收益与社会收益之间实现折衷和权衡，从而为创新驱动战略提供作用空间。创新的实现主要是依靠企业的研发投入，在投入之后，有一定的概率获得技术突破，通常情况下，投入越多，获得技术创新的可能性越高，但并不是简单的线性递增关系，而是到了一定程度之后，概率会相应下降，也就是说，技术越到后面会越难。这意味着，即使有着相应的投入，也并不一定就能获得真正的突破，技术研发本身是一项具有风险的活动，单个企业的技术研发的投入并不一定会有必然的回报。企业需要权衡这种可能的损失，企业家也需要承担这种风险。有风险，自然需要有相应的收益，因而技术创新在单个技术层面看，未必是最理想的。创新的目标是垄断收益，而不是理想中的人类贡献。在技术一旦研发成功之后，企业获得技术的专有权，并会采取各种可能的手段进行保护，由此维持垄断地位和垄断收益，其定价也会高于完全竞争市场中设定的水平，产量水平也会相应低于社会最优水平。因而，社会最优的选择通常是，对研发活动进行相应的补贴，以提高企业对研发活动的投入，并尽可能地提高技术创新能力。

从理论模型上，一般不考虑政府直接参与研发活动，但理想中的集中决策可以提高整个社会在研发上的投入，提高整个社会的创新能力，其内在的道理在于，集中决策可以弥补技术创新在单个企业收益与整个社会收益之间的差异。政府直接介入技术研发，在本质上并不具备经济意义上的可行性。创新活动不仅仅存在着不确定性，还存在着严重的信息不对称特性。对于技术的特性，事实上很难加以管控，更无法规划。这就是政府的很多规划或者很多技术专项很难实现其预定目标的本质所在。作为公共政策的目标，需要在设定的时间内实现，以实现公众利益，但技术创新无法被事前控制，从事公共决策的官员更无从知晓技术的细节，因而技术创新无法通过政府集中方式实现。更多的，公共政策采取的方式是，对研发活动进行相应的补贴，从而提高企业对研发投入的激励。

补贴问题同样存在着信息不对称引起的逆向选择和道德风险问题，简单地说，存在着部分企业，为了获取政府的补贴，而采取减少自己本身的研发支出，或者更为严重的，就是简单地骗取政府补贴资金。如果考虑到政府本身的委托代理问题，那么还存在地方政府官员和企业合谋骗取财政资金的问题。因而，整体上，补贴在理论上是很有价值的，但在现实中，补贴要发挥理想模型中的目标，难度很大。

因而，政府更多的是从整个社会层面考虑，尽可能地提高技术研发投入，而最能发挥效果的是对基础研究进行更多的补贴和投入。事实上，对于创新的基础——基本的科学知识等方面的投入，应该是政策的着眼点。

当前，公共决策部门最需要调整的就是，应该加强对基础研究的投入，改变基础研究"无用"的看法。从整个社会看，中国的研发投入在增加，但仍然有进一步提高的空间。更为关键的是，对于基础研究的投入力度事实上是非常低的。如果对于基础研究不重视，事实上就是对长期发展动力的不重视，对知识的不重视，会使得创新型战略最终成为一句口号。从国际比较看，中国在基础研究投入的比重是非常低的。在赶超阶段，为了快速获得技术进步，采取更多的模仿和试验应用的方式，能够尽快地吸收现有的先进技术，从而获得快速的应用和立竿见影的效果。但问题是，这种快速的方式只能在一定阶段成立，特别是技术应用和经济发展到了一定程度之后，仍然期望这种应用的方式，则后续空间有限。因而需要改变这种短平快的技术创新方式，增强其基本的动力。换句话说，那些似乎无用的基础研究，正是创新和贡献者技术发展的基础，需要强化基础，才能有后续的技术创新及技术应用。如果不能够转变这种短视的心态，那么创新将很难实现，企业家的创新活动会受到限制，整个社会的创新驱动战略难以实现。

五、创新型国家建设：最优政策组合与制度保障

从国家和社会层面建设创新体系，不仅需要保障企业家和普通居民从事创新的激励，也需要保持整个社会机制能够有创新的能力，能够对社会的创新提供相应的保障和引导。因而制度保障和制度创新将是政策的关键。党的十九大报告，特别强调了"创新文化"与体制机制创新，这对于创新的推进有着重要意义。

（一）创新文化建设是重要的非制度性安排

文化对长期经济发展具有重要作用，而创新文化对于创新驱动战略同样具有重要作用。需要在文化层面加以引导，鼓励更多的群体改变此前的守旧特性，从容忍变化转向不断实现变化，从传统的重权威文化转向尊重个性特性。

创新文化之一——耐心。从整个社会层面看，需要建立更有耐心的社会氛围，更注重长远的发展动力，而不是简单地追求立竿见影、"短平快"的项目。无论企业，还是从事科研工作的人员，甚至是整个社会，都需要有更高的耐心程度——耐心具有实质性的含义。在创新活动中，创新投入也与耐心有关。耐心在经济学中一般用时间偏好来表示，如果更重视未来，意味着更有耐心，会减少当期的消费，而增加对未来的投资。创新也是如此，创新意味着未来有着更多的发展，因而需要立足长远，而减少当前的消费等。如果整个社会的氛围是短视的，可能会导致更多的

当期利益，比如更高的通货膨胀，更多地强调"短平快"等，都会"欲速则不达"，与追求长期的发展格格不入。因而需要建立有助于长期发展的社会耐心机制，引导整个社会确立更长远的目标，减少社会的折旧因子。

创新文化的另外一个着力点——风险容忍与风险偏好。鼓励创新及创新型社会，需要更多的社会主体从事创新和探索，因而更多的社会群体对未来的风险接纳或偏好程度将有所增加，更愿意进行冒险活动。在社会文化层面，将容许更多的质疑，能够更多地进行探索，从而超越前人或者权威。在企业层面，将会有更多的产品更替与技术改进，同样会有不断的更具创新能力的企业涌现，也会有不少不能适应市场变化的企业破产退出，因而社会的变化也在所难免。从整个社会看，容忍一些此前没有过的新事物新现象，容忍社会阶层的更替，都将是创新型社会所必不可少的。创新型社会对于一些潜在的"创造性破坏"与动态竞争，都需要有更多的容忍度。

（二）机制的灵活性和严格的利益保护机制是重要制度保障

要保持体制机制的创新，需在多个层面进行最优选择。在机制建设上，整个社会机制需要更多的鼓励和保障创新活动，从而体现出机制上的灵活性。对于创新的利益，需要在企业家的私人收益和社会公众利益之间寻找平衡。首先，需要保障企业家的私人收益，对于知识产权和垄断收益给予必要的维护，不能因为创新后企业拥有高额的垄断利润，就对其利益进行损害。企业获得垄断收益在一定程度上是对前期创新活动的风险报偿，因而应该容忍基于技术创新所致的垄断利润。对于知识产权等利益保护制度，需要有更开阔的视野，引导更多的企业家从事创新活动，获取更多的创新专利，从而为整个社会构筑更多的创新激励。不能局限于由于当前不占优势，而需要交更多的专利费等短期利益的思维之中。更要避免坐享其成的想法，对创新者的投入不给予正当的回报。

其次，需要对破产进行恰当的制度安排，保护从事创新而失败的企业家的基本利益。创新事实上大部分都失败了，因而对于失败的企业家，应该有更高的社会容忍度，这不仅是对创新的另外一种激励，也是对创新活动进行维护，从而带动更多的社会主体参与到创新活动之中。

再次，对社会风险进行折衷与平衡。创新驱动与创新型社会，需要一定的风险偏好主体的存在，但从整个社会角度看，又不能过度纵容风险偏好。创新与骗局之间存在着一定的关联，因而需要容忍从事风险活动，但在社会层面，需要对整体风险加以引导和警示。企业家从事风险活动与投机家从事诈骗活动之间往往很难区分，因而社会需要强调诚信机制和诚信文化，对于事实上的骗局需要给予公开和惩处。

总体上，在制度建设上，创新型社会需要灵活又有规则的社会制度。这种制度能容忍变化，容忍失败，但又能够维持整个社会不处于过于狂热和无序的状态。

（三）经费投入和保持开放是主要的政策选择

保障社会对研发经费的整体投入，但在补贴的方式上，更应该采取间接的方式。创新活动具有公共收益，企业家的创新活动具有外部性，因而需要给予相应的补贴。建设创新型社会和创新驱动发展战略，自然需要充足的研发投入。基于创新活动本身的特性，要保障整体投入具有一定的比重，同时，更应该对投入的方式加以创新。采取更多的社会资金直接投入基础研究之中，从而引导企业从事更多的技术开发与应用。在基础研究、应用研究及试验之间，鼓励更多企业直接将三种研发活动加以贯通。社会需要加以适当的引导，使之更重视基础研发，培养更多的科学家和工程师，使得企业家的创新活动更容易实现。

保持开放，引导创新主体更多地参与国际竞争。创新是竞争行为，因而创新驱动战略与创新型社会需要将竞争引入其中。从国家层面看，鼓励和引导国际竞争能最大限度地推进创新活动。如果中国要建设创新驱动社会与创新型国家，那么更广泛地参与国际分工将是重要的制度安排。通过外部压力，提供更多参与创新的压力和激励。对于外部竞争，需要有足够的耐心，也需要保持足够的定力。事实上，参与国际市场竞争时间越长，创新能力就越能够形成。中国的企业和企业家，能够在开放的背景下，逐步从模仿和学习之后，慢慢过渡到自我研发之中。这个过程需要时间，也需要资本积累，同样需要制度保障。对中国企业家和企业参与国际竞争的能力，我们应该保持足够的信心。

主要参考文献：

[1]Acemoglu, D., Introduction to Modern Economic Growth, Princeton University Press, 2008.

[2]Young, A., "Gold into Base Metals.Productivity Growth in the People's Republic of China during the Reform Period", The Journal of Political Economy.2003, vol 111(6): 1220—1261.

[3]Young, A.The Razor's Edge: Distortions and Incremental Reform in the People's Republic of China. Quarterly Journal of Economics 115 (November 2000): 1091—1135.

[4]Young, A.The Tyranny of Numbers: Confronting the Statistical Realities of the East Asian Growth Experience. Quarterly Journal of Economics 110 (August 1995): 641—680.

[5] 熊彼特．社会主义、资本主义与民主（中译本）[M]．吴良健，译．北京：商务印书馆，1992.

[6] 钟春平．创造性破坏及其动态效应 [M]．北京大学出版社，2016.

[7] 钟春平．创新的内在特性及其现实难题 [N]．北京日报，2016-8-1.

[8] 钟春平，刘诚．中国经济崩溃论根本站不住脚 [N]．人民日报，2017-4-25.

[9] 刘诚，冯明，钟春平．中等收入陷阱不是中国经济发展的拦路虎 [N]，人民日报，2017-9-17.

[10] 钟春平．提升"十三五"时期的创新能力 [J]．财贸经济，2015,(12): 16-19.

[11] 陈青山，钟春平．政府的研发补贴是否能刺激企业的研发投资——基于太阳能光伏行业上市公司的微观证据 [J]．征信，2015,33(11): 64—70.

[12] 潘黎，钟春平．文化、经济行为与经济发展——基于经济学视角和文化内在特性的研究前沿 [J]．国外社会科学，2015,(06): 13—24.

[13] 张鸿武，钟春平．知识产权保护还是 R&D 补贴？——提升中国工业技术创新能力的公共政策选择 [J]．东南学术，2016,(02): 55—67+248.

[14] 钟春平, 徐长生. 技术（产品）替代、创造性破坏与周期性经济增长 [J]. 经济学（季刊）, 2005,(03): 865—890.

[15] 钟春平, 徐长生. 创造性破坏与收入差距的振荡式扩大 [J]. 经济研究, 2006,(08): 114—123.

[16] 钟春平, 徐长生. 产品种类扩大、质量提升的创新及创造性破坏 [J]. 经济学（季刊）, 2011,10(02): 493—522.

图书在版编目(CIP)数据

科创引擎：重大技术进步与高科技行业发展 / 钟春平等著. -- 太原：山西经济出版社, 2025.2. -- ISBN 978-7-5577-1329-4

Ⅰ.F279.244.4

中国国家版本馆CIP数据核字第2024GA0363号

科创引擎：重大技术进步与高科技行业发展

著　　　者：	钟春平　等
出 版 人：	张宝东
出版策划：	吴　迪
责任编辑：	杨　晨
助理编辑：	李　鑫
装帧设计：	申　飞
责任印制：	李　健
出 版 者：	山西出版传媒集团·山西经济出版社
地　　　址：	太原市建设南路21号
邮　　　编：	030012
电　　　话：	0351-4922133（市场部）
	0351-4922085（总编室）
E — mail：	scb@sxjjcb.com（市场部）
	zbs@sxjjcb.com（总编室）
经 销 者：	山西出版传媒集团·山西经济出版社
承 印 者：	山西新华印业有限公司
开　　　本：	787mm×1092mm　　1/16
印　　　张：	16
字　　　数：	250千字
版　　　次：	2025年2月　第1版
印　　　次：	2025年2月　第1次印刷
书　　　号：	ISBN 978-7-5577-1329-4
定　　　价：	78.00元